杜链（1943 年 9 月—2023 年 11 月）

2010 年 10 月 13 日参加国土资源部（现自然资源部）会议

2011 年 12 月出席《肖华画传》发行纪念

2016 年 11 月参加中国智慧政府发展年会

2015 年 8 月参加中国城镇信息化大会

2019 年 4 月参加中国信息协会安全专委会会议

2015 年 1 月参加香港电子商务跨境支付论坛

2015 年 5 月参加中国电子商务创新发展峰会

2013 年 9 月参加中国信息协会电子商务示范城市会议

2014 年夏在广东调研

2011 年 7 月参加国家信息化专家委吉林调研

杜链文集

周宏仁　杨志刚　主编

電子工業出版社
Publishing House of Electronics Industry
北京 · BEIJING

内 容 简 介

本书收录的文章反映了杜链后半生对信息化和信息问题的研究成果与思考历程。上篇“信息化与电子政务”收录了杜链在中国信息化建设和发展进程中，对国家经济信息系统规划与设计、电子政务、社区信息化、城镇信息化、信息资源开发利用、信息化立法等重大问题的研究成果。下篇“信息哲学”收录的文章是近几年杜链对信息问题的深入思考，他从信息化的工具层面上升到哲学层面，借助东西方哲学思想，特别是维特根斯坦语言哲学思想以及古老的东方佛家、道家智慧，扩展和深化对信息的认识与领会，力图超越逻辑语言的束缚，为信息的哲学思考开辟新的空间。

本书适合对信息化和信息哲学问题感兴趣的读者阅读。

图书在版编目（CIP）数据

杜链文集 / 周宏仁，杨志刚主编. -- 北京 ：电子工业出版社，2025. 9. -- ISBN 978-7-121-50968-1

Ⅰ. G203-53

中国国家版本馆 CIP 数据核字第 20258UA116 号

责任编辑：徐晓宙
印　　刷：北京捷迅佳彩印刷有限公司
装　　订：北京捷迅佳彩印刷有限公司
出版发行：电子工业出版社
　　　　　北京市海淀区万寿路 173 信箱　　邮编：100036
开　　本：787×1 092　1/16　印张：22.25　字数：350 千字　彩插：2
版　　次：2025 年 9 月第 1 版
印　　次：2025 年 9 月第 1 次印刷
定　　价：198.00 元

凡所购买电子工业出版社图书有缺损问题，请向购买书店调换。若书店售缺，请与本社发行部联系，联系及邮购电话：（010）88254888，88258888。

质量投诉请发邮件至 zlts@phei.com.cn，盗版侵权举报请发邮件至 dbqq@phei.com.cn。

本书咨询联系方式：xuxz@phei.com.cn。

可以清楚地看到，知识是真正的信念的一个子集，每一件知识都是真正的信念，但反过来说并不成立。

——罗素《人类的知识》

序 一

杜链，1943 年 9 月 6 日出生。1950 年 9 月至 1968 年 7 月，先后就读于北京华北小学、北京八中、北京航空学院（现北京航空航天大学）。他的工程和学术生涯，始于大学毕业后的 1970 年 2 月，在中国航空研究院直升机设计研究所任技术员。1976 年 8 月，他调至航空工业部第 625 研究所，至 1984 年 7 月，先后担任技术员和工程师。其间，1981 年 2 月至 1983 年 3 月，他曾作为访问学者在美国明尼苏达大学机械系进修，研究应用控制理论。作为机器人早期研究的前沿，“三维空间机械手”的设计和实现是他研究的主要对象。他的一篇关于使用三个手指安装和拆卸螺丝钉的机械手设计论文，曾在美国相关学术期刊发表，受到他的导师的高度评价。

（一）

1984 年 8 月，因应国务院决定建设我国国家经济信息系统的需要，杜链由航空工业部调入国家计划委员会经济信息管理办公室（以下简称“信息办”）工作，开始了他长达近 40 年投身于国家信息化的职业生涯，为中国的信息化和现代化事业奉献了后半生全部的精力和智慧。

1985 年初，信息办组织了国内 20 多个单位（包括中国科学院应用数学所、航天部 710 所、北京航空航天大学、中国人民大学等）以及 200 多位当时国内知名的各领域专家，组成了国家经济信息系统的总体方案组，负责总体方案的研究和设计；并任命杜链为总体方案组组长。在一年多的时间里，他领导的总体方案组先后完成了首次全国范围内的经济信息需求调查；构建了我国“国民经济管理的功能模型”和“国民经济空间的信息模型”；从国务院 40 个与国民经济相关的部委信息流分析中，导出了国民经济管理的“419 个业务过程（业务流）”，编成了“过程字典”，同时，还完成了由“791 个信息类”组成的“信息类字典”；在 IBM 4341 大型计算机上建立了过程/信息类的关联模型，并从 35 个关联密切的聚类块中归并出 25 个国家经济信息系统的分系统，确定了由 33 个基础性的、逻辑相关的国家级数据库构成的“国家数据库群”。

1986 年 8 月，《国家经济信息系统总体方案（讨论稿）》完成。所有这些工作，都是在当时中国信息系统领域尚为“一片荒漠”的情况下，进行的前无古人的探索。《国家经济信息系统总体方案（讨论稿）》以改革开放的总方针为指导和依归，是我国第一次进行的以信息系统为先导的政府体制改革的探索。同年 12 月，杜链被任命为国家计划委员会经济信息管理办公室副总工程师兼总体规划处处长。

1987 年 1 月，国家经济信息中心成立，后根据邓小平同志亲笔题名更改为“国家信息中心”。杜链先后任综合部副总工程师兼规划处处长，综合部副主任、主任（正局级），主管国家经济信息系统建设的战略规划和系统设计、分（子）系统投资和建设、信息化标准与规范、信息系统安全、信息系统工程、战略与政策研究、国际合作与交流等工作。1998 年 3 月起，杜链任国家信息中心副主任，直至 2004 年 9 月退休。

在国家信息中心工作期间，杜链为中心的组建和发展做了大量卓有成效的工作，开创性地组织和完成了国家经济信息系统一期工程的建设和管理工作；担任了国家经济信息系统利用第二期日元贷款余额项目的中方项目主任和第三期日元贷款项目总体方案负责人，为国家经济信息系统的发展奠定了良好的基础。他创办了中国信息大学，并受命担任校长；领导推进了中国社会发展互联网络工程（简称“中社网”）的筹备和建设工作。他还担任了联合国援助中国国家经济信息系统建设的项目负责人；全国文件格式标准化委员会副主任委员；参与了“金桥”工程网控分中心布点和“金宏工程”总体方案的起草工作，并担任了主要负责人；参与了国家电子政务外网的总体设计，提出了很多有重要价值的措施建议；多次代表国家信息中心赴英国、法国、德国、日本等国家参加国际学术会议和研讨会，为国家信息中心拓展国际合作做出了重要的贡献。1995 年，他参与组建了中国信息服务网络促进会，任常务副理事长。

2006 年 4 月至 2020 年 6 月的 14 年间，杜链先后担任国家信息化专家咨询委员会第三届和第四届委员；2007 年 7 月起，担任中国公钥基础设施（Public Key Infrastructure，PKI）论坛常务副主席。虽然已经“退居二线”，他依然一如既往地投入大量精力关注和支持中国信息化事业的发展，始终站在我国信息化发展前沿，分析国际国内信息化发展趋势，参与调研全球信息化前沿重大问题，研究国家信息化推进策略；他积极地参与了国家电子政务系统的规划和建设、城市与城镇信息化发展、农业农村信息化推进、政府信息资源开发利用、信息化立法、公钥基础设施等诸多重大项目和课题研究，为我国电子政务和信息化的发展建言献策，在这一领域做出了许多重要的贡献。

（二）

杜链酷爱学习、酷爱思考、酷爱钻研。他不仅是一个官员，更是一个学者。在将大量的精力用于国家信息中心及综合部的建设、发展和管理等领导工作的同时，在国家信息化发展的进程中，他还不断地探求支撑国家信息化战略、规划、政策和实践的理论框架和方法论依据。

本书选录了杜链自 1988 年 1 月至 2023 年 9 月，约 35 年间所完成的具有代表性的文章、演讲、访谈录等，从另一个侧面反映了杜链后半生对中国信息化和现代化进程的不同阶段的许多重大问题的研究和思考。本书分为上、下两篇：上篇为“信息化与电子政务”，下篇为“信息哲学”。

上篇“信息化与电子政务”所涉及的主题包括：作为国家信息化启动形态的国家经济信息系统建设、电子政务、信息系统规划与设计、社区信息化、城市化与城镇信息化、信息资源开发与应用、信息化立法、复杂系统与自组织、系统论与顶层设计等，内容覆盖面宽泛，大多具有前沿性、引导性、指导性特征，如战略、策略、方法论、工作建议等。在这些文章中，杜链紧紧抓住了不同层级（国家、省域、城域、行业、县域乃至社区等）的经济与社会信息系统所具有的“包含行为主体、具有生态特征的复杂大系统”的共同特征，提出了针对复杂系统建立初始的全局战略和试点原型，使决策者在“全局指导”和“典型引路”的互动中，能动地识别和推进系统吐故纳新的思路和方法。他强调，不能满足于仅仅依赖国际上流行的企业级管理信息系统的设计方法学，必须重视顶层设计的概念和方法，将系统的自组织思想融于顶层设计的方法论之中，从整体的、综合的视角观察分析此类复杂系统；以进一步回答在设定的条件下，哪些内容是可以“设计”的、哪些内容是不能“设计”的，以及如何寻求合理的方法和手段来解决问题。这些观点和思路在中国信息界可谓别具一格。

近年来（2021 年以来），杜链对信息化的研究从“作为工具”的层面上升到哲学的层面，深入研究“信息是什么”“该如何认识信息”的哲学问题。他对杨志刚所著的《分析信息：香农、维特根斯坦、图灵和乔姆斯基对信息的两次分离》一书，表现出了浓厚的兴趣。本书在下篇“信息哲学”中收录了杜链关于信息哲学研究的一些思考和心得，包括未发表过的论文、读书笔记，以及与友人的通信，以供关注和对信息哲学有兴趣的读者参阅。其中，“信息求真与语言哲学”一文，是作者对信息哲学问题进行系统性思考的再次尝试，形式上接近一部书稿。为了帮助读者准确地了解杜链关于信息哲学研究的思路和连贯性，这里没有对原稿进行结构上的重新编排，尽可能将作者原意呈现给读者。

正如杜链在为杨志刚的《分析信息：香农、维特根斯坦、图灵和乔姆斯基对信息的两次分离》一书所写的序中最后所指出的：“当然，这本书只是为对信息的认识开启了一个思路，这个思路的价值不在其真理性，而在其开创性。”这个论点同样适用于本书中杜链对信息哲学的许多深层次的思考和思想。初唐四杰之一的王勃在《八卦大演论》中说：“天下之理，不可穷也；天下之性，不可尽也”，也是这个道理。

（三）

1985 年 7 月，我应邀参加了由联合国亚太经社理事会在日本东京举行的亚太地区地方政府信息系统会议。会上，联合国将亚太地区各国的信息技术和信息系统的发展状况分为四类，中国处于第二类，不仅落在日本、新加坡、韩国、印度等国之后，与斯里兰卡等国在同一个层级上；而且，中国信息系统的发展程度只是排在了不丹、尼泊尔等国之前。当时的我如坐针毡，深感中国在信息化领域的落后之状，有落伍全球信息时代和错失机遇之虞，除了急起直追，奋力拼搏，别无他途。

1985 年 12 月，时任国家计委主任宋平同志听取了我和杜链等国家计委信息办的同事关于 1985 年信息办的工作和国家经济信息系统建设进展情况，以及难点和存在问题的汇报。就一些重大问题做了指示之后，宋平同志语重心长地指出："你们现在干的是国家大事，是一件很大的事情。你们是中国信息系统建设的第一代，你们是奠基人，责任很重大。这样大的工程，从一开始搞，就要讲科学性，一定要小心谨慎、有一个科学的态度，把全国经济信息系统的基础打好。"宋平同志的这些教导，使我们深感责任之重大。几十年来，我们一直将此教导镌刻于心，在遇到困难和阻力之时，以此相互勉励。

近 40 年后的今天，伴随着中国改革开放和现代化的迅猛进程，中国信息化建设也一路飞奔，取得了别开生面、令世人瞩目的成就。中国的信息基础设施、信息技术、信息产业、互联网络、信息化应用等，包括电子政务、电子商务和电子社区的建设，均已跨入世界先进行列，成为世界上有数的信息化先进国家之一。杜链作为中国信息化推进和规模化信息系统建设第一代的优秀代表人物之一，作为中国信息化事业近 40 年的参与者和建设者，他付出了、贡献了，他不仅可以问心无愧，而且，足可引以为傲。

杜链同志因病于 2023 年 11 月 29 日溘然辞世，享寿 80 有余。他的一生是为中国的发展、繁荣、富强而奋斗的一生，是为中国信息化和现代化事业奉献的一生。中国信息协会，以及杜链生前的同事和朋友们商定，以出版这本《杜链文集》，作为对杜链同志永存的记忆和怀念，是非常有意义的一件事情。

编者借此机会对杜链的夫人肖雨和儿子杜宁华、侄女杜宁远，以及杜链的生前同事和挚友，包括王金平、杨志刚、黄路明、叶红、杨琳、魏国华、蓝晓群、王存冬、沈杰等，表示深深的感谢！他们为本书的组稿、编辑和出版，付出了辛勤劳动，做了大量艰苦细致的工作，为《杜链文集》的问世做出了重要的贡献。

由于时间仓促，更由于没有可能征求原作者的意见和建议，本书的疏漏和不当之处在所难免，恳请读者诸君给予谅解。

周宏仁

2024 年 5 月 8 日，北京

序二

2005—2016 年，杜链同志曾任中国信息协会第四、第五届理事会副会长，他胸怀大局，高瞻远瞩，求真务实，创新发展，展现出卓越的领导才能和深厚的专业能力，取得了许多重要的工作成果，推动了中国信息协会的持续发展。在杜链同志的积极努力下，协会主持了亚洲 PKI 联盟的执行工作；获得国务院纠正行业不正之风办公室等九部委批准保留的“中国信息化成果评选”项目主办资格；他代表中国信息协会为国家发展和改革委员会牵头组织的国家电子政务、电子商务、网络安全等重大专项提供咨询服务，发挥了不可替代的专家作用。相关课题研究形成专题报告呈报国务院，为国家的信息化发展战略和政策制定提供了重要依据。

杜链同志是我近 40 年的老领导，见证了我的成长与进步。我担任中国信息协会新一届会长，得益于他的信任和鼓励。与杜链同志相遇是我生命中一段最珍贵的经历，他的存在如同一道温暖的光，照亮了我前行的道路。与他的离别却是我心中一道难以愈合的伤痛，他是我一生永远的追思和怀念！

杜链同志是我国信息化事业的领航者、推动者、见证者和宣传者，他一生光明磊落，真诚待人，他的离世，让我们重新审视生命的价值和意义；他的存在和离去，让我们明白人生的有限和时间的无价；他的美好回忆将永远留在我们心中，他的奉献精神和人生信念将激励我们为我国信息化事业的新发展、实现中国式现代化不断努力前行！

在原国家信息化专家咨询委员会常务副主任周宏仁的倡导和组织下，《杜链文集》终于付梓，这部文集不仅是杜链同志为我国信息化建设奉献的回顾和总结，也是亲朋好友的共同愿望和最好纪念，中国信息协会应当，也愿意为文集的编辑出版贡献自己的一点力量。

王金平

2024 年 5 月 18 日，北京

目录

上篇 信息化与电子政务

下篇　信息哲学

上篇

信息化与电子政务

国家经济信息系统总体设计的思路与方法探讨[1]

（1988 年 1 月 25 日）

一、引言

大型信息系统的总体规划及设计方法问题（国外文献中多称之为 MIS[2]计划和有关工具），是近十几年来许多国家的专家和学者们致力研究的课题。这些研究大致可以分为以下两部分工作：

（1）对大型的、综合性的信息系统设计方法论的讨论，这方面的研究成果很多，使用比较广泛的有企业系统规划法（BSP）、关键成功因素法（CSF）、商业信息分析与集成技术（BIAIT）、目标/手段分析法（E/M）、信息系统设计与开发方法论（MERISE）等不同类型的设计方法学。

（2）通过对计划实践的观察和文献的研究，从总体上探讨构成 MIS 计划的过程和阶段，并进一步综合研究不同的设计方法论在 MIS 不同阶段上的作用。这方面最有代表性的研究成果是 B.J.Bowman 和 G.B.Davis 等人提出的 MIS 计划的“三阶段模型”（以下简称为 G.B.Davis 的三阶段模型）。在这一工作的基础上，中国科学院应用数学所的章祥荪、全安寿等人对信息系统设计方法论体系进行了更加广泛和深入的探讨。

国家经济信息系统（以下简称 SEIS）的总体设计是在研究上述文献的基础上，通过在试点中摸索经验逐步发展和深化的。由于 SEIS 的规模之大、关联因素之多、复杂程度之高、综合性之强都是前所未有的，没有现成的章法可循，我

1 杜链，原载于《信息系统工程》，第 7-19 页，1988 年第 01 期，1988 年 1 月 25 日出版。

2 MIS，Management Information System，中译为“管理信息系统”。——编者注

们在研制总体方案时特别注重一般系统论所提出的整体性、关联性、有序性和动态性原则，立足于战略考虑，首先需要建立一个和我国的环境及 SEIS 这样的巨系统相对应的“MIS 计划的总框架”，以表达总体设计的思路和步骤，在不断完善这一战略思路的基础上，进一步讨论选取和发展哪些设计方法学去有效地解决各设计阶段的难题。

本文的第一部分将重点讨论 MIS 计划的基本问题和 G.B.Davis 的三阶段模型；第二部分对应 G.B.Davis 的三阶段模型，介绍 SEIS 总体设计的思路框架；第三部分结合总体设计的实践，侧重介绍在目标设计阶段 SEIS 设计方法学的选取、应用和发展，最后在结束语中总结这一设计思路对管理机构改革的积极意义。

二、MIS 计划的基本问题和 G.B.Davis 的三阶段模型

1．MIS 计划的基本问题

通过对文献的调研和同 MIS 管理者的讨论，B.J.Bowman 和 G.B.Davis 等人认为在总体规划阶段有以下四个亟待解决的难题：

（1）如何保证 MIS 计划同它所服务的组织在目标和总体战略上的一致性；

（2）怎样为该组织设计出一个信息系统的总体结构，并在此基础上设置、开发应用系统；

（3）对相互竞争的应用系统，应如何拟定优先开发计划和运营资源的分配计划；

（4）面对前面三个阶段的工作，应怎样选择并应用行之有效的设计方法论。

2．G.B.Davis 的三阶段模型

针对 MIS 计划所面临的基本问题，G.B.Davis 等人认为有必要建立一个具有普遍意义的 MIS 计划模型，对计划过程和设计方法论进行分类研究。这个模型由 MIS 的战略计划、组织的信息需求分析和资源分配这三个一般性的任务所组成。其相应的任务及有关设计方法论的分类描述如图 1 所示。

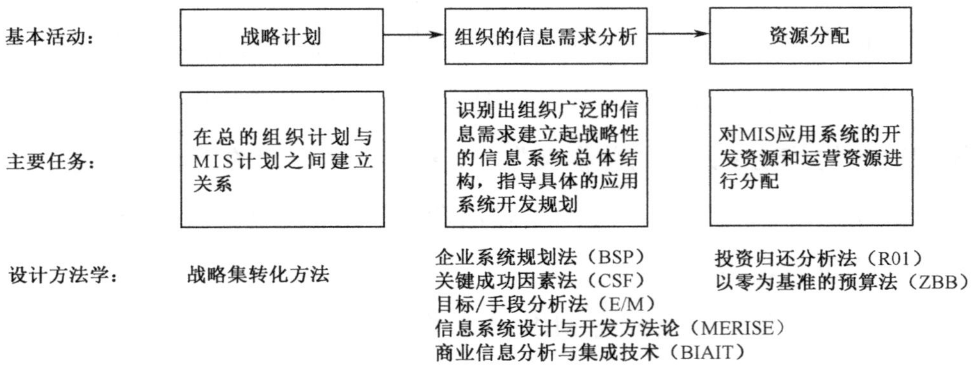

图 1　G.B.Davis 等人提出的 MIS 计划三阶段模型

3．对 G.B.Davis 三阶段模型的评价

在研制 SEIS 总体方案的实践中，我们检验了 G.B.Davis 的三阶段模型并感受到它作为初始模型的指导作用，我们认为在系统规模不太大（相对 SEIS 而言）、系统的组织背景稳定的情况下，这一模型是具有普遍意义的。但对于像 SEIS 这样的巨型社会系统工程来说，模型所提出的三项基本活动尚不能完整地概括 SEIS 设计所面对的基本问题，这不仅因为 SEIS 的规模之大、结构之复杂是空前的，更重要的是在经济体制改革的背景下，SEIS 的对象系统——国民经济管理系统的目标和战略性的组织属性尚不稳定，组织的广泛信息需求也在变动之中，因此在 SEIS 的设计流程里不仅要把握“功能”和“信息”这两个要素，而且要特别重视“功能的变化”和“新的信息需求”之间的联系；不仅要考虑 MIS 计划的一般活动，而且要特别强调对计划的实验、考查及修改过程，把这些活动看作 SEIS 总体设计的必要组成部分。

三、SEIS 总体设计的思路框架

1．Nolan 的四阶段模型

R.L.Nolan 于 1974 年首先提出了信息系统发展、演化的四阶段模型，用以描述系统发展的一般过程及特征（如图 2 所示）。

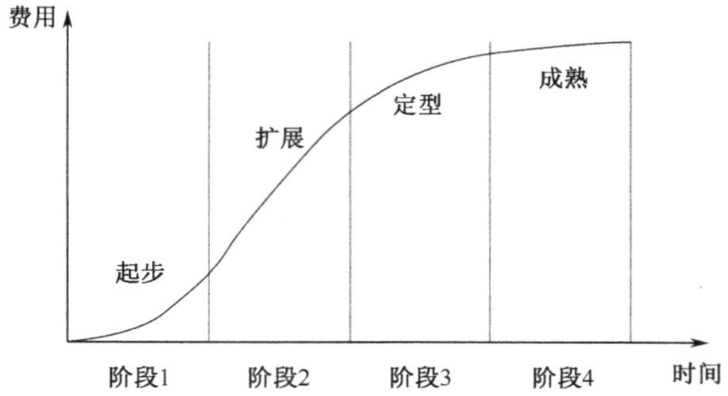

图 2　R.L.Nolan 的四阶段模型

R.L.Nolan 认为，只有当信息系统发展到第三阶段——定型阶段（G.B.Davis 称之为控制阶段），系统才能进入相对稳定的轨道。这时，数据处理的计划、管理和控制已正规化，创新活动相对停滞，代之以完善化的任务。

参照 R.L.Nolan 的模型，我们可以综合观察我国信息系统的发展状况，对我们所处的阶段做出判断，尽管我国不同地区和部门的信息系统发展很不平衡，但从整体上看我们尚未进入第三阶段。在这样的情况下，SEIS 和它所服务的组织、用户间的关系是不稳定的，特别是在经济、政治体制改革的环境中，SEIS 的建设还有相当长的自组织过程，这就决定了 SEIS 的总体设计和传统的系统工程活动的重大区别。它不仅关心传统的系统工程活动所注重的技术工具（例如，计算机技术、现代通信技术等）问题，而且特别注重对使用这些技术工具的社会环境以及使用部门间利益关系的研究；SEIS 的设计在相当程度上带有战略研究与试验相结合的性质，始终贯穿着这二者间的对话、相互借鉴和不断修正的过程。

2. “思路框架”的理论背景

正如前面曾指出过的，对于 SEIS 这样的巨型社会系统工程，G.B.Davis 的三阶段模型具有一定的局限性。为此有必要面对 SEIS 设计的全过程建立一个更加一般化的方法论体系框架，用以表达设计思路和步骤。

1）研究信息系统设计方法论的途径

从研究系统工程方法论的一般途径出发，方法论的形成是一个形式与内容交互迭代的过程，如图 3 所示。

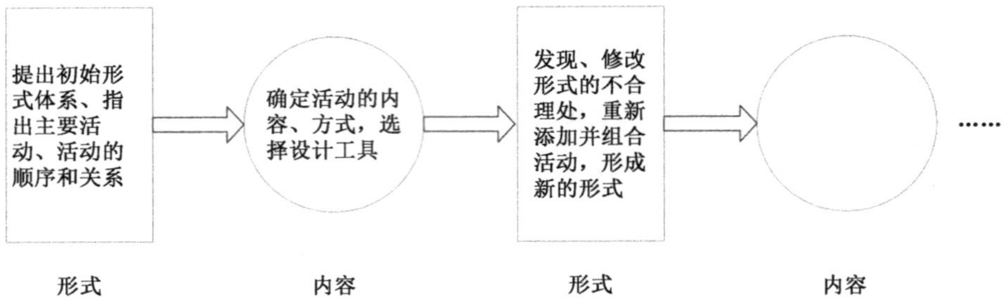

图 3　信息系统设计方法论的形成过程

我们处于整个研究的开始阶段，首要的任务是提出一个初始的体系模型，这一初始体系不一定完善但应基本合理，能在它的基础上研究和构造“内容”，这样我们就能着手迭代过程，使其不断合理、完善。

2）A.D.Hall 的三维体系模型

在对系统工程和社会系统工程的研究中，A.D.Hall 的三维体系模型被公认为是相对合理的初始模型。我们试图以 A.D.Hall 的三维体系为初始背景，设法将其转化为 SEIS 设计、开发的初始体系。A.D.Hall 的三维体系模型如图 4 所示。

在本文中我们侧重讨论 A.D.Hall 的三维体系模型中逻辑轴上的各项活动，以此为基点探索 SEIS 总体设计的思路框架，然后再研究怎样评价和厘清众多的方法论在实践中的地位问题。

3．SEIS 设计的逻辑流程

基于以上对 G.B.Davis 的三阶段模型及 A.D.Hall 的三维体系模型的讨论，我们把 SEIS 总体设计规范为七项主要逻辑活动。这七项活动与 A.D.Hall 的三维体系模型逻辑上的活动及 G.B.Davis 的三阶段模型有一定的对应关系（如图 5 所示）。

和 A.D.Hall 的三维体系模型的逻辑对照，SEIS 的流程可说明如下：

1）初步可行性分析

核心任务是对信息需求和环境进行调查，定义系统的边界和约束，初步估量效益等。其中“调查”是“问题定义”的基础，它阐明了问题的“外延”。初步可行性分析与 A.D.Hall 的问题定义阶段的工作吻合。

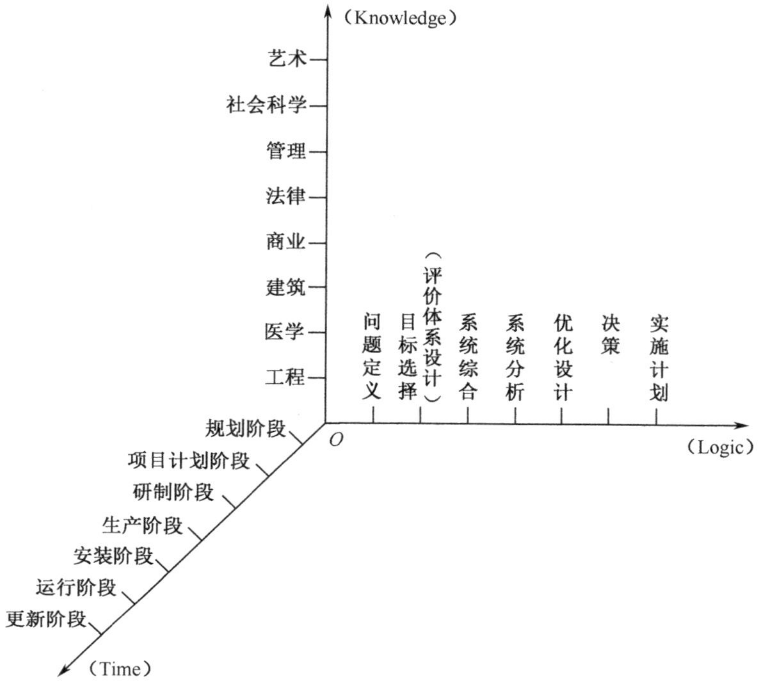

图 4　A.D.Hall 的三维体系模型

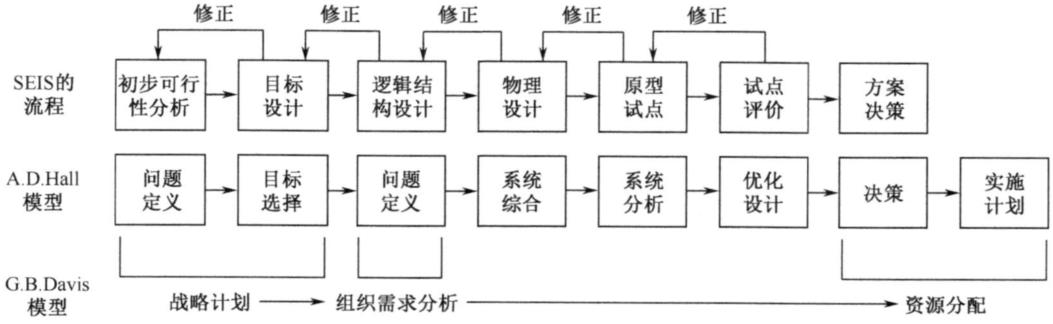

图 5　SEIS 设计的逻辑流程及其与 A.D.Hall 及 G.B.Davis 模型的对应关系

2）目标设计

主要任务是识别国民经济管理系统的目标集，依此设计出 SEIS 的目标集，这一活动对应于 A.D.Hall 的目标选择。所不同的是，SEIS 更侧重对战略目标的研究，因此对目标的质量和对度量方法的设计是 SEIS 总体设计的难点。

3）逻辑结构设计

主要包括需求模型的设计、系统功能及总体逻辑结构的设计等工作内容。

我们之所以把逻辑结构设计列在“问题定义”的范畴，是因为我们可以把组织提出的问题理解为：“需要建信息系统”，而总体逻辑结构的设计是最终回答“要建什么样的信息系统”的问题，这显然是问题定义的成果，也可看作定义过程的输出。因此需求调查侧重于对问题范畴的说明，而需求分析则是定义问题结构的过程；“初步可行性分析”确定了问题的“外延”，而逻辑结构设计的目的是定义问题的“内涵”，这种从“外延”到“内涵”的识别过程称为需求分析，它是在目标的指导下自顶向下进行的。

4）物理设计

主要活动是根据 SEIS 的逻辑模型，从总体上进行系统的物理框架设计和具体物理系统的一组备选方案的制定。包括通信网络规程、软件体系标准和数据标准的制定；并考虑那些横跨多个分/子系统的综合数据库的设计问题。

应该说明的是，在 SEIS 逻辑结构设计阶段的活动中并未涉及系统实现的方案问题，而物理设计却要回答系统实现的方案问题。如果说“定义”的结构是“唯一”的，那么实现的物理方案却是“众多”的（例如，对机型的选择可以是多途径的）。物理设计的工作和 A.D.Hall 的系统综合阶段的任务相对应，A.D.Hall 的“综合”的概念是针对系统实现的多个备选方案而言的。

5）原型试点

是指在前四项活动的基础上，选取真实系统进行有限规模试点，通过试验衡量系统的可行性、成本、标准及效益等因素。

SEIS 的“原型试点”与 A.D.Hall 的“系统分析”含义相同。两者都是通过试验对众多备选方案进行分析比较的，所不同的是试验的方法和手段。A.D.Hall 的系统分析强调用模型代替系统，用模拟和其他数学方法代替系统的运行，这样可以减少“分析”所消耗的资源，而面对 SEIS 所处的特殊环境，我们不得不采用真实系统来考查物理设计的可行性。

6）试点评价

选定评价指标，对试点的整个流程进行评价，提出方案修改意见。“试点评价”和 A.D.Hall 的“方案选择”（优化设计）都是为了选取最优方案。区别是

“方案选择”强调通过评价目标考查“系统分析”的结果，从众多的备选方案里做出选择；而“试点评价”侧重于对试点结果直至整个总体方案的评估，提出修改和进一步完善方案的意见。

7）决策

包括用户审批，建立系统设计、开发、运行的一系列立法文件和管理规程。这与 A.D.Hall“决策”阶段的活动相吻合。

A.D.Hall 的“实施计划”阶段包含系统建设的时序安排、资源平衡计划、项目开发计划等活动。由于我国现行的投资体制、财务制度的限制，有关实施计划的问题暂不列入 SEIS 设计的逻辑流程。

和 G.B.Davis 的三阶段模型相比较，主要的变化是在 SEIS 的设计流程里增加了“原型试点”和“方案评价”这两个独立的阶段。造成这一差别的原因不仅来自 SEIS 的综合性、复杂性以及我们主观上缺乏经验，更重要的是 SEIS 设计所面对的特殊环境。正如上文所指出的，在体制背景发生变动的情况下，SEIS 设计应突出战略研究和试点环节，通过二者的对话不断修改、完善和深化设计方案，以保证设计的科学性和实践性。因此，“原型试点”和“方案评价”是 SEIS 设计周期中不可缺少的组成部分。

到目前为止，SEIS 的总体设计已初步完成了前三个阶段（初步可行性分析、目标设计、逻辑结构设计）的工作。在这些阶段的设计实践中，SEIS 发展了传统的设计方法学，提出了一些新的设计模式。

四、在目标设计阶段 SEIS 设计方法学的选取、应用和发展

1. W. R. King 的战略集转换法

在 G.B.Davis 的三阶段模型的战略计划阶段，最有代表性的设计方法是 W.R.King 的战略集转换法。

W.R.King 把组织的总战略看作一个"信息集合"，这个集合包括使命、目标、战略以及其他战略变量（如管理水平、变化的倾向、重要的环境约束等），通过 MIS 战略计划过程，上述集合可以转化为"MIS 的战略集合"，后者由 MIS 系统目标、约束和设计战略组成（如图 6 所示）。

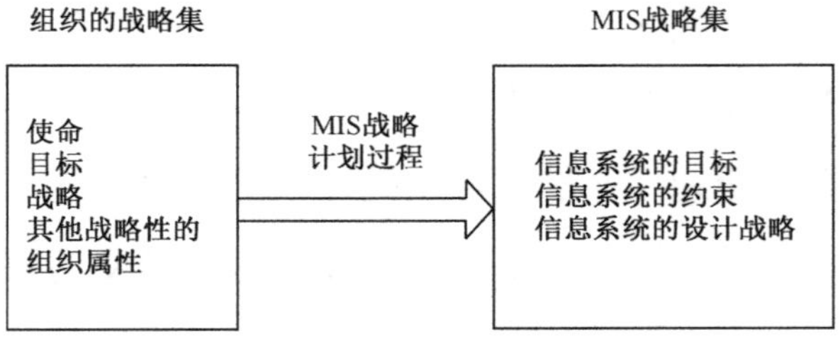

图 6　MIS 战略计划过程的概念说明

W.R.King 的 MIS 战略计划过程包括以下具体步骤。

第一步：解释组织的战略集，程序如下。

（1）刻画出组织的关联集团的结构，所谓关联集团系指与组织有利害关系的使用者集团，如组织的拥有人、管理者、被雇佣者、供货人、债权人、政府代理人等。

（2）辨认出每个关联集团对组织的要求。

（3）确定组织对每个关联集团的任务和战略。

第二步：确定组织的战略集。

将从第一步工作中分析得到的一组初始的组织使命、目标和战略整理成文，提交部门最高领导审批。

第三步：导出 MIS 战略集。

这一步工作是 MIS 战略转换的核心，它包含对组织战略集合中的每个元素对应地确定 MIS 的战略元素，如图 7 所示描述了整个的战略计划流程。

W.R.King 战略集转换的宗旨是保证 MIS 计划同组织计划在战略上一致，力图使开发出来的 MIS 成为整个组织的一个有机的部门。W.R.King 的方法强调管理者与分析者在多方面的对话与合作，把这种合作看作成功地开发 MIS 的基本要求。G.B.Davis 认为这一方法在组织战略集能够适当定义的情况下是有效的。

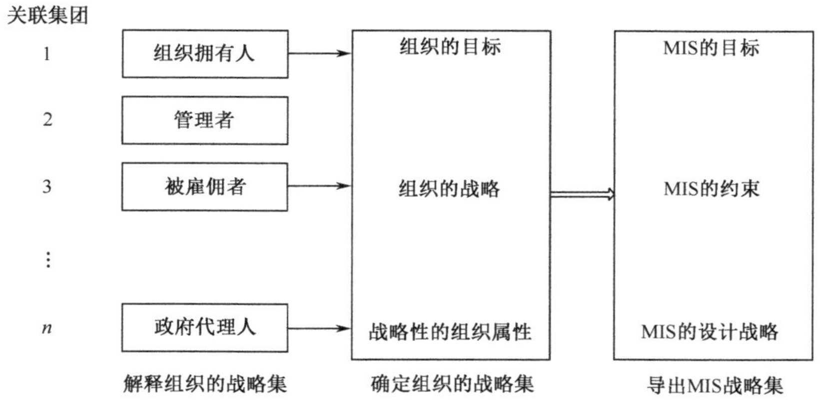

图 7 MIS 战略计划流程

2. SEIS 的战略计划过程

由于 SEIS 的对象系统（SEIS 所服务的组织系统）是国民经济管理系统，同该组织有关的使用者集团不仅包括中央和地方与经济活动密切相关的各级政府部门，还有公司、企业集团等微观经济活动主体和社会公众（如研究机构、高等院校、社会团体、大众传播媒介、个人等），甚至还包括国外的公司、企业和驻华商业机构，很难按照 W.R.King 的方法将这些与系统有“利害关系”的集团分离出来，并逐个描述这些集团对国民经济管理系统的要求，特别是在新旧体制的转轨时期，各类关联集团的需求尚不稳定的情况下，W.R.King 的战略集合的构造过程显然是有局限性的。为此 SEIS 采取了以下三个步骤：

1）对组织的内部需求和外部环境进行全面调查

调查活动分两个层次，如图 8 所示。SEIS 的调查活动纵向覆盖了 29 个省、自治区、直辖市和 7 个计划单列市（共 36 个省级单位）的计委、经委、统计局（共 99 个部门），横向涉及与经济活动密切相关的国务院 51 个部委、总局、公司等。除了普查，还进行了重点调查、访问调查和专项调查。详细情况可参见国家经济信息系统总体方案（讨论稿）。通过历时 10 个月的调查活动，基本了解了国民经济管理系统的环境约束、内部的功能需求和信息需求，定义了对象系统的边界。

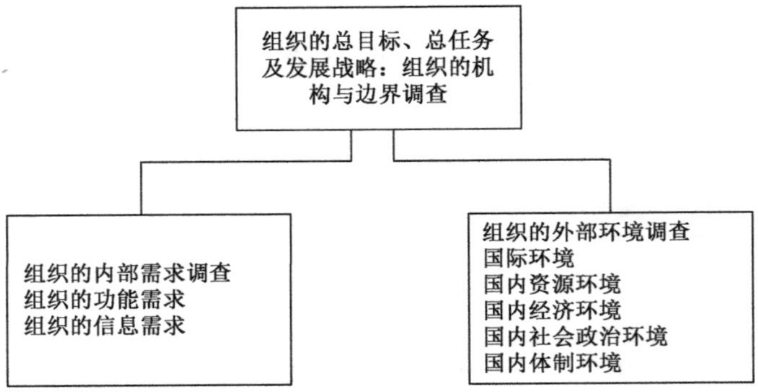

图 8　调查活动的层次示意

调查活动是初步可行性分析阶段的中心内容，与 W.R.King 的第一个步骤——“解释组织的战略集”有一定的对应性，但明显扩展了 W.R.King 定义有限个关联集团的思路。

2）提取组织的战略集

在全面调查的基础上，我们期望从需求结构中归纳、提取出组织的战略集。而我们面临的困难是怎样“提取”的问题。换句话说，我们应该用哪些理论、方法来指导战略集的“提取”问题？为了找到答案，我们首先需要考查“提取”过程应满足的基本要求，它们是：

①组织的战略集（目标、约束和战略）必须与经济体制改革的总目标、总战略相一致。

②必须建立一个能描述国民经济空间运行机制与状态的概念模型，依据这一模型分类归纳、提取国民经济管理系统的战略集，使之与经济改革的总目标、总战略相吻合。

③应设法表达战略集的层次结构和各层次的范畴。

针对提取战略集的基本要求，SEIS 的步骤是：

（1）力争对经济体制改革的目标和战略做出具体化的描述。这一工作无疑是很困难的。SEIS 总体设计组除了尽可能完整地收集、整理党的十一届三中全会以来的重要文献资料，还分别请国务院社会经济技术发展研究中心和中央党校从事经济研究的学者完成了两份咨询报告[1,2]，报告中详细地阐述了这两个部门对国民经济发展战略和经济体制改革目标模式的见解，在此基础上我们进一步对上述材料进行了分析与综合，充分地整理出体制改革的目标模式和对国民经济管理活动要求的内容。

（2）建立了由运行、反馈、控制与监督四个子空间构成的我国社会经济系统的控制论模型参照体系，用以描述整个国民经济空间的运行机制与状态，并以此参照体系将体制改革的总目标、总战略与运行机制的演化过程有机地连接起来。建立经济控制论模型有两个基础依据：一是基于我国的社会主义制度，即在理论上认为社会主义制度下的经济活动从整体上看是可观测、可控制的；二是认为以有计划的商品经济为主体的自我调节机制不是突然出现的主观模式，而是以计划经济为起点、以经济和政治改革的一系列政策为协同条件的自组织过程。

（3）规定了组织战略元素集的层次结构，它们和 SEIS 战略元素集有着对应关系。在上述工作的基础上，我们即可在经济体制改革的总目标、总战略的指导下，以需求调查和环境调查为依据，以国民经济控制论模型为分类归纳的参照体系，按照一定的层次结构来提取组织的战略集。正如上面介绍过的，提取组织的战略集属于“目标设计”的第一阶段的活动。

3）SEIS 目标设计的层次结构概念

在 SEIS 的总体设计中，我们称战略集转化过程为目标设计，和 W.R.King 的 MIS 战略计划的概念是一致的。在讨论如何获取 SEIS 的战略集之前，有必要对 SEIS 目标设计的基本问题、目标的特性、目标的层次结构原理等进行研究，以求获得较完整的目标设计的概念。

---

1 国家经济信息系统总体方案研究报告之 19（绿皮书），《国家经济信息系统目标开发》，国务院经济技术社会发展研究中心发展预测组供稿。

2 国家经济信息系统总体方案研究报告之 20（绿皮书），《建立国家经济信息系统的社会背景及系统目标、功能、总体结构设计的咨询研究报告》，中共中央党校、北京钢铁学院（现为北京科技大学）供稿。

（1）目标设计的基本问题

通常，不同地位和从不同角度出发的人，往往对“目标”有不同的理解。例如，组织的高层管理者关心的是组织的长远目标和战略任务；中层管理人员关心的是系统的功能和服务的深度；负责开发的人员则关心系统开发的投资规模和决定优先开发次序的准则；用户则关心系统的功能和建设的速度。作为系统的目标，应当能反映这些不同的方面和层次。因此，怎样把这些不同的范畴有机地反映在同一目标体系里，建立统一的设计方法，是SEIS目标设计的基本问题。

（2）目标的战略性、指导性、可测度性和可评价性

①目标的战略性。目标应从大的方向上指出信息系统所属范畴和发展趋势，它应在较长的历史时期内对系统有效。

②目标的指导性。目标应是多层次的，应能指导总体设计各步骤和系统建设各大阶段活动的具体开展。

③目标的可测度性、可评价性。应努力建立各层次目标的评价标准，使信息系统的组织者和管理者能对目标的落实情况进行监督和评价。

（3）目标的层次结构原理

为了能在同一目标系里反映不同类型的目标，并有效地指导以后各步骤工作的具体开展，目标应具有合理的层次结构。层次结构的原理如下：

①不同层次的目标可以属不同的范畴，但下层目标应是上层目标在相应范畴的分解和具体化。

②目标分解应具有完备性，即下层目标的总体实现应能保证上层目标在相应范畴内的实现。

③目标层次的设计应对应于设计工作各重要的工作步骤，指导各设计步骤为实现总目标而努力。

（4）目标体系的内容和作用

根据上面讨论的结果，SEIS 的战略集可由以下不同层次的内容构成：

- SEIS 的服务对象与边界
- SEIS 的战略任务

- ♦ SEIS 的功能目标
- ♦ SEIS 的开发战略
- ♦ SEIS 的评价准则

这五方面内容，可以说是 W.R.King 的“战略元素集”概念的推广。所不同的是，W.R.King 没有对不同范畴的目标提出整理的方法，更没有提出层次的划分及各层次的目标对设计活动的指导作用。按照 W.R.King 的战略元素集转化概念，图 9 给出了 SEIS 战略元素集转化示意图。

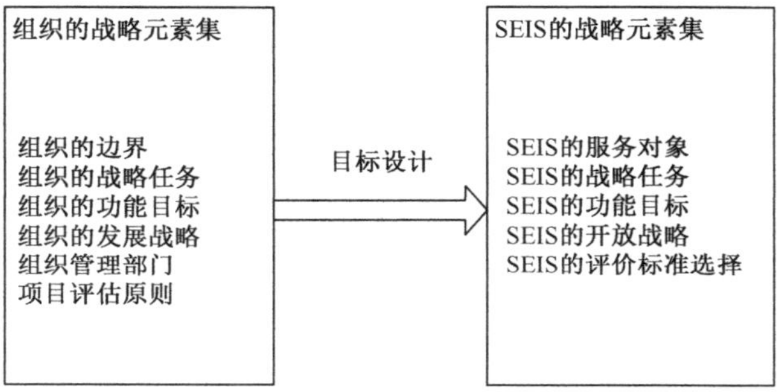

图 9 SEIS 战略元素集转化示意图

图中显示了组织的目标体系（战略元素集）和 SEIS 目标体系（战略元素集）的对应关系，即把 SEIS 战略元素集看成国民经济管理系统战略元素集映射的结果。

（5）目标体系的层次结构和相应的设计活动

综上所述，依据 IEDA 设计方法（见国家经济信息系统总体方案分报告之五），我们可将目标体系层次结构描述如下（如图 10 所示）：

SEIS 的目标体系分五个层次，前两个层次总称为战略层，第一层提出了系统的总服务目标，说明系统的服务边界和对象，相当于系统的外形，侧重于对 SEIS 目标体系的共性说明，即 SEIS 所提出的“辅助决策”“信息导向”和“咨询服务”这三项总服务目标对各分子系统来说带有共性特征；第二层是系统目标的内涵，是对 SEIS 目标体系的个性说明，它是由组织的特殊要求决定的。这两个层次结合起来比较完整地说明了 SEIS 的总战略目标，二者不是从属关系，而是构成总战略目标的两个侧面。

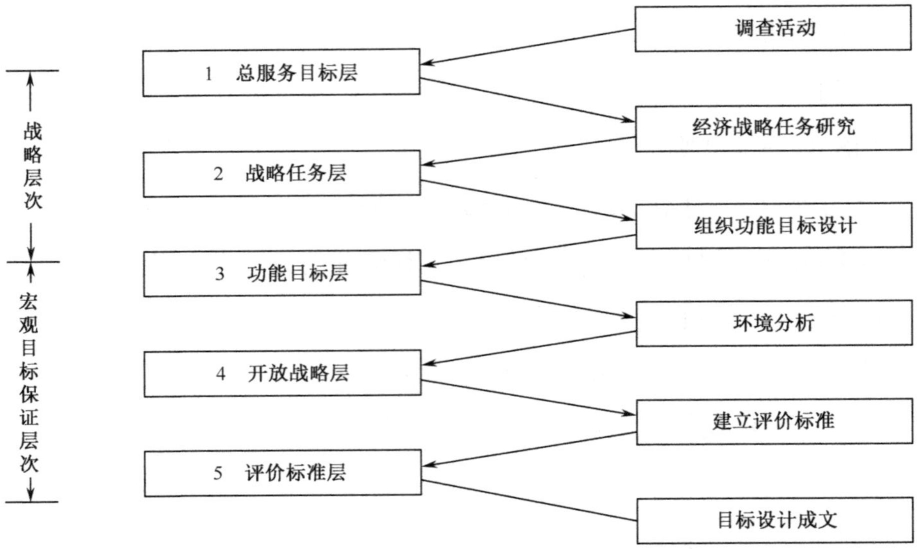

图 10 目标体系的层次结构和相应的设计活动

从第三层到第五层是实现宏观目标的保证层次。从第二层向第三层的转化是战略任务在功能范畴上的分解。即便“任务”和“功能”在范畴上不一致，但完成任务要求有确定的功能支持，从这个意义上说，功能目标层从属于战略任务层。功能目标层应具体指导逻辑结构设计阶段的活动，它是连接战略目标向“功能模型”过渡的桥梁。

由第三层向第四层的转化是目标设计深入和具体化的过程，开发战略层所提出的各项战略应能指导开发过程各项活动的具体开展，保证这些活动与战略目标一致。

第五层目标的内容是评价标准的建立，通过建立一系列的评价标准和准则，考查目标体系的指导作用是否落实，它是目标设计的归宿。

在目标逐层分解时伴之以相应的设计活动，具体方法可参见 IEDA 设计方法学[1]，此处不赘述。

1 见《国家经济信息系统总体设计方案分报告之五》IEDA 设计方法学（Integrated Engineering Design Approach）。

4）导出 SEIS 的战略集

上一节我们已较全面地介绍了目标设计的层次构架，按照这样的原则，我们可以逐项讨论组织战略元素集与 SEIS 战略元素集的映射关系，最后导出 SEIS 的战略元素集。这方面详细的说明见国家经济信息系统总体方案分报告之三。

对照 W.R.King 的 MIS 战略计划过程，SEIS 的战略计划可描述如图 11 所示。

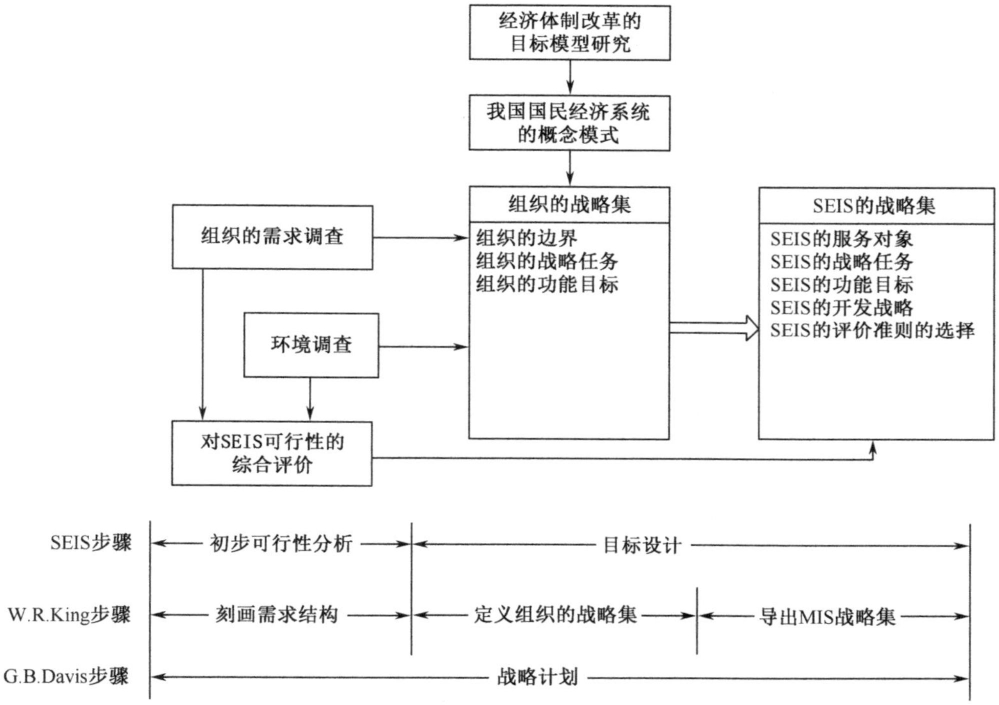

图 11 SEIS 战略计划与 W. R. King 及 G. B. Davis 步骤的对应关系

五、结束语

总结以上关于信息系统设计思路与方法的讨论，可以看出功能与信息的关系是设计方法学所研究的基本问题，无论是在目标设计阶段的战略集转化问题，还是需求设计时信息模型与功能模型的同态映射问题，以及结构设计时功能单元（过程）和信息单元（信息类）的生成/使用关系问题，都贯穿着对“功能”

和“信息”以及二者间关系的研究。在 SEIS 的设计中同样以这两个要素为基础。所不同的是在体制变动的情况下，SEIS 的设计思路里特别重视“功能变化”和“新的信息需求”间的联系，强调对 MIS 计划的试验考查和修改过程。

从这一基本线索出发，我们可以把管理功能和运行功能的机制视为构成经济管理活动相辅相成的两个侧面。管理功能的支撑形式是相适应的组织机构；而所谓运行机制的本质是怎样有效地获取、传递和使用信息的问题。不管是方针政策、各类指示、文件、命令的下达，还是会议的协调、报章杂志的宣传、各类报表和汇报总结等，都是通过信息流动，力图使各级管理者能及时得到并有效使用他所需要的信息，通过信息交换让管理功能得以运行。显然运行机制是以组织机构为依托的。但由于组织机构受传统、文化和人际关系等影响，具有相对稳定的特点；而体现运行机制的信息流与经济活动的关联更密切，信息流的变化更直接地反映了经济的发展对管理改革的要求，因此信息交换的内容及方式的变化往往是促进机构改革的最活跃的先导因素。

基于这样的认识，我们有可能通过对经济信息需求的调查分析，以新形势下信息的内容、流向、流量、频度等反映信息需求的基本因素构成镜面，综合观察管理功能的合理性和组织机构的适应性问题。因此 SEIS 的设计与开发和经济、政治体制改革是不可分割的两个侧面。

由于我们严重的经验不足，面对像 SEIS 这样复杂的巨系统有着很大的风险，上面提出的设计思路肯定是不完善的，期望得到学术界和各级管理部门的关心和帮助。

参考文献

[1] IBM Corporation. Business System Planning: Information Systems Planning Guide, [R]. Armonk, NY, USA: IBM Technical Publications, 1975. Technical Report G320-5544-0.

[2] ROCHFELD A, TARDIEN H. MERISE: An Information System Design and

Development Methodology[J]. Information and Management, 1983, 6(6): 143-159.

[3] BOWMAN B J, DAVIS G B, WETHERBE J C. Three Stage Modle of MIS Planning[J]. Information and Management, 1983, 6(16): 11-25.

[4] 章祥荪，全安寿. 对信息系统设计方法论的探讨[C]. 全国第一届管理信息系统学术会议论文. 北京：中国计算机学会，1986:45-58.

[5] GIBSON D G, NOLAN R L. Managing the Four Stages of EDP Growth[M]. USA: Harvard Business Review, 1974: 76-88.

[6] HAWTHORUE R W, SAGE A P, FARRIS D R. Application of Unified Program Planning to Public and Societal Systems: A Case Study[M]. BALDWIN M, Portraits of Complexity Columbus. USA: Battelle Memorial Institute, 1975: 27-145.

[7] HILL P, WARFIELD J N, Unified Program Planning[J]. IEEE Transactions on Systems, Man, and Cybernetics, 1974. SMC-4(2): 227-231.

[8] HALL A D. A Three Dimensional Morphology of Systems Engineering[J]. IEEE Trans Syst,Sci. Cybern. 1969, SSC-5(2):156-160.

[9] KING W R. Strategic Planning for Management Information Sysems[J]. MIS Quarterly, 1978, 2(1):27-37.

国家经济信息系统总体设计的逻辑步骤及各阶段的设计思路与方法[1]

（1989 年 1 月 31 日）

摘要：国家经济信息系统的建设是一项宏大的社会系统工程。它的设计和实施研究，应是社会各方面关心的重要课题。本文提出了系统总体设计的逻辑步骤的七阶段，并将结合目标设计、逻辑结构设计和方案决策三阶段所开展的工作进行介绍和讨论。

一、引言

国家经济信息系统（State Economic Information System，以下简称 SEIS）的建设是一项资金密集、技术密集，复杂而庞大的社会系统工程。由于建立国家级的经济信息系统在国际上尚没有成熟的经验；尤其当信息系统所依存的体制背景尚不稳定，在体制转轨时期的需求关系正在发生变化；我国的通信网络尚不发达，在广泛使用计算机的社会基础尚不具备的情况下，研制 SEIS 总体方案面临极大的难题。为了避免大的失误，我们在研制大型信息系统总体方案时应特别注重一般系统论所提出的整体性、关联性、有序性和动态性原则，在系统建设的初期，把对设计方法学的探讨看作重要任务。

对信息系统设计方法的研究是为了揭示隐藏在设计活动背后的人们行为所必须遵循的秩序和执行这些秩序的有效工具。相对工具（如概念、定义、矩阵、

1 杜链，于国辉，原载《计算机工程与应用》，第 11-17 页，1989 年第 01 期，1989 年 1 月 31 日。

图表、算法等）而言，对“秩序”的研究是第一位的，对“工具”的研究是第二位的，秩序是信息系统规划设计所必须坚持的规程和准则，体现了战略思路的原则性；而对工具的选择却可以是多种多样的，表达了设计手段的多样性和开放性。

为了深入讨论研制 SEIS 的“秩序”问题，本文提出了 SEIS 总体设计的逻辑步骤三阶段，并结合目标设计、逻辑结构设计和方案决策三个阶段已进行的工作，对 SEIS 在有关设计方法方面的应用和发展进行了一般性的讨论。

二、SEIS 总体设计的逻辑步骤

正如引言中所提及的，SEIS 的建设不是一个纯技术的系统工程，而是一个巨型的社会系统工程；它不仅与计算机、现代通信等先进的技术手段相联系，而且与它所服务的国民经济管理系统的战略目标、边界和功能特性发生密切的关联；它不仅关心一般技术工程所注重的“设计工具”问题，而且还要注重对使用这些技术工具的社会环境以及使用部门利益关系的研究，特别要注意对 SEIS 的“秩序”的研究。基于上述特征，我们有必要建立一个总框架来描述 SEIS 总体设计中的主要逻辑活动，来建立 SEIS 的秩序，在这一基础上再来讨论采用什么设计方法来有效地解决各类活动所面临的难题。

近年来流行甚广的生命周期法（Life Cycle Method）已经成功地开发出了许多信息系统，有不少信息系统的开发实例。这种方法能较客观地反映系统发生、发展和灭亡的规律，步骤严谨，文档清晰，便于维护和发展，提高了软件的质量和系统的可靠性。以 A. D. Hall 提出的系统生命周期七阶段为例，生命周期法的基本流程如图 1 所示。

然而，生命周期法也有其致命的弱点，尤其是对于规模较大的系统，它会导致系统的研制周期过长，用户除一开始介入系统外，相当长的时间内不参与系统的开发工作，用户的需求得不到及时的反映；并且，随着环境的变化，经过一个周期的全过程，建成的系统很可能变得面目全非。近年来迅速兴起的原型法

（Prototyping Method）却能避免这种情况的发生。

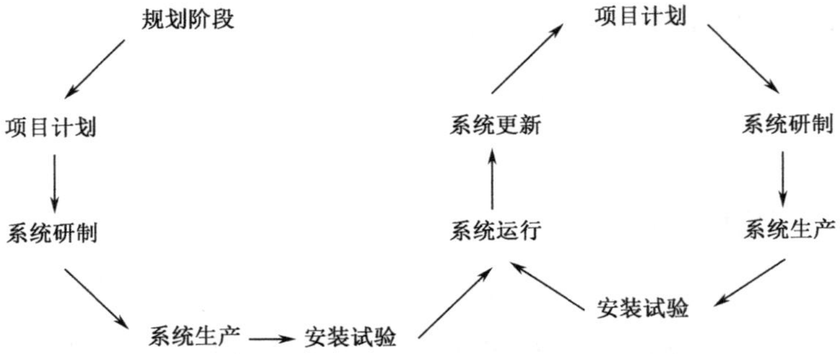

图 1　系统生命周期法的基本流程

用原型法研制系统一般要经过四个基本阶段：

①明确用户的初步需求；②初始原型的设计；③评价原型，进一步明确用户的要求；④修改和完善原型。

原型法的基本流程如图 2 所示。

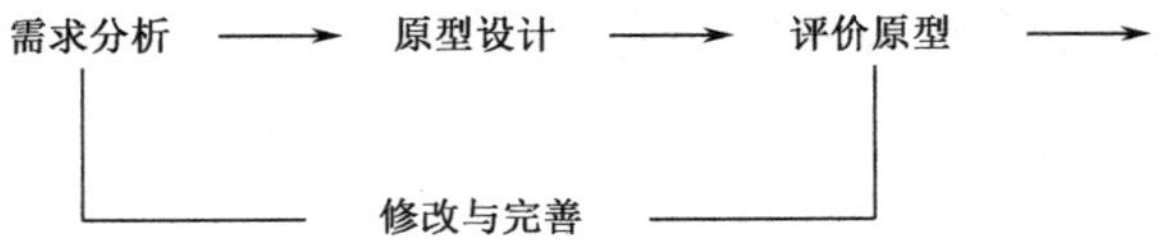

图 2　原型法的基本流程

原型法与生命周期法相比有以下几个特点：①用户参与了研制系统的所有阶段；②原型法克服了用户接触不到将来使用的系统这一缺陷，用户参与研制与试用，使其能够较客观地提出明确的需求和改进意见，提高了系统的可用性；③系统分析和设计人员与程序员融为一体，克服了在生命周期法中衔接困难这一缺陷；④周期短，能适应环境和需求的变化。

原型法的不足之处在于，由于强调速度，开发过程难以实行如生命周期法那样的严格的监督管理。目前，原型法已引起国内外广泛的重视，并且已经有了一些成功的应用实例。

SEIS 规模巨大，环境复杂，并且其研制周期较长，如果仅采用生命周期法，那么不可避免地会使 SEIS 的研制周期更长，建成的系统很可能不能反映改革的要求，与用户变化的需求相差甚远。如果仅采用原型法，面对这样一个庞大的系统，没有一个全面的考虑和总体框架的控制，系统的建设势必造成混乱，就原型本身来讲仍然是难以实现的。

因此，客观上要求将生命周期法和原型法有机地结合起来，博采两种方法之长，来确定 SEIS 总体设计的逻辑步骤。一方面以生命周期法为主，在 SEIS 的总体结构和系统框架上进行控制，使系统研制有步骤地进行；另一方面，在 SEIS 开发工作全面展开之前，采用原型法迅速地实现逻辑方案的若干子集，以证明可行性，获取经验，证实或修改已经形成的设计文档；同时，由于用户介入原型的研制，从中认识、理解了系统，能够更清楚地提出其需求和修改意见。这样使系统既不偏离既定的方向，同时也加快了系统的研制速度，保证了系统能够及时地反映用户的需求，使每一阶段的工作都得到修改与完善。

以下就是在生命周期法与原型法结合的基础上，根据 G. B. Davis 和 A. D. Hall 的模型，确定 SEIS 总体设计的逻辑步骤的过程：

（1）由 G. B. Davis 等人提出的三阶段模型和 A. D. Hall 的三维体系模型形成 SEIS 总体设计的逻辑步骤。七阶段最初始的理论背景是 G. B. Davis 等人所提出的信息系统（IS）总体规划的三阶段模型和 A. D. Hall 的三维体系模型。G. B. Davis 认为 IS 的总体规划由以下三个阶段构成（如图 3 所示）。

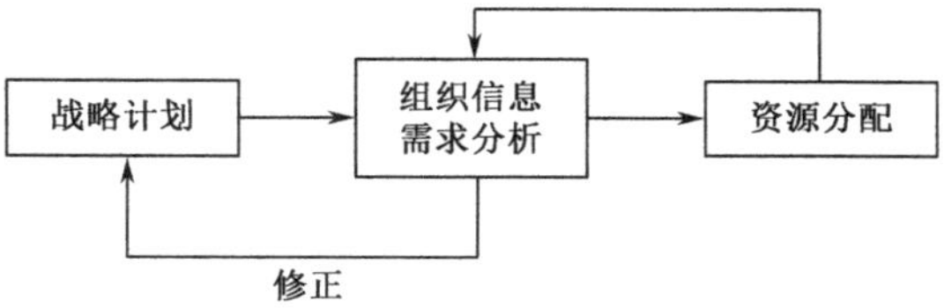

图 3　G. B. Davis 等人提出的三阶段模型

战略计划阶段：指用战略计划表述组织的战略与 MIS 战略问题的关系。

组织信息需求分析阶段：指辨认出组织的各类信息需求，建立战略性的信息系统结构，以此指导具体的应用系统开发规划。

资源分配阶段：对 MIS 的应用系统开发资源和运行资源进行分配。

G. B. Davis 等人提出的三阶段模型反映了管理信息系统（MIS）总体设计的一般规律，是我们确定 SEIS 总体设计逻辑步骤的重要依据之一。

SEIS 总体设计逻辑步骤的另一个来源是 A. D. Hall 的三维体系模型。目前，在已有的系统工程和社会系统工程方法论体系中，A. D. Hall 的体系模型被公认是较为合理的，具有广泛的适用性。A. D. Hall 体系模型的三维结构如图 4 所示。

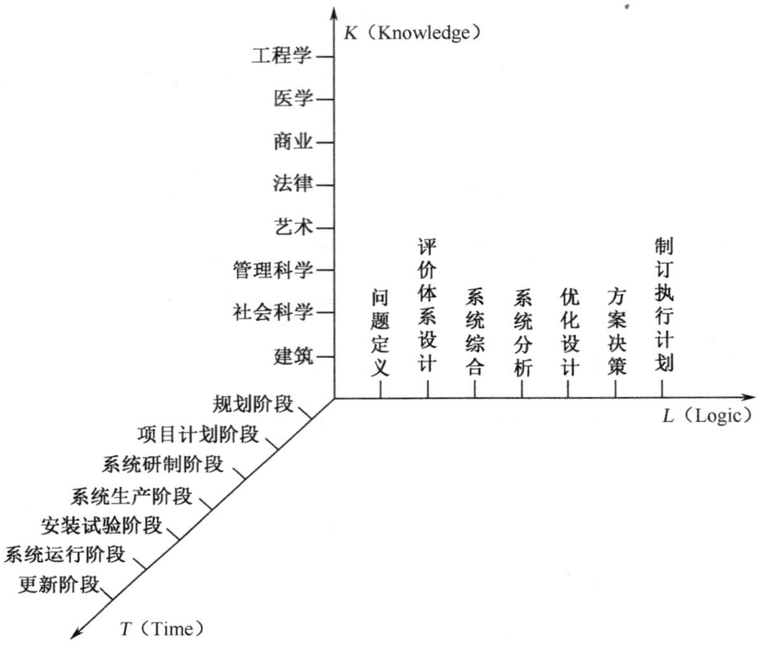

图 4　A. D. Hall 体系模型的三维结构

（2）以 G. B. Davis 等人提出的三阶段模型和 A. D. Hall 的三维体系模型为参考背景，SEIS 总体设计的逻辑步骤被规范为以下七个主要阶段，与 A. D. Hall 模型、G. B. Davis 模型的比较如图 5 所示。

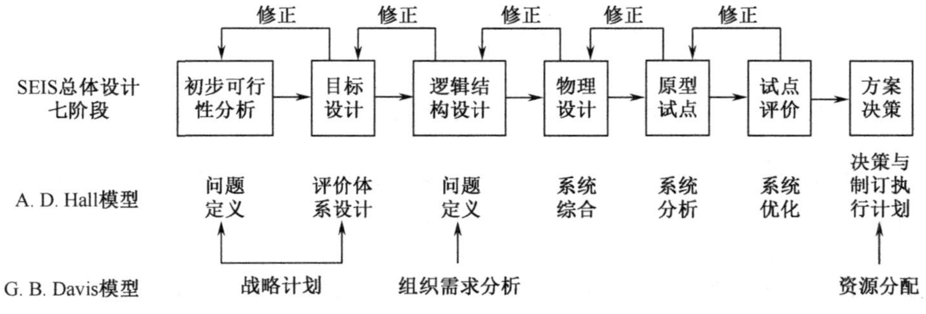

图 5　SEIS 总体设计逻辑步骤七阶段与 A. D. Hall 模型、G. B. Davis 模型的比较

和A. D. Hall三维体系模型的逻辑维相对照，这七个阶段的内容可说明如下：

①初步可行性分析阶段：主要活动是对组织内部的需求和外部环境进行调研，定义系统的边界及约束，对效益初步估量并进行战略评述等工作，与A. D. Hall问题定义阶段的内容相吻合。

②目标设计阶段：主要内容是对SEIS所服务的组织的功能、战略进行分析研究，选取评价体系的各项指标并进行SEIS的目标设计，形成SEIS的概念模型；这些工作与A. D. Hall的评价体系设计阶段相对应。

③逻辑结构设计阶段：主要任务是建立SEIS的需求模型，进行SEIS的功能及逻辑结构设计。由于逻辑结构设计的目的是回答“期望建立一个什么样的信息系统”并回答“怎样实现”因此这一阶段仍属于A. D. Hall所提出的问题定义的范畴。

④物理设计阶段：该阶段的主要活动是根据 SEIS的逻辑结构，从总体上进行系统的物理框架设计和具体物理系统的备选方案的制定。在SEIS物理设计中侧重于通信网络规程、软件体系标准和数据标准的制定；并考虑那些横跨多个分/子系统的综合数据库的设计问题。上述工作和A. D. Hall的系统综合阶段的任务相对应。

⑤原型试点阶段：核心的任务是，在前四个阶段完成的基础上进行有限规模试点，完成SEIS功能的若干子集，以证明SEIS的可行性，衡量SEIS的成本、标准及效益等因素，从而获取SEIS的开发经验。

这些工作与A. D. Hall的系统分析阶段相对应。所不同的是，A. D. Hall的系统分析一般通过模型或模拟的方法，对众多的备选方案加以分析比较，而我们采用原型法，实现真实的原型系统来考查物理设计的可行性。

⑥方案评价阶段：这是个总结、评审性的阶段，包括选定评价指标；对试点的整个成果进行评价；证实或修改已完成的设计文档。这一阶段和A. D. Hall的系统优化阶段有所区别。系统优化强调通过评价目标，选择最优方案，而方案评价则侧重于对整个总体方案的评估，修改和完善。

⑦方案决策阶段：主要活动是制定资源配置、项目开发计划，并提出一系列

立法文件和管理规程。

与 G. B. Davis 等人提出的三阶段模型相比较，SEIS 总体设计的主要变化是增加了原型试点和方案评价这两个独立的阶段，这也是 SEIS 研究和开发方法的创新之处，即生命周期法和原型法的有机结合。

三、设计方法学的应用和发展

在 SEIS 的目标设计、逻辑结构设计及方案决策等各个阶段，广泛地研究和强调了设计方法学的发展和应用。

1. 在目标设计阶段 SEIS 设计方法的演化

在 G. B. Davis 等人提出的模型的第一阶段——战略计划阶段，最有代表性的设计方法是 W. R. King 的战略集转换法，W. R. King 在他的论文《管理信息系统的战略计划》中对这一方法进行了详尽的阐述，它将 MIS 战略计划描述为战略集的转化过程（如图 6 所示）。

对应于 W. R. King 的步骤和思路，SEIS 的战略计划过程如图 7 所示，我们称这一过程为 SEIS 的目标设计。

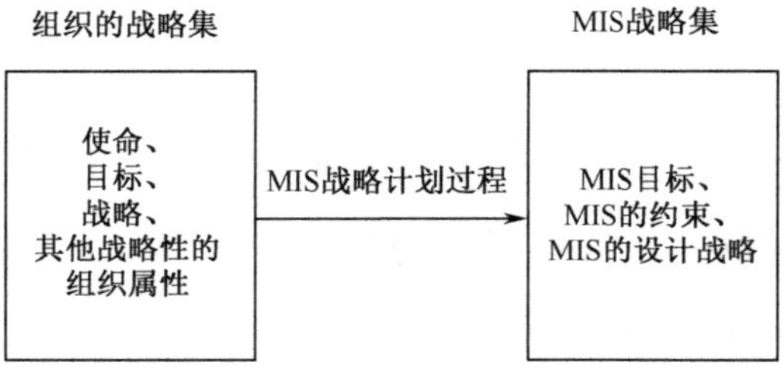

图 6　MIS 战略计划过程

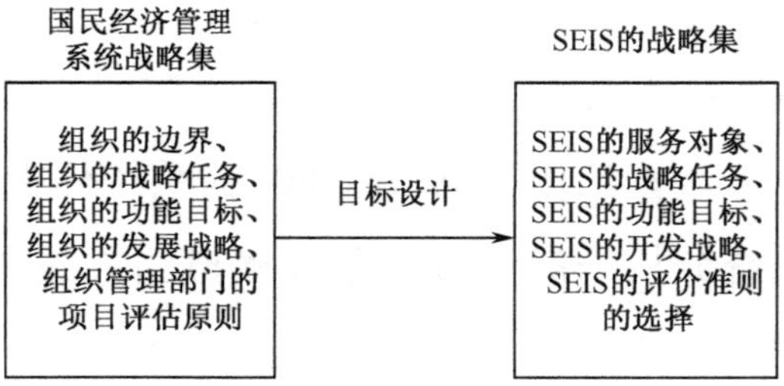

图 7　SEIS 的战略计划过程

2. 在逻辑结构设计阶段 SEIS 设计方法发展

在 G. B. Davis 等人提出的模型的第二阶段——组织需求分析阶段的工作中，

有许多结构化的设计方法，其中较成功的是企业系统计划法（BSP）。在 SEIS 总体方案研究过程中，我们就这一方法对方案组全体成员进行了培训，并通过广东省政府办公信息系统的设计，实践验证了这一设计工具。BSP 方法提出自顶向下（Top-Down）地识别组织的需求、自底向上（Bottom-Up）地对系统进行设计和实施；强调面向企业的功能有过程；强调设计出的信息系统应支持企业的功能而相对独立于企业的组织，这些原则无疑对 SEIS 的设计具有重要的启发意义。如图 8 所示表述了 BSP 的基本概念。

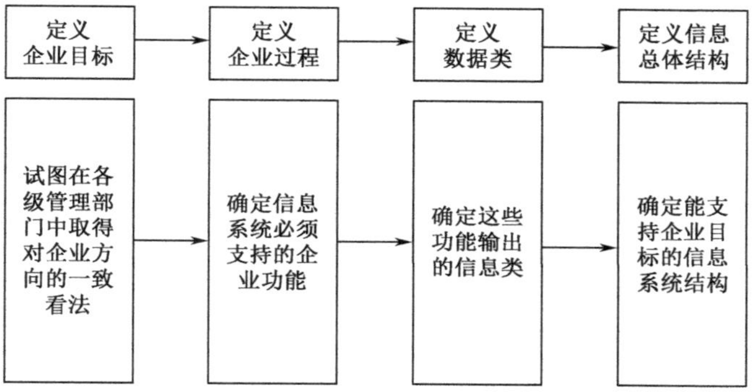

图 8　企业系统计划法（BSP）的基本概念

BSP 的上述主要流程亦可被归纳为“自顶向下”和“自底向上”两个基本阶段（如图 9 所示）。

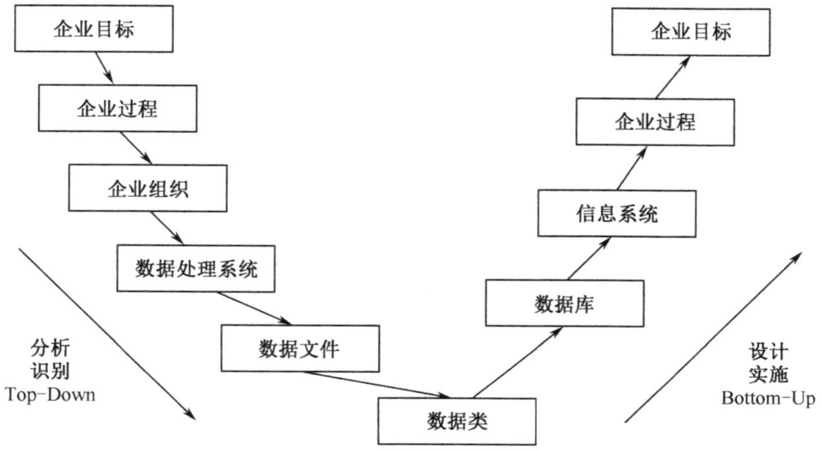

图 9　企业系统计划法（BSP）的流程

对于 SEIS 这样庞大的信息系统，BSP 的思路是有启发性的，但设计手段却有较大的局限性。这主要表现在以下三个方面：

（1）提取系统最基本的功能单元——“过程”是整个系统设计的核心环节，而这一步工作在 BSP 中是依据设计人员的丰富经验完成的。我们不仅不具备这样的经验，即使具备，亦很难凭经验来面对 SEIS 这样复杂的系统。

（2）为了使设计出的信息系统结构能支持企业的功能，BSP 构造了一个过程/数据类矩阵，在矩阵中根据过程相关性和数据相关性把关联密切的过程集合在一起，构成分系统。而这一工作在 BSP 中依赖于设计者的分析判断，只有在系统不大（BSP 的约束为过程不超过 60 个，数据类不超过 100 个）的情况下，这种人工分析的方法才能有效。在 SEIS 的设计中我们提取了 400 多个过程，近 800 个信息类，在这种情况下依靠人工进行分析显然是不可行的。

（3）BSP 方法侧重考虑信息流向，而不能将信息流的频度、流量的重要性和权限反映在系统的设计之中。

为了跨越这三个障碍，中国科学院应用数学所信息科学研究室和原国家计委信息办在 BSP 的基础上联合发展了一种新的设计方法，称为“反射和建模设计方法学（Reflection and Modeling Design Methodology，简称 RMDM）”。这个方法学创新性地采用了以下方法，解决以上所述的三个问题：

（1）建立需求模型，并通过需求模型的分解提取过程和信息类。

所谓需求模型，即用以表达对象系统最本质的功能需求和信息需求的模型，它由国民经济管理系统的功能模型和信息模型两个基本框架构成。功能模型由“机制层”“功能层”“活动层”和“任务层”四个层次构成；信息模型由“子空间层”“信息集层”“信息子集层”和“信息类层”等四个层次构成。根据分离性、完备性、合理性等大系统分解的一般原则，自上而下地进行树形分解，对功能模型的最底层，即“任务层”的 115 项任务，采用规范化的方法持续分解，即可获得执行各项任务的“过程层”，再由各个过程对信息的生成/使用关系，导出信息类集，对照信息模型最下层，即信息类层，进行正确性、唯一性、完备性、一致性检查并加以修改后，即可最后确定需求模型的基本功能单元，即“过程”和“信息类”。

（2）为了把关联密切的过程组合成分系统，RMDM 将图论算法（强子矩阵法和通路遍历法）引入到系统的结构设计中，并用上述方法，在 IBM 4341 大型计算机上，对由 419 个过程和 791 个信息类构成的 U/C 矩阵进行了分析，通过人机对话以最后确定系统的结构。

（3）为了解决各信息分/子系统的优先开发次序问题，SEIS 采用了 AHP（Analytic Hierarchy Process，层次分析法），选取有限个可能影响分/子系统开发优先级的指标，如：

①迫切性：指该分/子系统在 SEIS 战略任务中的地位。

②效益：指该分/子系统能够产生的经济效益和社会效益。

③环境条件：指该分/子系统的职能机构的资源情况（包括：人力、物力和财力），该组织的领导重视程度，以及组织状况。

④信息量的输出/输入比：指该分/子系统对整个系统开发的影响。

⑤动态性：指信息在该分/子系统中的流动频度。

然后，再将这些指标进一步细分出“分指标”，就能构造出多层次的 AHP 模型，用 AHP 方法的支持软件，首先计算出指标的权值，然后计算出分/子系统的优先次序。这样，就为后续一系列工作的展开奠定了基础。

3. 在方案决策阶段 SEIS 设计方法的发展

该阶段需要制定出实施规划（资源配置、项目开发计划以及人员培训计划等），并且在开发部门、用户确认的基础上，制定出管理和控制系统开发工作的一系列立法文件和管理规程。具体由六个步骤组成，它们是：目标分解、环境调查分析、确定任务、资源分配、效益评估和时序安排。

（1）目标分解：主要内容是确定实施规划的边界，并进行目标的分解和调整。所谓“边界”系指在多大的范围内进行规划，包括时间边界、纵向边界和横向边界。确定边界后即可进行目标分解，将 SEIS 的目标树进行归类分析，在资源（人、财、物）和战略要求等约束条件之下，选出在时间边界之内期望达到的目标，依此得到系统近期的目标树。继而将其分成两类，一类为“可度量性目标类”，另一类为“抽象性目标类”。前一类是指那些可以结构化分解的目标类（可以量化的目标类多属于此类），另一类指的是不能结构化分解、难以度量的目标类。GDPA 法的逻辑流程图如图 10 所示。

（2）环境调查分析：在初步可行性分析阶段环境调查的基础上，进一步搞清对象系统当前和近期内的迫切需求（具体的）；确认实施环境的人力、物力、财力约束；了解系统的进展状况；对象系统的组织管理状况、领导重视程度（注：这里的部分信息，可以从前面阶段直接获得。具体的调查内容和方法参见[5]）。

（3）确定任务：根据系统近期目标，确定具体要进行的活动。例如，资源配置、项目开发计划以及人员培训计划等。确定任务的方法采用“上分下合法 GDPA”[1]。

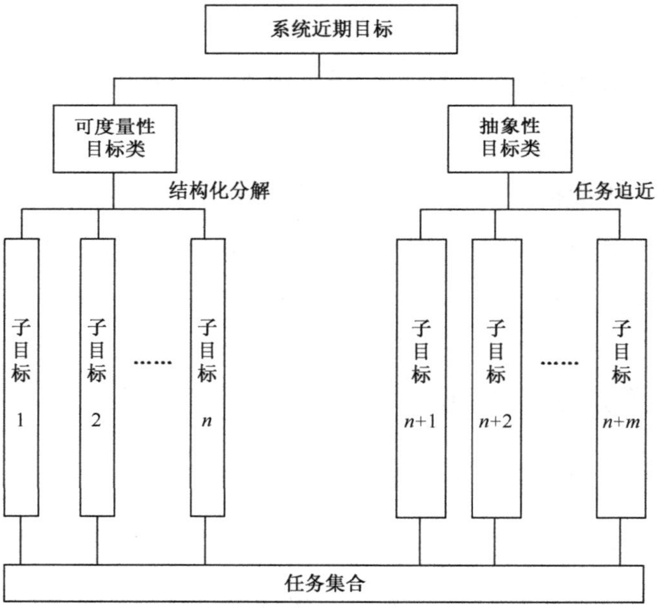

图 10　GDPA 法的逻辑流程图

（4）资源分配：针对每项任务所需的资源（人力、物力、财力），制定投资

1 上分下合法 GDPA，其中 G 为 Goal（目标），D 为 Decomposition（分解），P 为 Positioning（定位），A 为 Assembly（组合）。

原则；通过投资模型，计算资金额度，制定人才培训计划。SEIS 的资源分配采用了“宏观投资分析法”。其主要步骤是用 AHP 方法计算出建议投资规模和次序，并建立相应的投资模型，通过调整得出具体的投资额。

（5）效益评估：效益评估是一个重要的，却又很困难的工作，我们仅能从单项指标上定量描述。目前，世界上还没有一种完善或较完善的方法来评价大型信息系统的效益。如何客观地评价像 SEIS 这样的大型信息系统，尚有待于研究和探索。

（6）时序安排：采用 PERT（Program Evaluation and Review Technique，计划评审技术），建立系统开发的时序网络图。为此，我们已经开发了一个针对像 SEIS 这样的大型系统的 PERT 软件。

四、结束语

到目前为止，SEIS 总体设计已初步完成了前三个阶段（初步可行性分析、目标设计、逻辑结构设计）的工作。由于我国资金使用体制上的限制，我们不得不提前进行第七阶段（方案决策）的部分工作，使系统边规划、边投资建设、边发挥作用。

由于 SEIS 是一项规模空前的大系统工程，没有现成的经验，存在着各种风险。我们的设计方法论也尚不完善，有待在实践中进一步研究和发展。衷心希望各界人士都来关心 SEIS 的建设，共同探索，建设好具有中国特色的国家经济信息系统。

参考文献

[1] BOWMAN B J, DAVIS G B, WETHERBE J C. Three Stages Model of MIS Planning[J]. Information and Management, 1983, 6(6): 11-25.

[2] HALL A D. A Three Dimensional Morphology of System Engineering, IEEE

Trans. Syst. Sci. Cybern, 1969, SSC-5(2): 156-160.

[3] KING W R. Strategic Planning for Management Information System[J]. MIS Quarterly, 1978, 2(1): 27-37.

[4] KING W R, CLELAND D I. A New Approach to Strategic Systems Planning[J]. Business Horizons, 1975,18(4): 34-42.

[5] 于国辉. 信息系统实施规划方法论——GDPAPM[D]. 北京：北京航空学院，1986.

[6] IBM Corporation. Business Systems Planning——Information Systems Planning Guide[R]. Armonk, NY, USA: IBM Technical Publications, 1981. Technical Report GE20-0527-3.

[7] 中国科学应用数学所，国家计委经济信息管理办公室. 信息系统设计方法论——RMDM[C]. 北京：中国科学院应用数学研究所，1986.

[8] SAATY T L. The Analytic Hierarchy Process[M]. New York, USA: McGraw-Hill, 1980.

[9] 刘豹，许树柏，赵焕臣，等. 层次分析法——规划决策的工具[J]. 系统工程，1984(2):23-30.

积极推进国家经济信息资源网的建设[1]

（1995 年 8 月 12 日）

一、信息资源与信息资源网

信息作为经济和社会发展的要素之一，是与物质和能量并列的重要资源。与物质、能量资源相比较，信息作为资源有以下三个特征：一是信息资源的先导性，即物质、能量资源的开发和利用有赖于信息资源的开发和利用。美国知名的管理和信息专家詹姆斯·马丁曾说，信息系统和其他系统的关系不是火车的车厢和车厢的关系，而是火车头和车厢的关系。二是信息资源存在于主客观的关系之中，信息具备资源属性是有条件的，它与用户的需求和意志相关。只有依据社会经济活动的有效需求，采用一定的技术手段，使信息可能被最终用户获取并产生某种效益，才成为信息资源，而不存在独立于用户需求之外的信息资源。三是信息资源和其他自然资源一样，其开发利用的过程需要人力、物力、资金的投入。如果建设一个电厂，人们很容易理解从建厂到发电、运行维护等过程都需要投入人力、物力和财力。但是，如果要建成一个数据库，使数据不断更新并维护其运行所需的投入，许多同志往往觉得不好理解。所以，在如何认识信息资源的开发和运行成本问题上，也有个观念转变的问题。

由于信息只有通过交换才能产生效益，信息网络的建设是开发、利用信息资源的基础条件。信息网络由信息通信网和信息资源网两个部分构成。对信息资源网的广义理解是把通信网络以外的计算机资源、标准规范、信息本身以及各有关主体（含信息提供者、信息资源开发者、信息服务者和最终用户）看作构

1 原载于《信息经济与技术》，1995 年第 08 期，第 18-19 页，1995 年 8 月 12 日。

成信息资源网的四个要素，其中信息本身是信息资源网的核心要素。

为了突出信息在信息资源网中的核心地位，通常我们把信息资源网狭义地理解为具备一定有序结构的信息本身，也包括对信息资源加工的生产体系、营销服务体系和相应的管理体系，即与信息属性相关的各类应用系统。

在信息网络的建设中，信息资源是内涵，信息通信是手段，二者的关系是互为条件、互相促进的。

二、我国信息资源开发和利用的现状与问题

1. 信息资源开发利用的现状

改革开放以来，我国信息资源的开发和利用有了相当程度的进展，在对政府信息资源、公众信息资源、商用信息资源的开发利用上，都已形成了一定的规模。但是，信息资源的利用率不高。一般而言，基本特点可以归纳为“四多四少”：常规方式多，电子方式少；原始信息多，加工整理的少，数据库化的更少；孤立、分散的多，联网、可共享的少；政府部门自我服务的多，可商用服务的少。

2. 问题的症结

形成信息资源“四多四少”的原因，根本的症结是受原有体制的影响，导致信息共享程度低，信息服务业发育很不充分，公众信息意识还有待提高，相应的管理体系和法规需要逐步健全。

从体制的角度看，与传统的计划体制相适应的信息结构是以纵向的信息流为主的；决策的信息基础主要源于部门的内部，部门之间相对隔离、封闭，信息共享的需求很少，对信息的时效性要求不高。在社会主义市场经济体制逐步完善的过程中，要求相应的信息结构由“纵向”向“横向”转化，决策的信息基础由部门、企业的内部向外部转化，即对企业来说由以往关心上级下达的计划指标和各类资源的分配指标，转向越来越关心市场环境下的原材料来源及自身产

品的销售价格，因而需要组织大量的采购员、销售员队伍，采用多种方式（广告、联络站等）谋求自身生存、发展的机会；对部门而言，部门之间亦要求打破相互隔离、封闭的局面，才能实现决策的相互协调。因此，无论部门还是企业，信息共享的需求都越来越强烈，对信息时效性的要求也越来越高，因为只有快速响应才能适应瞬息万变的市场环境。概括起来，出现“四多四少”说明现有的信息流通体制不适应经济体制改革的要求，也就是在决策权机制和动力机制发生了重大改变时，相应的信息流通体制没有及时进行同步的调整，具体表现为还没有建立相适应的管理体制和法规。这是信息资源网建设的重大难点。

形成信息资源“四多四少”特点的直接原因是信息服务业的严重滞后。在市场经济体制不断完善的环境下，信息使用者与信息生产者分离、信息生产与信息营销分离，已成为一种趋势，社会化和专业化是当代信息资源开发利用的两大特征。通过相应的政策倾斜和技术支持促进信息服务业进入专业化、产业化、网络化阶段，是信息资源网建设的重大任务。

提高公众的信息意识是信息资源网建设的基础性工作，这一工作中应将强化对政府工作人员的培训列为重点。这样做有利于信息机制的调整和改革，从整体上推进信息资源的开发和利用。1985 年在斯德哥尔摩召开的发展中国家信息发展战略研讨会上，美国和法国的有关专家提出，到 21 世纪初期培训和咨询服务将逐步占有市场的主导份额，培训和咨询的价格将越来越昂贵。因此，在信息资源网的建设上，我们现在就应牢牢抓住信息服务和培训这两个基本环节。

三、积极推进经济信息资源网的建设

为了加速国家经济信息资源网的建设，在指导方针上应明确以下几点。

1. 市场引导的原则

建设信息资源网的渊源来自社会主义市场经济体制的信息资源共享需求。市场是推动信息资源网建设的原动力，也是评价信息资源网建设成效的最基本的标尺。从这样的认识出发，我认为政府信息资源网与商用信息资源网在本质上是统一的。在统一的市场背景下，政府信息资源网建设的重点应是公共信息资源的横向交流，它与商用信息资源网是相辅相成、互为动力的。对信息交换来说，政府用户和商用用户具有平等的地位，只有引入市场机制，才能促进两类资源网的交流渗透，增加国家经济信息资源网建设的活力。

2. 需求驱动为主，供给驱动为辅的原则

总体上说，国家经济信息资源网的建设必须强调需求驱动、效益优先，要从需求最迫切、最有实效的领域一步步做起。但在一定条件下，通过政府扶植来提供信息资源共享的技术服务环境是必要的。只有提供了信息交流的舞台，才能进一步挖掘横向信息交换的“潜需求”，使得各类信息流在交换过程中自我组织、自我完善。

3. 联合共建，优势互补的原则

国家经济信息资源网建设需要各部门、各地区以及社会各阶层共同参与，才能发挥整体优势，减少资源的重复投入，扩大信息的共享范围。联合共建的核心是平等互利，这是引入市场机制的又一重要方面。

4. 改革政府经济信息系统的投资体制

建议在投资体制中引入设备租赁制和基金制。通过设备租赁制一方面变设备的无偿使用为有偿使用，避免争投资、购设备、铺摊子等导致的设备闲置、机构臃肿、浪费严重的不良倾向；另一方面使设备的维护、更新、人员培训与应用部门相分离，逐步走向专业化的轨道；应用部门要集中力量搞应用系统的开发和数据库的建设。通过引入基金制可以扩展集资、融资的渠道，通过市场机制解决国家经济信息资源网建设的后续资金问题。

5. 信息立法

要加快信息立法的步伐。“九五”期间，首先要抓紧制定《信息振兴法》，同时也要制定相应的《政府信息资源共享条例》《信息市场管理法》等。为适应信息资源网建设的迫切需求，应尽快出台一些相关的条例和实施办法。

建设好信息资源网是信息化健康发展的关键[1]

（1996 年 12 月 12 日）

信息基础设施的建设和信息资源的开发是推动我国信息化进程的两项基本性工作。信息化的健康发展取决于这两个方面的匹配和协调。当前的重要问题是对信息资源的组织、开发和利用在相当程度上滞后于信息基础设施的建设。为了使信息化的两个基本要素融为一体、协调同步，信息资源网的建设是有待深入研究的重大课题。

一、我国信息基础设施建设取得了跨越式的发展

（1）信息基础设施的总量已形成相当规模。“八五”期间，我国新增长途光缆干线 8 万余千米，新增局间电话 5600 万线，长途电话电路已达 86.5 万路，电话主线用户超过 4400 万户，电话机总数超过 5600 万部。移动电话和无线寻呼用户分别达到 350 万户和 2500 多万户。中国公用数字数据网（China DDN）已联通约 1000 个县，端口容量达 8 万个，用户总数达 6 万户。公用分组交换网已覆盖 2000 多个县市及乡镇，总容量为 10 万个端口，已有分组交换用户 2.6 万户，电子信箱用户 0.6 万户，可视图文用户 0.2 万户。在卫星通信方面，新建 12 座地球站，扩建 21 座地球站，形成了由 20 个城市组成的卫星通信网，电路达 1500 多路端。

广播电视网已有近千座广播电台、约 700 座电视台和 700 多座有线电视台。

1 杜链、陈玉龙. 原载于《中国信息协会 1996 年年会论文》，《信息经济与技术》，1996 年第 12 期，第 9-11 页。

全国 80%以上的人口能够接收无线电视；同时，已有 400 个城市建成有线电视网，用户数近 4000 万。此外，国内还有全国性或地方性专用通信网约 300 个。在信息处理设施方面，已拥有各型计算机 300 多万台套。

（2）我国信息基础设施装备的技术水平进展惊人。全国长途传输数字化比重为 84%，局用电话交换程控化比重达 98.6%。在光缆建设中采用了世界先进的同步数字系列（SDH）和数字交叉连接（DXC）技术。大城市本地中继基本实现了光缆传输。十余个省已建设联结省内各地市的 SDH 光缆环形网。北京、广州、上海等地开始实施光纤到智能大楼工程，异步传输模式（ATM）也开始试验。移动电话中，GSM 用户数已超过 15 万。以数据通信为基础，正在逐步开展电子信箱、可视图文、在线数据检索、会议电视、帧中继等新型电信业务。

（3）信息基础设施中通信设施发展最快，特别是电信设施的超常投入为世界各国所罕见。“八五”期间光缆年平均增长 92%，局用交换机年平均增长 42%，移动电话年平均增长 186%。五年内全国邮电局固定资产投资达 2300 多亿元，为“七五”期间的 11 倍。其中，1994 年投资约 600 亿元，1995 年投资 985 亿元。我国通信设施建设的投资强度在年平均投入量上超过了许多发达国家。

二、信息资源的开发和利用严重滞后于信息设施的建设

最近几年，在信息化热潮的推动下，信息资源开发方面也取得了不小的进展。但总体仍处于滞后状态。主要表现有：数据库的数量少、水平不高、信息精品还不多，联机的电子信息服务还处于初级阶段，大型的信息服务机构还很少，政府可公开信息资源向公众提供还很不充分，面向企业生产经营活动的市场信息开发还很不全面等。信息资源开发不足直接导致信息通信设施利用率较低。1995 年底，国内数据通信用户仅 6 万个，大型集团用户 31 家。据专家估计，数据通信设施的利用率只有 15%左右。这一水平相当于 20 世纪 80 年代中期国内微机的利用率。信息资源的开发利用不足的另一个结果是信息处理设施应用不充分，计算机设备存在相当程度的闲置和浪费。

显然，从总体上看，目前问题在于信息基础设施建设与信息资源开发不匹配、不协调，甚至在一定程度上呈现出相互分离、独立发展的趋向。解决这一问题已现实而尖锐地提到我国信息化建设的日程上。

三、强化信息资源网的建设是推进信息化进程的核心战略

信息资源网的概念是围绕着组织、开发和利用信息资源这一复杂过程提出的。在信息化的热潮中，信息的资源属性已获得越来越多的共识，但对开发、利用这一资源的复杂性和难度的认识尚缺乏广泛的社会基础。为了使信息资源的开发、利用尽快与基础设施的建设协调同步，有必要对信息资源网的内涵、特征、地位及建设的难点进行更深入的讨论。

1. 对信息资源网的理解

如果把通信设施的建设看作修路，以提供公共的传输环境。把增值服务网的建设看作提供不同类型的运载工具，包括按不同货物的要求（如运煤、运油、运集装箱、运钞票、运游客等）所提供的形形色色的专用运载工具。信息资源网则被看作按照不同用户的特定要求，对各类信息进行采集、加工、包装，直至形成信息产品提供给用户的组织流程。信息资源网是在通信网和增值服务网上组织运行的各类信息应用系统，旨在建立从信息资源开发到用户信息需求间的有序结构。

如果上述比喻在概念上成立的话，通信网、增值服务网与信息资源网的关系，或者说信息基础设施的建设与对信息资源的组织、开发、利用间的关系就具有以下特征：

（1）通信网、增值网、资源网必须三位一体同步运行方能奏效，三者的关系是相互依存的。如果因各自独立而出现建设的不匹配，必然会造成资源的浪费。因此，在政策上和组织上协调三者的关系已成为当务之急。

（2）通信网的主要功能是提供一个公共的传输环境，增值网可理解为提供多样化的公共传输服务工具，二者都是在工具的层面上提供全方位、跨部门、跨

地域、多种方式构成的公共服务手段。而信息资源网的视角是从用户的需求和信息本身的效用出发的，考虑如何开发和利用信息资源。因此，信息资源网是面向多种特定的用户群而构筑的多元化的信息应用系统，其中包括信息产品的生产体系、营销体系和相应的管理体系。信息资源网的建设是从信息应用的层面上回答信息化的问题。如果说共性的工具和手段可以从国外引进的话，体现个性的信息应用过程只能由我们自己来组织、开发。

（3）信息化的驱动力源于用户需求和新技术应用两个方面。这两个方面是相互渗透、相辅相成的。从总体上看，用户需求在二者关系中占主导地位。新技术的应用固然能促进、开发用户的需求，但从根本上说是用户的信息需求引导着新技术的应用。从这个意义上说，信息资源网的建设应处于信息化的“龙头”地位，特别是在“路”已具相当规模，各类“车队”正在组建，而“货源”明显不足，“供货”“收货”“用货”都亟待组织的情形下，强化信息资源网的建设应成为信息化进程中的核心战略。

2. 信息资源网建设的难点和问题

信息资源网的建设之所以严重滞后于信息基础设施的进展，主要原因在于信息资源网的建设与经济体制、文化传统及人们的信息意识紧密相关，其难度远超技术手段的更新换代。归纳来看，信息资源网的建设面临以下难点和问题：

（1）由于传统的部门所有制，大量的信息资源被封闭在部门内部，难以发挥其应有的效用，导致重复建设与资源浪费。目前，国内各专业网、局域网的互联互通比例很低，计算机联网率估计也只有3%或稍多一点。为了打通信息资源与各类用户的联系，必须进一步打破部门、地区、企业间相互隔离、封闭的局面，实现联合开发、资源共享、互惠互利、共同受益。

（2）在信息产品商品化的过程中，社会对信息资源的价值认同尚缺乏广泛基础。信息资源从采集、加工、处理直至形成信息产品后的营销过程均需投入。相较于购置硬件设备，这些投入往往缺乏稳定的资金渠道。而形成信息产品后怎样定价、如何获得用户对其价值量的认可等问题，都有待在实践中逐步解决。

为了加快信息资源网的建设步伐，必须从政策和组织层面上加强对信息资源网的领导。通过切实可行的对策突破上述障碍，在我国信息化的进程中力求实现从“以设施建设为重点”向“以信息开发为重点”、从“技术推动为主”向“需求推动为主”的转变。

四、对策建议

（1）组织力量制定信息资源网的建设规划。通过规划统一思想，确立信息资源开发在国民经济信息化中的核心地位，确立统一的标准及各类信息流（如金税、金卡、金农、金宏等工程的相关信息流）相互协同共享的准则。通过规划将为社会服务的信息产品进一步推进到商品化的轨道上来。

（2）要抓紧制定有关信息资源开发的法规和政策，如投资政策、产业政策、技术政策、装备政策等。由于信息资源开发和数据库建设投资回收期长、风险性较大，又具有较大程度的公益性，制定适当的投资政策应是当务之急。要采取优惠措施把资金和人才吸引到信息资源开发利用领域中来。

（3）要在“九五”期间安排一些重点项目，比如大型国家级数据库的建设和大型信息处理中心的建设等。要选择一些信息开发的突破口，突出一些有较大实用价值、有较多用户需求的项目，甚至也可安排一些“口袋”项目。要通过重点项目的实施把信息资源开发工作进一步实质化、刚性化起来。

（4）要设立信息资源开发的协调机构。社会化和专业化已成为当代信息资源开发的两大特征。要生产出适应不同需求的信息产品，克服信息开发中的低水平、低质量的重复和浪费，需要加强协调和组织，沟通各部门信息的关键在于有一个机构能协调各方利益。考虑到当前的实际情况，特别应该抓紧设立对经济信息资源组织、开发、利用的协调机构（哪怕是非政府的机构）。这一协调机构可以综合全社会信息开发的情况，统一规划国家信息资源网的建设，通过有关法规、政策、标准的制定，统一管理协调经济信息资源的开发和利用，并负责重点项目的组织实施。

关于信息化进程中立法框架建议[1]

（1997 年 4 月 12 日）

一、信息化立法的重要性

信息资源和信息技术是信息化的基础，与信息化发展相适应的法律制度的建立是推进信息化进程的环境保证，这一点已为世界上许多已经或正在步入信息化进程的国家所认识，并成为其信息化政策的重要支点。

在我国，有关信息化法律框架的考虑，因种种原因尚未列入议事日程。然而，在信息技术飞速发展、应用范围日益扩大的今天，这势必会造成技术发展与外部环境保障之间的严重脱节。虽然技术的进步与相应的政策法律环境的建立不可能保持同步，但两者之间若差距过大，旧有的政策法律就会对信息技术发展形成掣肘。目前，我国正在进行着以“三金”工程为先导的国家经济信息化建设，在这一过程中，如何调整现有法律制度、确立新的法律规范，以适应信息化对法律制度提出的新需求和挑战，化解信息化与已确立的社会法律制度之间的碰撞和摩擦，尽快建立与信息化相适应的法律环境，已成为我国信息化进程中的重大课题。

二、信息化立法的基本思路

由于信息化几乎涉及人们社会经济生活的所有领域，因此，信息化的立法工作不仅仅是单个法规的制定，而是一个法规体系的建设。信息化立法工作的

1 杜链、陈玉龙、王春颖，原载于《网络与信息》1997 年第 4 期。

复杂性和开创性特征是显而易见的。因此，信息化的立法工作面临相当大的难度，信息化的立法也必然是一个在实践中逐步调整、逐步适应、逐步完善的过程。为了加速这一进程，在立法工作的启动阶段，我们应从总体上对可能形成的各类信息法规的边界、范畴以及相互间的关系统筹考虑，构筑一个初始的立法框架，以立足于全局自顶向下地观察，指导各项信息法规的形成和完善；另外要从实际需要出发，首先寻找一些相对成熟的领域，尽快着手立法工作，在实践中、在不断暴露和解决问题的过程中，对这些法规进行修正。同时，在实践的基础上，自下而上地不断完善初始的立法框架。总体而言，信息化立法的思路是在立法的目标和过程、全局和局部、上下和虚实之间构造一个相互调整、相互适应、相互完善的纽带，加速信息化立法的完成，以满足新时期社会主义市场经济建设的需要。

按照上述思路，当前急需解决的问题有两个。一是从总体上构造一个初始的立法框架，这个“框架”作为总体的“毛坯”或“雏形”，一方面它肯定是不完善的，但又必须是基本合理的；另一方面，它必须是可调整、可修正的。二是寻找一些需求迫切、条件相对成熟的领域，确立立法课题，提出立法对策。这项工作可以从两方面着手，一方面针对出现的问题，对已有的与信息化关系密切的法规进行必要的修改和补充；另一方面对信息化过程中出现的新问题进行研究，确立立法课题，制定可行方案，在实践验证中不断完善。

三、信息化立法的构架考虑

信息化立法的构架由“主体”“客体”和“领域”三个要素构成。任何法律规范都是以调整一定的法律关系为内容的，信息化进程中的立法亦是如此。信息立法调整的是信息化进程中各组织和个人的信息行为，以及相互间形成的信息法律关系。信息法律规范是对信息产业各领域内一定主体及其行为、一定的客体以及它们之间的关系进行规范的。将信息法律关系的主体和客体置于特定的信息产业领域内进行分析，有助于厘清信息化立法构架的基本脉络。

1. 主体

信息法律关系的主体，即权利义务主体，是指在信息法律关系中依法享有权利承担义务的人或组织。

信息法律关系是各权利主体在参与信息活动过程中相互间形成的一种具有权利义务内容的社会关系。信息活动内容广泛，涉及从信息采集、处理到传输、发布等全过程的一系列行为的总和。因而，从整体看，信息法律关系所涉及的主体范围十分广泛，包括了社会生活中存在的、能够和有资格享有权利和承担义务的全部主体形式：①政府，包括各政府部门、政府机构、代行部分政府职能的相关组织或实体；②社会组织，包括企业、公司和其他经济组织；③个人。

2. 客体

法律规范的客体是指一定的行为以及在特定环境中的物化的和非物化的财产。具体到信息法律规范，客体有：信息资源、各相关主体的信息行为及信息技术。

信息是一种资产，其本身具有资源性以及由这种资源属性而衍生出的价值性和明显的权利、利益属性。这些特性在法律规范的调整下便成为各权利主体在以信息资源为核心的活动中的具体的权利义务内容。

信息活动复杂、多样，主体行为是构成这种多样性的基础因素，离开了相关主体的积极参与，信息活动便不复存在。

信息技术是现代信息产业的基石，是信息化社会的主要构成成分之一，围绕着信息技术的开发、应用、管理而发生的一系列活动，是信息法律规范不可缺少的内容。

3. 领域

信息法律规范的内容是由信息产业内容决定的。信息产业中不同业务领域的划分，是形成各主体间权利义务内容多样性的重要因素。这种差异性构成不同法律规范的内容，这些不同的法律规范组成了信息法律体系。

根据现有理论，广义上的现代信息产业主要包括三大领域：信息处理业、信息传输业、信息服务业，具体包括硬件、软件、远程通信、有线和卫星工业以及与信息服务业有关的业务，如电影、电视、音乐、印刷出版、可视化图文、电子邮件、电子数据交换以及电子信息服务部门等。在不同的信息业务领域内，各权利主体所处的地位不同、相互间形成的权利义务内容不同，从而成为不同信息法律规范的对象。

信息法律体系是部门法律体系，基于对信息产业的管理而形成。但它不是独立的，它的具体应用不能脱离国家已有的大的法律环境。它的制定和实施必须受到现行法律原则、法律规范的制约。在涉及信息产业与其他相关产业关系方面，必须与国家现行的法律规范协调一致。

信息法律框架的构筑应遵循这样的原则：

（1）充分考虑各相关权利主体的主体地位，通过立法设立主体行为规范；同时，创建一个适用于各行为主体充分发展的政策法规环境。

（2）将信息产业及其未来发展趋向作为立法的主脉络。

（3）鉴于信息产业的跨部门、跨行业、跨学科特性，需将信息立法置于社会结构，包括产业结构、政府行政结构等的大背景之下通盘考虑，加强信息产业与周边产业关系的法律协调。

基于以上，信息法律体系框架应如图 1 所示。对于这个框架，有以下几点需要说明：

（1）框架中出现了两个有关信息市场的法规：信息市场法和信息市场管理条例。在这里，信息市场的概念含义不同。前者中的信息市场指的是信息产业的一种市场化的状态，是信息产业的整体表现。它试图从信息产业总体的角度来确立适用于产业整体的市场运行规则。后者中的信息市场的概念则是指具体的将信息和信息技术作为主要交换对象和获益对象的带有市场性质的媒介形式，它可以是一个现实的市场，也可以是一个网络。

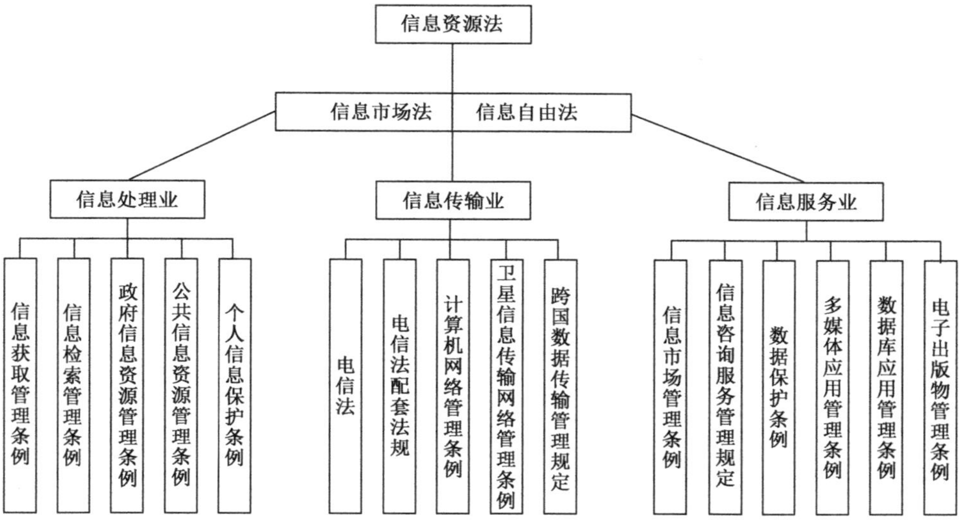

图 1　信息法律体系框架

（2）以上提出的可以明确的立法领域，是在对法律关系的主体、客体及其所处领域的综合分析的基础上形成的。以《政府信息资源管理条例》为例，其主体是政府各部门、各机构及具有一定政府管理职能的组织；客体为各政府机构日常运行中产生和使用的信息资源、各机构的信息应用和管理行为以及由此而生成的相互关系；领域为政府信息资源的管理。

（3）该法律框架分为三个层次，如图 1 所示。各层次不是相互包含关系，而是指导关系。处在上层的信息资源法、信息市场法、信息自由法旨在确立适用于信息资源管理、应用以及以信息资源和信息技术应用为中心而形成的信息产业的具有普遍意义的、构成信息化立法基础的基本原则。这些原则超越信息产业的个别领域，贯穿于信息产业的各个领域，并对这些领域起着指导作用。第三个层次是分领域细化各主要立法点。这个树状结构粗略勾画出了信息产业本身亟需解决的立法问题。

（4）如图 2 显示的则是由信息产业发展而引发的、属于其他法律领域范畴规范的法律问题。

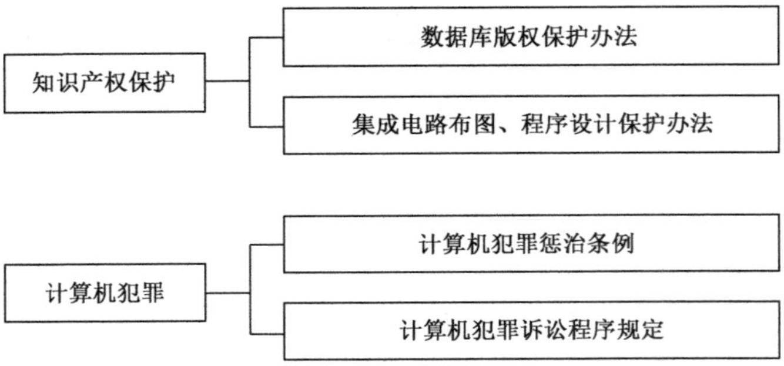

图 2　相关领域立法

四、信息化立法的重点

信息化过程中的立法问题主要集中在对信息产业的立法中。围绕着信息产业的组织、管理、发展，当前应予以特别关注的主要立法领域有以下几个方面。

1. 信息资源管理

信息资源是一种经济资源，是一个组织或机构得以有效运营所不可缺少的资产、运行媒介和支持工具。因此，对信息资源的管理已不仅仅是技术问题，而是与体制、法律环境密切相关。在这一领域中，政府信息资源的管理是一个关键问题。政府是公共信息资源的最大拥有者和使用者，对政府信息资源管理有两个侧重点：一是在政府各部门、各机构间实现信息资源管理的一体化与共享，以确保各政府部门能获得支持其机构运行、宏观管理和决策所需的信息资源。通过立法确立政府信息资源的地位、政府部门间资源共享的原则和保障措施；二是保证政府信息资源中安全保密范围之外的信息资源的公开利用，即基于公众对政府的知情权，保障公众对政府信息的自由查询权利，以便及时了解和监督政府行为。政府部门有义务为公众提供有关国计民生的信息查询服务。政府信息资源管理需要跨部门合作以及部门利益的有机协调。为此，确立一个具有协调能力的管理部门尤为必要，这是与政府信息资源管理的立法工作密切相关的另一个侧面。政府信息资源的有效管理对政府各部门有效运行、使政府作为一个有机整体对国家实施有效管理都十分重要。当前，制定一个《政府信息资源管理条例》已成为政府和公众的现实需求。

信息资源中很大一部分属于公共信息资源，主要是指国家保密规定限制以外的、能为公众所利用的资源，内容广泛。对这部分信息的管理应以开放、流通为原则，通过有偿服务的机制促进信息资源的商品化利用。

2. 信息市场管理

任何以信息技术和信息服务为主要获益方式的形态都可称为信息市场。信息市场立法的目标是建立一个富有竞争性的、全国范围的规范信息服务市场，建立一个有利于服务创新、信息存储程序编制、信息传输网络等方面投资的政策法律环境。

应遵循的立法原则有两个：自由和管理。自由原则是指为信息的传播、交换创造一个适宜的政策法律环境，鼓励企业、个人及其他各类社会组织积极参与信息市场活动；管理是指对各种市场行为及信息交易活动予以引导、规范，制止不法行为，对市场发展进行国家干预。

与这个领域有关的立法问题包括：计算机网络管理、数据库管理、信息获取、跨国数据流管理、信息服务和咨询管理等。此外，通信技术的发展使市场、服务、网络日益全球化，在与国际信息市场接轨的同时，国内市场保护、市场准入及与国际信息法律原则相统一等方面也必须予以足够的研究和考虑。

3. 知识产权保护

信息产业中的知识产权问题是法律专家和企业关注的焦点之一。计算机通信网络的发展与数据库的广泛应用，使人们获得所需要的越来越便利的信息内容，因此著作权保护是当今电子信息产业所面临的最大问题之一。传统的著作权保护原则源于印刷业，因此在新的技术环境下，对其他作品形式如电子数据库的著作权保护的立法需求十分迫切。

在这一领域中涉及的问题包括：非法拷贝、数据库著作权的确认和保护原则，以及多媒体和网络环境中的知识产权保护等。

4. 计算机犯罪

在世界范围内，计算机犯罪活动随着计算机的日益普及而加剧，在我国这一趋势也在日益显现。计算机犯罪数量不断增多，犯罪领域有从金融机构向外扩展的趋势，犯罪手段也日趋智能化。因此，计算机犯罪的预防和惩治应引起有关部门特别是司法部门的足够重视。

从国外情况看，计算机犯罪已从偷窃数据、非法拷贝等低级形式发展到散布病毒、破坏网络等高级阶段，甚至出现传播色情图像、性骚扰、电子毁誉等犯罪形式。虽然有些犯罪形式在我国尚未出现，但随着商业性网络的发展，类似的犯罪方式都是不可避免的。除加强技术防范措施，以立法形式规定网络经营者、用户及服务提供者的责任和义务外，加强法律防范是十分必要的。

与这一领域相关的问题是数据保护，其重点在于数据安全和防止数据的非法使用。现代信息技术使非法访问、删除和修改记录成为可能，且不留痕迹，因此有必要确立数据保护的最低标准和数据用户所必须遵守的共同原则，同时建立相应的系统以防止数据被未经授权地使用、修改等。与此相关的另一个问题是个人隐私权的保护。目前，国内有关个人数据的管理也在逐渐计算机化，因此规范个人数据的采集、使用，以及明确有关管理机构的责任、保护数据所有者的权益是十分重要的，尽管这一问题暂时尚未凸显。此外，有关计算机证据、计算机犯罪诉讼等问题也应予以考虑。

5. 电信管理

近十年来，电信与信息技术同步发展，大幅度改变了传统的电信服务内容。借助电信网络提供数据、图像等各类信息服务，已成为全球普遍做法。网络化是信息化的基础，因此电信立法也是信息化立法的基础性工作。

目前，国内电信方面立法以邮政管理居多，真正针对电信管理的法规较少，规范内容零散且有限。信息化发展要求电信行业放开经营，建立至少具备有限规模竞争的市场结构，在这个市场中应活跃着各种各样的电信产业实体，从而为顾客提供更高效的电信服务。理想的体制应该是：由国家统一制定电信政策，管理和控制电信产业的权力归属于政府，在这样的前提下，各种电信产业实体在统一政策引导下自主经营。通过防止垄断性经营、施行许可证制度、制定合理价格政策，以及促进新技术和新应用的研发等措施，也会为电信业创造一个良好的市场环境。目前，国内现行的电信管理体制和机制与这种市场化要求仍有较大差距，这使得电信立法显得尤为迫切。

中社网："官督民办"与"网群结构"[1]

（2000 年 8 月 2 日）

此前，在国家计划委员会（简称"国家计委"，2003 年撤销后职能并入国家发展和改革委员会）社会发展司与国家信息中心共同召开的新闻发布会上，国家计委有关领导宣布"中国社会发展互联网络（简称中社网）工程"已正式启动。国务院有关部委领导及 IBM（国际商业机器公司）、香港恒生银行等机构的有关负责人共 500 余人出席了新闻发布会。

中社网工程引起政府和社会各界重视和关注，相关负责人就其特点、功能和前景发表了看法。

中社网工程是一项经国家计委批准，在国家计委社会发展司业务指导下，由国家信息中心具体组织建设的重大信息网络工程。其覆盖范围广泛，涵盖人口、教育、劳动就业、卫生、社会保障、体育、文化、广播电视、出版、文物、档案、旅游、民政、政法等社会发展的各个领域。针对"国家信息中心怎样来建设这么一个大工程"的问题，国家信息中心副主任杜链强调："这是一项在新兴产业的重大项目中，以政府的信息资源和政策导向引导市场资本投入和市场运作的积极行动；是一项以平行、开放、自主、共赢的网群架构——网络联盟，来推动我国互联网产业发展的积极探索。"

一、国家项目为什么要用市场运作的方式

中社网工程的体制创新，即国家立项与市场运作的制度化结合，被业界称

1 杜链谈"中社网工程的特点"，原载于《中国证券报》，2000 年 8 月 2 日。

为“官督民办”。为什么要“官督民办”？杜链说，首先是因为这么大项目的投资需求与政府的投资能力之间存在巨大缺口；其次，也是要避免高消耗、低效率、无回报保障的惯性运作；最后，借此激活我国处于闲置状态的社会民间资本。所以，中社网工程试图探索一条将政府导向与市场机制、项目商业性与公益性进行制度化结合的有效途径。国家信息中心作为项目的承办单位，不使用国家投资，而是组织市场化资金力量设立项目公司，负责项目的开发和运营。国家信息中心与各投资人及运营人的关系，全部通过产权、合同等法律关系明确界定，以此获得有效的法律保障。

二、什么是“官督民办”

对于“官督民办”，“官督”如何督？杜链说，所谓“官督”的核心是要把握政府的角色是设定约束和制定政策。在这个网络工程中要实现三个“统一”。一是统一规划，通过规划把工程的宗旨和含义全面、慎重地表述出来。二是统一标准，这是政府立项最主要的权力与责任，它表现为两个层次的标准，一个层次是指信息标准，这是有关社会发展的指标体系，统计指标的核算体系必须要有一个能与国际标准接轨的通用语言，这个语言就是指标体系，只能由政府来设定；另一个层次是技术标准，包括计算机的软、硬件，以及数据编码规范。三是统一服务品牌。“官督民办”模式下的中社网工程将拥有优秀品牌，并经过资金、技术与体制整合后进入一个新的技术化水准。

三、什么是“网群结构”

在中社网工程建设过程中，国家信息中心明确提出：将以统一规划、统一标准、统一品牌保证下的资源与信息的共享机制，来创建一个平行、开放、自主、协同、共赢的网络联盟。对此，杜链用了一个形象的比喻：政府的立项就好比在黄金地带建了一座“百货大楼”，并且规定了经营范围和入门条件，企业进入了其中的摊位就意味着享有品牌优势和系统服务，但每一个摊位的经营主权还是企业自己的。而企业也必须接受三个“统一”的约束；如果做不到，企业就有可能被要求离开这个优秀的经营场所。

杜链介绍，在这个“网群结构”中，中社网门户网站将发挥国家计委和国家信息中心已有的信息资源优势，以客户经营和数据经营为龙头，为中社网成员提供信息共享、互联互通的技术基础和网络载体。中社网成员网站包括专业性门户网站及所属的专业网站群。第一期推出的有中华医学网、中国劳动保障在线、中国持续教育网、中国法律服务网等。未来，中社网工程还将逐渐拓展地方门户网站和社区门户网站，从而实现全方位的市场扩张及分销体系的建立。

突出电子政务规划的地位和作用[1]

（2004 年 5 月 25 日）

全球化正在成为一种不可逆转的趋势，而集技术水平、经济实力、文化传统于一体的电子政务正是以数字化形态推动的一种改革实践。世界各国也相继提出了电子政务发展观。此外，计算机网络技术的发展速度大大超前于应用能力，也为电子政务的加速发展提供了可能的条件。

一、面临的变革

2002 年 8 月，随着《关于我国电子政务建设的指导意见》的出台，中国电子政务建设从宏观规划落实到具体的项目实施上，标志着中国的电子政务建设进入一个重大的转变阶段，即由局部的部门、地方的管理信息系统的建设向全局性的电子政务建设转变。电子政务进入新阶段的最本质特征是和政务体制改革发生了关联。

从决策环境上看，以往的计划体制是封闭的、各自为政的、小而全的，现在的决策环境则由封闭向开放转化。

从政务信息化的目标来看，过去的目标在管理信息系统上，是在原来体制流程上如何提高它的管理和运行效率，现在由提高各自独立的部门管理效率向提高政府整体协调决策的能力转化；从决策的信息基础上看，过去是相互分离的，以纵向为主，现在则强调信息共享。由相互分离的“以纵为主”，向信息共享的“以横为主”转化。

1 原载于《信息化建设》，2004 年第 5 期。

从管理结构上看，由传统的金字塔体系向扁平化转化。

目前，在电子政务的建设中不仅要正视我们将要面临的变革，同时，也要正视我们所面临的问题。这些问题主要包括：

第一，统一认识。对电子政务的认识起点不统一，导致多数部门对其全局性、创新性、渐进性、风险性缺乏认识，将电子政务等同于本部门信息系统建设的延伸，进而形成各自为政、彼此隔离、相互封闭、自成体系的倾向。

第二，统一规划。总体规划尚未落实到工程实施层面，未从工程的总体结构上确立各分系统/数据库的目标、约束和战略的有机衔接，结果必然强化各部门建设方案的独立性，造成各自为政、平行推进、贪大求全、强化部门割据的倾向。

第三，统一领导。关系全局的基础设施建设滞后于各部门网络系统与业务建设，致使国家对电子政务建设总体布局和进程的统一领导缺乏控制手段。

第四，统一标准规范。全局性的法治化、标准化工作已明显滞后于部门信息化应用的需求。

第五，统一政策环境。急需研究制定投资渠道、政府采购、市场化运作模式等统一的政策。

二、规划的工作对象

规划的工作对象由三个彼此相关联的部分构成，即规划的起点（对电子政务如何认识）、规划的层次和边界，以及规划的整合。

1. 规划的起点：对电子政务的认识

规划的起点主要厘清两个基础问题：一是电子政务的性质；二是电子政务的理念。

电子政务的建设和传统的系统工程有着性质上的差别。电子政务的对象系统是处在变革、发展进程中的政务管理系统，它不是一个纯客体（如铁路、机场、水库）建设的系统工程，而是一个包含多个主体特征的复杂的生命系统。在经济全球化这一全新的生存竞争环境中，电子政务是一个集技术水准、经济实力、文化传统于一体，在不断适应环境、不断新陈代谢的演化进程中不断发育成长的有机体。因此，规划的起点就是规范电子政务的理念。

第一，电子政务的提出是以新技术革命和全球化为背景的。主要理念由网络、政府管理职能、服务公众三个要素构成，分别表述技术层次（物理层次）、职能层次（逻辑层次）、服务层次（战略层次）的工作对象。电子政务的建设是为了适应国内外环境的变动，从全局的高度组织网络建设、职能优化、服务公众“三位一体、同步运行”的改革实践。因此，工程规划以上述三个层次的有机结合为出发点。

第二，开放的理念。在电子政务与外部环境的关系上，电子政务是政府与开放的市场环境相互改造、相互优化的吐故纳新的过程。它应是以市场为基础、以服务促监管的立场，而不是封闭环境下的“戊戌变法”。

第三，改革的理念。在“电子”和“政务”的关系上，“电子”是手段，优化政府的管理职能，更好地服务人民群众是目的。因此，电子政务的性质不是传统政务流程的电子化，而是通过信息化推动我国的政务改革。“电子”为“政务”服务是工程规划的基本立场，即从提高政府监管的有效性和为公众服务能力的角度，评价项目的网络化需求。

第四，全局的理念。电子政务是一项全局性的政务创新工程。它以各部门管理信息系统的建设为基础，但在性质上并不等同于这些管理信息系统扩展的总和。电子政务的理念是全局性的创新理念，是从国家整体的角度观察各部门信息化需求，从总体上优化管理流程，并推动部门之间互联互通的过程；而不是以部门信息化的立场看待国家电子政务，也不是部门信息化建设的必然结果。因此，规划的立场是全局的立场，是按照部门职能的关联性整体推进、协调发展的立场。

第五，渐进的理念。电子政务是一个渐进的过程，是网络建设、职能优化、服务公众三者相互补充、渗透、改造并逐步成熟的长期任务，不可能一步到位。

因此，工程规划也不是一成不变的，它必然在发展的过程中不断地调整和完善。

2. 规划的层次和边界

电子政务规划的层次包含三个模型：概念模型、逻辑模型、物理模型。

首先，要确定电子政务的概念模型。概念模型中提出一个国家、民族电子政务的发展观，并以此为统一行动的纲领。它的主要内容包括：第一是确定电子政务的使命，在全球化背景下定义本国的电子政务的内涵；第二是提出战略目标和原则（发展战略）；第三是明确路径的选择（个性化道路）和策略（政策措施）；第四是明确推动实施的战略性组织属性。

其次，要确定电子政务工程的逻辑模型。制定工程规划，本质上是依据对环境和目标的分析，从总体上确定可实现的信息流结构的最优组合。理论上，这个信息流的最优模型是唯一的。主要内容包括环境分析、目标分析、结构分析、资源分配等。环境分析，就是分析现状和约束，识别能干什么，能干到什么程度；目标分析，就是依据概念模型提出近期可评价的状态目标，明确要干什么，要干到什么程度；结构分析，就是由状态目标确定启动的信息结构，它的外部表现是分系统/数据库的有机结构，即回答怎么干最好的问题；资源分配，就是确定生命体新陈代谢的机制和初始投入的资源。

最后，要选择电子政务工程的物理模型。物理模型可以是多重的，按照效益/成本原则，在多重方案中对支持逻辑结构的物理网络及软、硬件设施进行比较选择，在总体上满足基础物理层次的有效运行。

三、规划的思路与方法

规划的思路，按通俗的说法就是选择什么样的思路，其性质是什么，它的理论背景是什么，相对于进程的战略思路是什么。

1. 思路选择的性质

电子政务的建设体现了中国政府改革的个性化追求，需要借鉴世界各国的经验，但不可能完全照搬外国的思维模式：电子政务的本质是改革，是反传统的。它不可能完全依托传统的管理模式，电子政务的建设思路必须创新。

规划的思路在本质上是寻求通过信息化实现体制创新的路径，也可以说是从信息化的视角提出政务改革的指导思想。

2. 思路选择的理论背景

思路选择是对进程特征的判断，从信息化的视角看待电子政务改革的指导思想。对进程特征我们做以下几个判断：一是把它看作一个生命体，作为一个复杂系统的生命体，它演化的过程是有规律的。关于信息化，有人曾经提出过一个模型，即所谓的四阶段模型，包括起步、扩展、定型、成熟等四个阶段。一般来说，复杂系统的演化要经过这四个阶段，每个阶段的特征是不一样的。我们对这个问题的看法是，思路选择要全局观测，这个概念模型一定要大，要纵观全局，包括人文历史在内的所有问题都要考虑。第一，起步的过程要小，在这个阶段它一定是一个原型。第二，扩展要快，这个阶段的核心是动力机制问题，实际上就是和市场交互的问题。第三，定型阶段，就是所有业务和环境之间相互协调的水准问题。第四，成熟阶段，就是与外部环境同步运行的水准。这是我们思路选择的第一个背景，是从一般意义上看待电子政务的进程。

再者，电子政务系统是一个自组织系统，在这个系统里有很多因素。在进程中使其完善是一个自组织理论的体现。这个理论的第一个问题就是需要建立初始的形式体系，这个体系里包含其基本的形式和内容。比如，我们需要一个平台，如国家的政务数据中心（GDC），有专网形式，同时需要有信息资源网的原型和业务原型之间的交互。通过它和外部的交换，其新陈代谢就能形成一个新形式、新内容。

对于不能预知和严格定义状态目标的复杂系统，着眼点是提取和控制决定演化的自组织要素。其要素包括：第一，基本合理的初始形式原型；第二，必须是开放系统；第三，必须寻找驱动系统的需求动力，这个动力能够使它向着优化的方向过渡，即需求主导与公众互动。

3. 对于进程的战略思路

依据对象系统的性质和演化的一般规律——诺兰（R.L.Nolan）模型，按照“想得要大，起步要小，扩展要快”的战略思路进行规划。将工程对应为启动、扩展、定型三个阶段实施；定型阶段目前难以界定，因此，只能尽可能地把启动和扩展两个阶段的基本内容提取和规范出来。

第一，纵观全局——想得要大。目的是建立个性化的电子政务概念模型。主要工作是研究环境，分析信息化和全球化的挑战和机遇。研究对手，借鉴各国电子政务的经验和教训。研究自己的历史、现状、特色和比较优势。把电子政务理解为以数字化形态进行的中国文化融入全球化的改革实践，从中国文化的智慧（比较优势）中寻找并确立个性化的发展战略。

第二，确定启动原型——起步要小。目的是在概念模型的基础上，建立电子政务的逻辑模型。它要具备启动原型的完整结构，同时要考虑重点业务系统的逻辑结构分析方法。

启动原型的完整结构由国家电子政务基础设施的建设、重点业务系统的建设和公共环境的建设三部分构成。其中，基础设施是指建设和整合统一的电子政务网络平台、政府数据中心和安全认证中心，以支持业务运行并推动互联互通和资源共享。重点业务系统的建设是指选择一批最具主导性、相关性、可实施性的项目作为试点示范工程。公共环境的建设是指国家电子政务网络体系的建设以及相关法律法规的制定和完善，在工程起步阶段，推出试行的规范和标准。基础设施、业务系统和公共环境是原型结构运行的三个要素，需同步建设、协调发展。

第三，扩展阶段——扩展要快。起点是总结启动原型的经验教训，形成完整的工作方案、工作体制和评价体系。工作对象以应用系统的整合和信息内容建设的扩展为主线，配套发展基础设施和运行环境的建设。工作的重点是研究动力机制的有效性。

4. 自组织进程中的动力要素

在原型启动、扩展、定型的每个阶段中，始终对应着系统的开放性、原型的协调性和需求动力的有效性问题。其中，在开放的市场环境中，政府与公众的互动是电子政务的出发点和落脚点。需求主导是贯穿工程建设始终的策略原则，体现了电子政务工程建设中立足国情、激活动力机制的指导思想。

需求主导提出两个原则：一是实用原则，二是整合原则。实用原则是指针对原型结构选择的业务内容，必须讲求实效、效益优先，一切从国情能确切识别的、能够实现的实际需要出发，而不简单套用西方模式；整合原则是指针对原型结构所确定的初始形式，应充分尊重各部门的特征和需求，通过政策导向和动力机制的协调，推动各部门互联互通、共享资源，有步骤、有计划地实现“由线到面，网际互联，消灭孤岛”的整合目标。

适应经济全球化和科技进步加快的国际环境是电子政务建设的初衷，而实现政府与公众的一体化是电子政务的归宿。

在社会发展的医疗、卫生、就业、教育、社会保障等诸领域中，区县一级是纵横信息的交汇点，社区一级是公众需求和社会服务的集散点，整合区县的信息资源，通过建设政府的一站式服务门户与公众的需求互动，完善社区信息服务网络，是电子政务工程的重要环节。

归纳起来，电子政务建设的思路是按照复杂系统演化的一般进程“摸着石头过河”。通俗来说，是按照中国古典哲学中“实用理性”的智慧，在管理层确立统一的整合形式，在服务层确立需求主导的“农村包围城市”的有效工作内容。通过形式与内容的互动，以服务促监管，以需求为动力推动、调整对形式的改造和优化。

电子政务与社区信息化[1]

（2004年6月15日）

城市信息化是整个电子政务的有机组成部分，而电子政务、电子商务、电子社区是我国信息化建设的三个基本的内容。什么是信息化？主要是指这三个基本内容。它们分别体现了政府、企业、居民作为不同的行为主体，在信息化进程中的能动作用。电子政务的根本目标，是实现政务行为与公众需求的一体化，也就是说，通过公众需求的启发，来优化政府的职能。从这个意义上来看，社区信息化是电子政务的有机组成部分。

要探讨社区信息化在电子政务中的地位和作用，我们首先需要对电子政务有一个基本的认识。认识电子政务，我们需要回答三个问题：一个是背景与需求，即为什么要搞电子政务；第二个是工作对象，即电子政务是什么；第三个是思路和方法，即怎么做的问题。

为什么要搞电子政务？这是对发展形势的判断，对我国政务信息化所面临的重大变革的看法和对现状的分析。简单来说，就是在全球化背景下，不参加电子政务是不行的。电子政务是一种集中的能力，代表政府间进行的全球化较量。这个较量是集国家的经济水平、技术基础和文化传统于一身的较量。也就是说，发展电子政务的实质是一个国家民族融入全球化进程的重大战略创新活动。我国政务信息化是处在由办公自动化、管理信息系统建设向电子政务转型的过渡期。从性质上来看，它可以促进政府体制改革；从形式上来看，它是机遇和挑战并存的。因此，规划十分重要，应当统一思想，确定整个实施行为的重要性。

---

1 由《中国电子商务》记者根据录音整理，未经本人审阅，原载于《中国电子商务》，2004年06期。

什么是电子政务呢？电子政务跟传统工程不同，它不是一个准课题，像地铁、机场这样的工业化项目，一般而言，差别很大。电子政务是一个有生命的系统，是一个不断新陈代谢的过程，它主要的特征包括主体特征、人的满意度、传统及价值特征。它是集技术水准、经济实力和文化传统于一体，在不断适应环境和不断新陈代谢的演化过程当中发育成长的。电子政务的理念是：在全球化背景下，以数字化为手段，网络化为依托，它是一个改革的进程。我们分析一下这个理念，可以发现其中有三个要素：第一是计算机网络；第二是管理职能；第三是服务公众。计算机网络表示的是物理层次，也就是技术层次的供需关系，服务层次则是战略层次。这三者的关系是：电子政务建设是为了适应国内外环境变化，从全局高度来组织计算机网络建设、职能优化和服务公众，这三个工作对象三位一体，同步运行，是改革实践的核心。

因此，工程规划是以这三个层次有机结合为出发点的。它是一个开放的理念，是一个政府与市场相互改造、相互优化的进程。它以服务来促进管理，是以公众为中心的，而不是以政府为中心的。它不可能、也不应该是在相对封闭环境下进行的活动。在电子政务管理中，电子是手段，优化政府管理职能和更好地服务人民群众是目的。因此，它的性质不是传统政府管理流程的系统化，而是通过电子政务推进的国家政务改革和现代化。

电子政务是一项全局性的政府创新工程，包括以办公自动化为基础，但其性质并不等同于管理信息系统的拓展和整合。其理念是全局性和创新性，从整体上优化管理流程，推动各部门之间的互联互通。因此，规划立场是全局的立场，是按照部门职能关联性，整体推进、协调发展的立场。电子政务是一个不断进化的过程。

在这样认识的基础上，我们讨论如何实施电子政务。首先，我们需要介绍一个基本的思想：对于一个生命体来说，很难预知它未来的状态或定义其未来的状态目标。例如，生一个孩子，很难预言他未来体重是多少，身高会有多高。如果要定义，就必须把握影响这个生命体发育全过程的要素，这个要素对于开放系统而言，就是外部环境。这样的系统通常被定义为自组织系统。这个自组织系统的要素包括：第一个是要有充实的行政体系，要求是基本合理的，我们称之为驱动原型，其内涵，在形式上包括电子政务平台、信息管理中心、专网等。从内容来说，这个形式舞台上有各种各样的任务，即由业务原型构建的信息网。通过外部交换和公众需求，形式和内容都会不断地演化，进而出现新的形式体系。

那么，电子政务如果被视作一个自组织系统的话，它的开放性条件，在现代而言，是以市场为基础的。

在我国政府信息系统发展的过程中，我们曾经多次想过用这种自主模型来引导系统的建设和发展。开放系统的实质是“星星之火，可以燎原”，而其动力结构则是“不断吐故纳新”。邓小平同志曾说过“摸着石头过河”，本质上就是“自组织、自主经营”的表现。

需求主导是贯穿工程建设始终的策略原则，需求主导要遵循几个原则，首先是实用性原则，即强调效率。现在有很多电子政务工程是形象工程，花费了大量资金，却未见实质成果，这是不可接受的。那么，最实际的需求在哪儿呢？它存在于社区的发展中。整合的原则就是统一战线的原则，类似于“一国两制”的原则，在部门之间，有些问题是需要这样一种形式的，因为它涉及权利再分配等很多矛盾、焦点。但是，这种整合是有步骤的，不能超越边界。在公众互动中，特别强调动力机制，这一动力机制主要由医疗、卫生、就业等因素构成。通过整合区县的信息资源，建立政府一站式服务平台，完善社区信息服务网络，是电子政务工程中的重要环节。

总结电子政务的背景、目标、内容和实施路径，我们得到如下观点：系统建设的思路是按照复杂系统演化的一般进程“摸着石头过河”，在管理层建立类似“统一战线，一国两制”的形式。通过形式和内容的互动，以服务促监管，不断调整并优化对形式的改造，是整个进程的核心。

最后，我们来探讨社区信息化在电子政务当中的地位和作用。现阶段的状态是怎样的呢？各个部委都是单通道封闭，直接向下进行管理。在管理层级上，从部委到省市级确定政策、项目和发展战略，我们把它归纳为“约束的集散点”。我们认为，区县一级是信息资源的集散点。为什么这么说呢？因为纵向“条条”

到区县一级无法再分割，区县这一级是各类信息纵横交错、以横为主进行信息整合的关键节点。区县直接面对公众，这些信息如何整合，便成为下一步电子政务如何获取需求信息的重要一环。社区也是服务的集散点，电子政务系统落地的基本服务方式，就是通过社区来完成的。如果按现有的形态由各个部门分割区县，横向信息将被纵向的部门指令所分割。这样，每个部门的系统都有一个面对社会公众的接口，不仅公众会感到困惑，整个用户资源也将处于离散的状态之中。

归纳起来，以“条条”为主进行区县电子政务系统的建设存在诸多弊病。各个“条条”以不同面孔面向公众，导致区县信息资源被纵向分割，从而造成客户资源的离散，最终有可能使区县信息资源失去其原有的巨大经济价值。实现一体化的信息需求，对社区而言非常重要。区县是信息资源的集散点，如何整合区县的信息资源，同时整合社区的用户资源，使各个“条条”以一个面孔面向公众，实现一站式的信息资源开发利用和为民服务，是区县电子政务系统建设成功的关键。

整合完成后，第一步希望在城市层面能够形成一个区域性的信息资源板块。一体化的推进，首先是要完成城市这一级的市级中心平台建设，整合资源，面向服务。但是，最后有可能发现，各个区块的标准和服务个性化的特征是不一样的，而最终由国家整体的、政府外包的平台，面向这些需求不同的信息内容，来实现资源整合。例如，现在的社保系统，包括各种公众服务的信息，他们提的大量方案并未在基层广泛展开，因为基层很多地方标准不统一，不可能迅速实现一体化。我们也研究了税务方案，例如金税系统，不同地方的方案标准也是不一样的，很难迅速整合。为什么呢？因为到了城市层面，信息资源是离散的，要先形成板块和基础，所以整体推进和信息一体化，即社区信息化使电子政务系统直接落地完成，是需求动力之所在。

那么，这么做有什么价值呢？这种价值实际上是在区县一级整合并产生一个有政府指导的信息结构。因为在信息化过程当中，工具是国外可以提供的；但国家信息资源的特征是绝对个性化的。如果这些个性化的东西不能形成资源，那么它们将会被分割，导致国家的某些主权被分割。我们看稀缺资源、土地资源、水资源等都具有明显的价值可见性，但是对信息资源的价值，特别是已经形成有序结构后的价值，往往没有受到足够的重视。因此，区县信息化进程本身是用户需求整合和重组的过程。如果用户信息以百态呈现，而整合后的信息资源是结构化的，那么这些信息资源就会成为改革开放和电子政务建设中生成的非常重要的国家主权资源。

如何完成这个过程，形成资源的增值效应，并把我国不可替代的国家信息化主权资源开发出来，应该是区县乃至国家电子政务系统工程建设的一个主要目标。

电子政务是有机体[1]

（2004 年 8 月 8 日）

电子政务是一个生命体，是一个有新陈代谢、有生命力的系统。它不是传统意义上的系统工程，也不是一般人认为的所谓计算机化、网络化、数据库化就是电子政务。在经济全球化的全新生存竞争环境中，电子政务是一个集技术水准、经济实力、文化传统于一体，在不断适应环境、不断新陈代谢的演化进程中发育成长的有机体。

电子政务的建设是在全球化的背景下，以数字化为手段，以网络化为依托，以服务公众为宗旨，推动管理型政府向管理服务型政府转变的改革进程。电子政务的建设体现了中国政府改革的追求，它一定是个性化的，体现先进技术的。这就决定了它不可能依托传统的管理模式、按照原来的流程去电子化，同时，它既不能直接搬用外国的思维模式，又不能沿用现有的传统模式。因此，发展电子政务的过程是一个创新的进程。

1 资料来源：中国信息大学网。原载于《中国信息界》，2004 年 15 期。

电子政务和社区信息化[1]

（2006 年 1 月 30 日）

关于电子政务和社区信息化的关系，这个论题是如何提出的呢？现在社会上关于城市信息化的问题讨论很多，在性质上跟两个问题相关：一个是电子政务，一个是电子社区。我们现在讨论的城市信息化的问题，实际上是国家发展改革委国民经济和社会发展信息化专项规划中，关于国家整体发展战略思想体现的一个子集，可以看作是纵横信息的交汇点，是条块结合部的重点环节。这个环节里涉及的问题很多，背景也很宽泛。在这里，要讨论的第一个问题是规划的特殊地位；第二个问题则是规划中的一些难点，即如何确定战略；第三个问题是突破点，即如何做到初战必胜。

下面的讨论只是代表我个人当下的认识，是我本人对社区信息化的一些战略思考。如大家所知，信息化是以社会经济发展和人民群众的需求为导向来谋划和推进的，其中包含了整体观和全局观的思想。就此而言，社区信息化在信息化推进中有着非常重要的意义。

在第一个问题中，有关规划的特殊地位，涉及三个部分：一是现状与问题；二是规划的特殊重要性；三是需要关注的主要问题。如果政府部门各自为政，形成一个个独立的“烟囱”，按照各自的管理信息系统来建设所谓的电子政务，就有可能导致电子政务成为各个部门壁垒森严、相互隔离、不利于政府整体集成的系统。如果审批通过了这些投资要求，项目实施的结果会如何？可以肯定的是，失败的风险很大。因为这种做法“生出来”的系统是一个“怪胎”。而且，信息资源基础的再分配结构不同，会导致潜在的权利再分配。但是不批行不行？

1 杜链：“电子政务和社区信息化”，原载于《中国城市经济》，2006 年第 01 期。

不批、不实施也不行。因为国际上这么多国家都在关注你是否要推进电子政务。这样的话，除经济影响之外，同时也有一个政治影响的问题。在这样一种环境下，项目审批是批也不行，不批也不行，这就形成了两难局面。

这个两难处境是现实存在的，根本原因在于缺乏一个总体结构、一个完整的战略思路，以及一个基于对问题透彻分析的解决方案。首先，问题的关键是要统一认识，用什么指导思想来推进电子政务和社区信息化，是各自为之还是统一规划？这个问题要转化为所有干部和参与者统一步伐的标准和统一思想认识。其次，是要建立统一领导和组织管理的体制。目前，国信办、发展改革委、信息产业部（2008 年划入工业和信息化部）等相关部门都在推动这项工作，应该形成一个什么样的“各自发力、协同共进”的领导模式，是一个需要深入研究的问题。再次，是统一规划的问题，要形成对电子政务一期工程启动的基本形态的统一认识。最后，是统一外部环境的问题，包括标准、安全等。这些都是现阶段电子政务和社区信息化所面临的难点问题。解决办法只有一个，就是边建设、边调整。

接下来，我们就要研究怎么推进边建设、边调整的问题。首先，不要低估了电子政务的复杂性，现在面对的一些问题将会长期存在。其次，在新生事物的发展过程中，两难处境是一种常态。边建设、边发挥作用，边调整、边完善是必然的。调整的起点就是统一规划。统一规划、统一思想，最终要形成协调一致、大家坚决执行的战略方案。另外，通过统一规划可以提出统一协调的领导方案。可以认为，规划的创意和可操作水准体现了整个电子政务进程中把握主动权的能力。

接下来，回答几个基本问题。第一，是规划一个整体战略，过去叫作概念模式，简单地说就是电子政务和社区信息化要干什么，解决什么问题，以及用什么战略来解决这些问题。学术上，一般将当前的信息化分为电子政务、电子商务、电子社区三大块，但每一块都必须明确其在本国特定情况下的定位。第二，要构造最小边界的工程启动原型。目前，电子政务一期工程已经启动，这个“孩子”生出来会是什么样的？可以大概率地预测，初步结果肯定是不完善的；但哪些内容是不可或缺、必须成功的，则应该心里有数。第三，初始的评价体系应该形成，设定导向条件也很重要。

如何认识电子政务？如何对我国信息化所处阶段进行判断？如何提出个性化的电子政务建设方向和项目？这是规划中面临的几个重大难点。任何现实的电子政务，重点不是要给它下一个定义，而在于它是一个什么样的系统，如何解决现实中紧迫的问题。有很多人把电子政务视为一个系统工程，这是不全面的。因为，系统工程面对的都是客体，没有明确的主体内容。例如，修水库、机场、铁路等，面对的都是客体。这类面对客体的电子系统工程，目标是完全可以定义的。但是电子政务则完全不同，它不是一种纯客体的工程系统。电子政务可以被认为是人类行为工程或者生命工程。它是有生命的，因为它有主体，有人的各种各样的需求。在这个人与系统的互动过程中，有新陈代谢和吐故纳新。由于这个系统是一个有机系统，无法按照传统的系统工程方法来定义。拿一个刚出生的孩子举例，20 岁时他是艺术家还是科学家，身高是多少，体重是多少，是没有办法定义的。但是可以采用另外一种定义方式，首先，生出的这个孩子必须是活的，而不是死的。其次要看这个系统是不是完整的，小孩生下来胳膊、腿都不完善，但是必须是不少胳膊、不少腿的。最后要相对协调，小孩可以胖一点或瘦一点，但是不能体温不对，胳膊不能长在脑袋上等。这个系统叫自组织系统，而不是简单的被组织系统。因此，电子政务的本质是自组织系统。在这个系统中，很多问题是动力机制，是“自由恋爱”，而不是“包办婚姻”。简单地说，自组织系统必须具备三个条件：第一，它必须是开放系统；第二，它必须要有一个初步的形成体系；第三，必须要找到系统的动力源泉。在电子政务的推进中，要高度重视和研究自组织系统的一些关键要素。

第二个问题是所处阶段的重要性。诺兰（R.L.Nolan）模型将信息系统的建设分为四个阶段：第一是入门；第二是扩展；第三是定型；第四是成熟。我们目前到底处在哪个阶段？起步一定要小，对应的是原型的完整性；扩展要快，对应的是动力机制的有效性。我们现在无疑是处于最起始的阶段。如果用胚胎学来比喻，非常类似。刚开始胚胎单细胞分裂、实现结合，这是一个起点。然后是分化雏形期，再后来到成熟期。现在是不是到了成熟整合期呢？我国的电子政务系统现在多数情况是在第一，第二阶段，总体处在系统雏形化阶段。

第三个问题是发展战略。到底是面向职能架构，还是面向公众需求热点？如果面向政府职能架构，就是以政府为中心来建设电子政务系统；如果面向需求热点，则是以公众为中心的，这两个是完全不同的思路。如果以政府为中心，比如说确定相对稳定的职能架构，如财税、海关等，通过这种电子化的过程逐步实现相互之间业务的有机连接，再发展与公众的连接。如果立足于以公众为中心，面对的基本问题是确定公众的需求热点，如社保、医疗、就业等，同时，将政府职能中与这些热点相关的服务职能进行剥离，鼓励授权中介机构以社会化、市场化形式来提供服务。这是两种不同的推进方式。毫无疑问，二者是有差异的，面向职能构架与面向公众需求热点，分别体现了有重大差异的两种发展战略，也各自体现了“自上而下的被组织”与“自底向上的自组织”的不同思路。尽管二者的关系是互补的，但在实践活动中也始终存在着二者的互动关系，而且，在不同时期，侧重点可能有所不同。

我们现在的基本思路和目标是建立和谐社会，并把政府与公众的互动作为电子政务的发展目标，我们面对的是哪些问题呢？包括就业、卫生、医疗、教育、社保等问题。启动最基础的组织单元是社区，而社区是属地化的，应该采用多元化的模式来发展，以此为基础确定条块的政策边界。个性的东西体现在“条”里，共性的内容集中在“块”里。当前社区信息化的主要矛盾在哪里呢？从部委、省市这一级实际上是约束的集散，信息资源的集散是在区县这一级的，因为所有纵向的信息到了区县都没法再往下走了，需要纵横交错来整合这些资源。服务的集散点是社区，社区是民选的，是以服务为中心的。问题是政府信息的资源以“条”为主，面对的是不同的面孔的公众，公众要通过这个面孔再找那个面孔很不方便。区县的信息资源管理被纵向“条块”所分割，难以满足横向综合的社区服务需求。因此，要先在信息资源集散点和服务集散点之间实现一站式服务。对各个区县资源异构的数据库有必要进行整合，现在很多城市已经开始做这项工作。区域板块是通过城市这一级来进行综合的，因此城市是结构的组织者和综合者。在这样的背景下，信息一体化具有重大意义，它把无序、离散的信息资源整合成由政府指导、完整有序的结构。这对我们国家来说是用户资源整合和用户结构重组的过程，是形成能够产生增值效应的国家信息资源主权的重要过程。

以上讨论的问题涉及范围较大，我们的目标是从中间找到一个连接点，即电子政务和电子社区之间的关联性。当前的大环境是一个两难的局面，而边建设、边调整是一种可行的对策。对工作对象的认识应是生命体的自组织过程；对发展战略的认识是阶段特征和路径选择；对突破点的认识则是社区信息化。

电子政务规划研究的几个问题[1]

（2006 年 10 月 10 日）

一、规划的背景及需求

1. 对发展形势的判断

1）全球发展形势

电子政务是全球化发展趋势的必然选择和挑战。各国均把电子政务看作全球化历史进程中必须参与的国家综合创新能力的较量，看作集技术水平、经济实力、文化传统于一体的通过数字化形态推动的改革实践，并依此提出个性化的发展战略和政务改革的思路（即电子政务的概念模式），并将其作为一个国家和民族统一行动的纲领。

电子政务是跨越式发展的可能和机遇。现代计算机网络技术的发展速度远超于人们的应用能力，为政府职能的优化提供了前所未有的信息化支持，使政务改革的步伐加速成为可能。特别是对处于体制转轨时期的发展中国家来说，信息化提供了按照国家、民族的特点确立发展战略的新视野，为激活动力机制、快速驱动改革协调性以及实现跨越式发展提供了难得的机遇。

2）我国政府信息化和电子政务面临的重大变革

2002 年 8 月，中办发〔2002〕17 号文件《国家信息化领导小组关于我国电子政务建设指导意见》的出台，标志着我国的政务信息化在 20 世纪 90 年代“金字”系列工程的基础上，已经完成了初始的技术条件和管理、运行经验的积累，已经由局部的部门和地方的管理信息系统的建设，跨入全局性的电子政务建设

1 原载于《信息安全与通信保密》2006 年第 10 期。

的新阶段。

我国电子政务新阶段的特征开始触及政务体制的改革，表现为：

◆ 决策环境：由封闭向开放的转化。

◆ 政务信息化的目标：由提高各自独立的部门管理效率，向提高政府整体协调决策的能力转化。

◆ 决策的信息基础：由相互分离的“以纵为主”，向信息共享“以横为主”的转化。

◆ 管理结构：由传统的金字塔体系向扁平化结构转化。

2. 现状与问题

1）现状

现状：两难。

2）面临的问题

一是统一认识。对什么是电子政务、电子政务的使命及战略的认识，起点不统一，带来了以下一些问题：

◆ 多数部门缺乏对电子政务的全局性、创新性、渐进性、风险性的认识。

◆ 未解决部门的建设方案在电子政务有机体中的定位问题。

◆ 缺乏个性化的创新策略。

二是统一领导。在组织架构上有待整合，突出统一领导的作用。关系全局的基础设施建设滞后于各部门网络系统与业务的建设，导致国家对电子政务建设总体布局和进程的统一领导缺乏有效的控制手段。

三是统一规划。目前总体规划尚未落实到工程实施的层次，尚未从工程的总体结构上确立各分系统/数据库的目标、约束和战略的有机连接，必然导致各部门建设方案的独立性（如各自为政、平行推进、贪大求全、强化割据的倾向）。

四是统一标准规范和优化政策环境。

3. 规划的特殊地位

（1）目前的两难处境——边建设、边调整。

（2）以统一规划为起点进行调整：通过统一规划和统一思想，提出统一领导的组织方案。

（3）规划要解决的基本问题。首先，要设计和提出中国电子政务的概念模式（对“17号文件”填平补齐）。其次，要构造中国电子政务的逻辑模型（即最小边界的启动原型）。最后，构造中国电子政务发展的动力机制（即评价体系）。

二、急需研究的几个问题

1. 规划的方法论研究

1）工作对象——电子政务的性质

电子政务的建设和传统的系统工程有着性质上的差别，电子政务的对象系统是处在变革、发展进程中的政务管理系统，它不是一个纯客体（如铁路、机场、水库等）建设的系统工程，而是一个包含主体特征的复杂的生命系统。在经济全球化的、全新的生存竞争环境中，电子政务是一个集技术水准、经济实力、文化传统于一体，在不断适应环境、不断新陈代谢的演化进程中发育成长的有机体。

2）复杂系统演化的自组织理论

对于不能预知和严格定义状态目标的复杂系统，着眼点是提取和控制决定其演化的自组织要素（如图1所示）。

3）规划的层次与边界

首先，研究确定电子政务的概念模型是非常重要的。其目的是提出一个适合本国国情的电子政务发展观，作为统一行动的纲领。其内容包括：

- 确定电子政务的使命，在全球化背景下定义本国的电子政务使命是什么。
- 提出战略目标和原则（发展战略）。
- 明确路径的选择（个性化道路）和策略（政策措施）。
- 明确推动实施战略性的组织属性。

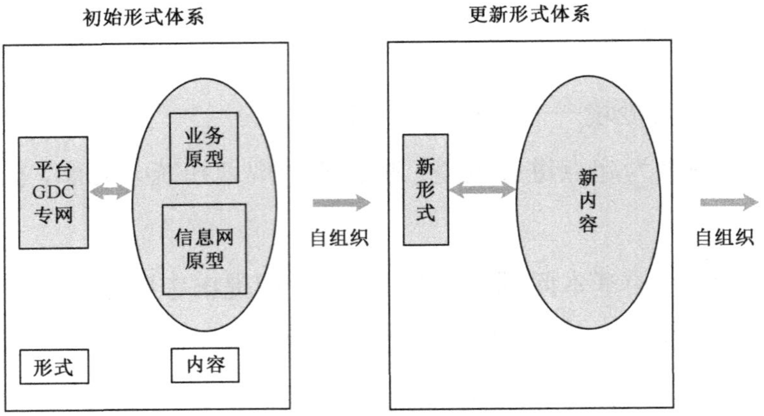

要素：1. 初始形式体系确定（基本合理）→启动原型
2. 开放系统（体系可进化）→以市场为基础
3. 需求动力拖动→需求主导，与公众互动

图 1　复杂系统演化的自组织理论

其次，是确定电子政务工程的逻辑模型。制定工程规划，本质上是依据对环境和目标的分析，从整体上确定可实现的信息流结构的最优组合（在理论上是唯一的）。其内容包括：

- ◆ 环境分析：分析现状和约束，识别能干什么，可能干到什么程度。
- ◆ 目标分析：依据概念模型，提出近期可评价的目标状态，明确要干什么，要干到什么程度。
- ◆ 结构分析：由状态目标确定启动的信息结构，其外部表现是各分系统/数据库的有机结构，即回答“怎么干最好”的问题。
- ◆ 资源分配：确定生命体新陈代谢的机制和初始投入的资源。

最后，要选择电子政务工程的物理模型。制定实施工程规划，选择实现逻辑结构的工具和手段。即按照效益/成本原则，在多重方案中对支持逻辑结构的物理网络及软、硬件设施进行比较选择，确保在总体上满足基础物理层次的有效运行。

2. 我国信息化所处阶段的研究

1）对进程特征的判断

复杂系统演化的一般规律——诺兰（R.L.Nolan）的四阶段模型（如图 2 所示）。

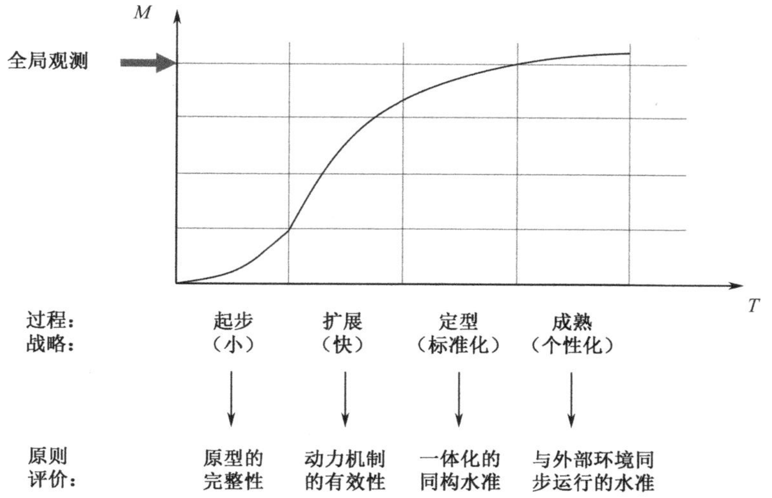

图 2　复杂系统演化的一般规律

2）对我国电子政务所处阶段的判断

如果按胚胎发育过程类比判断，目前各部门、各地方发展不平衡，多数处于①②阶段。总体判断我国电子政务正处于管理信息系统（MIS）的分化雏形期，其中一些关键的职能部门已进入②阶段，少数进入③期第一阶段（如图 3 所示）。

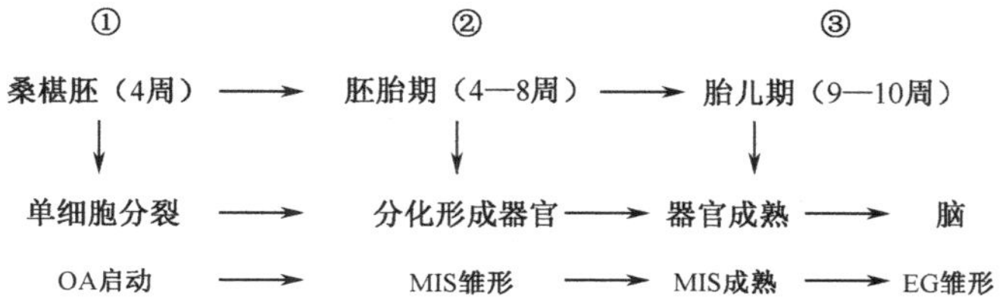

图 3　对我国电子政务发展阶段的判断

3）该阶段面对的主要问题

就我国电子政务当前的发展阶段而言，面临的主要问题包括：

- 如何保障输入的平权化——CSF（关键成功因素）。
- 如何分析演化的目标和战略，并设定导向条件。
- 如何确定启动的形式体系（即启动项目的组织结构）。
- 如何考虑动力结构的类型及其匹配问题。

三、美、英、俄三国电子政务发展战略的评价

1. 美、英、俄的电子政务战略

1）美国的电子政务战略

美国的电子政务战略，提出了常用的“G2C”“G2B”“G2G”概念，用以描述公众、企业和政府间的相互关系。其核心战略是：

（1）跨部门集中组织。在总统预算办公室下，成立由 46 个部门的 81 位成员组成的指导委员会。将电子政务的预算从各部门独立出来，统一规划。

（2）高投入/高回报。在三年中，电子政务建设的预算超过了 500 亿美元，对项目的回报率提出了明确的评价标准，并制定了相应的管理办法。

（3）迅速收效。预算中的 20 多个项目实效性强、边界清晰且完整运行其功能的时间均不超过三年。

2）英国的电子政务战略

英国的电子政务战略，是尽可能有效地利用私有部门和社会团体的潜能，创造新的经济发展机会，即公私伙伴关系（Public-Private-Partnership）。该战略突出政府各部门与私人机构长期合作向公众提供某项公共服务，特别是那些需要很高投入的业务。几种常见的公私合作模型包括：

♦ BOO 模型（Build-Operate-Own）（建设-运行-所有权）。

♦ BOT 模型（Build-Operate-Transfer）（建设-运行-交付）。

♦ BBO 模型（Buy-Build-Operate）（购买-建设-运行）。

♦ DBO 模型（Design-Build-Operate）［设计-建设-运行（无所有权）］。

♦ BDO 模型（Build-Develop-Operate）（建设-改造-运行）。

战略要点是推动信息服务业的发展，并创造第三产业发展的机会。

3）俄罗斯的电子政务战略培养

俄罗斯信息化发展战略，是以普通教育信息化作为国家信息化的先导，目的是培养符合信息化社会条件的一代新人；形成和发展通信服务产业和相应的

基础设施，包括家庭计算机化；用符合俄罗斯历史文化传统的精神内容保障信息服务的环境。俄罗斯信息化战略的要点包括：

（1）在战略层面上突出信息化的主体：“一代新人”“家庭”。

（2）信息化的根基是文化，信息化只是一棵大树的经脉，生长出枝叶茂密的新经济成分。

（3）在竞争激烈的现代文化的信息空间中，取得精神上和道德理念上的胜利。

2. 面向职能构架还是面向需求热点

如果立足于以政府为中心，则面对的基本问题是如何确定可依托的相对稳定的职能构架（如财政、税务、海关等），并在其电子化的过程中沟通相互间业务的有机连接，进而发展与公众的互动关系。

如果立足于以公众为中心，面对的基本问题是确定公众的需求热点（如社保、医疗、就业等），并将与这些热点相关的政府服务职能进行剥离，鼓励并授权中介机构以社会化、市场化的形态来推动服务。中介机构作为连接政府职能优化与公众需求之间的桥梁，逐步推进政府与公众的一体化，这种以服务调整政府职能演变的战略是加拿大采用的模式。

3. 上述两种战略的差异

面向职能构架与面向公众需求热点体现了有重大差异的两种发展战略，分别体现了自顶向下的“被组织”与自下而上的“自组织”思路。尽管二者的关系是互补的，在实践活动中始终存在二者的互动关系，而且在不同时期侧重点不同。但在“以监管促服务”还是“以服务促监管”的战略方向上，必须保持统一。二者的启动形态、系统结构、发展路径以及动力机制各不相同。因此，不能简单地理解为同一个结构的两种形态。

电子政务重大政策问题的研究还包括：

（1）目标评价体系研究。如项目审批程序中的难点问题；需求分析的评价体系等。

（2）电子政务相关政策的研究。如投资政策、政府采购政策、项目审理和执行机制以及电子政务建设和运行的社会化模式的研究。

（3）电子政务的风险研究等。

综上所述，电子政务的规划研究主要包含三个方面：

（1）研究环境：信息化、全球化。

（2）研究对手：重点是发展战略。

（3）研究自己：处境和出路。

以上是我个人关于电子政务的思维逻辑总结，对于电子政务这一复杂而敏感的课题，难免有很多不当之处，请批评指正。

建设有中国特色的PKI组织[1]

（2008年1月10日）

亚洲PKI联盟（Asia PKI Consortium，APKIC）成立大会于2007年11月7日在中国西安召开。在这次业界瞩目的大会上，原亚洲PKI论坛改革为亚洲PKI联盟。

《中国信息界》：亚洲PKI论坛是在什么背景下成立的？

杜链：作为20世纪中后期重要的技术革命，信息技术对世界范围内的经济、政治、科教及社会发展都产生了十分重大的影响，并进一步深刻地改变人们的生活方式、生产方式和管理方式。由于信息技术的特殊性，信息化本身又带来了巨大的信息安全风险。随着信息安全问题引起了各国政府和企业的广泛重视，为解决在信息化、网络化环境下的安全问题，世界各国经过多年研究，初步形成了一套完整的解决方案，即公共密钥基础设施（Public Key Infrastructure，PKI）。

自20世纪末以来，国际上先后组建了以研究、交流PKI技术及应用为主要内容的非政府组织或产业联盟性质的民间组织。例如，1999年在美国创立的PKI论坛（主要在北美地区活动）和在欧盟创立的EESSI组织等，它们都为在全球范围推进PKI技术及其应用起到了积极的作用。

在这样的背景下，亚洲一些国家和地区为了适应电子商务发展和信息安全的需要，产生了组建一个非政府组织，以协调与推进该领域跨国、跨地区交流与合作的强烈要求。为此，在日本等国家和地区的倡导下，日本通产省邀请了韩

1 本文为《中国信息界》记者邓婷对时任中国PKI论坛常务副主席杜链的采访报告，解答与亚洲PKI联盟和中国PKI论坛的相关问题。原载《中国信息界》2008年01期，第70-73页，2008年1月10日。——编者注

国、中国、新加坡和中国台北等国家和地区的政府或行业代表，发起了组建亚洲PKI论坛的活动。在得到上述国家和地区行业主管部门和行业组织支持后，2001年6月12日至13日，在日本东京召开了首届亚洲PKI论坛成立大会，确立了亚洲PKI论坛的创始成员由日本、韩国、中国、新加坡、中国香港和中国台北等国家和地区组成。

第一届主席国由日本担任。在这次会议上通过了《亚洲PKI论坛宪章》和《亚洲PKI论坛组织代表联合声明》。

《中国信息界》：亚洲PKI论坛的宗旨是什么？

杜链：亚洲PKI论坛第一次会议通过的论坛宗旨是：推动亚洲国家或地区间PKI在电子商务领域的应用与合作，包括在跨国交互认证、法律制度、缩小认证中心间的差异、实现资源共享和互联互通等方面，建立成员间通用的认证规格，创造可以相互沟通且安全的电子商务环境等内容，以促进成员间发展电子商务的合作。亚洲PKI论坛以促进亚洲各国家或地区间的PKI推广为目的，推动成员间在PKI应用中的合作，协调相关事宜，研究跨域PKI应用解决方案和关键技术，为所有成员提供服务。

亚洲PKI论坛成立之后，在第一届主席日本PKI论坛、第二届主席韩国PKI论坛，以及迄今为止由中国信息协会卢时彻会长担任主席的中国PKI论坛各主席成员的努力下，在各成员单位领导和朋友们的共同支持下，六年来进行了大量的工作并取得了显著的成绩。建立了论坛的组织体系：健全了全体成员大会和决策执行机构理事会的工作机制，充实了各届秘书处以及下设的四个专项工作组——互操作组、商务应用组、法规组和国际合作组的各项工作内容，为论坛发展壮大做出了重要的贡献。特别要强调的是，从2005年底开始，论坛增设了面向改革的特别工作组，为论坛转型和组建亚洲PKI联盟做了大量艰苦细致的准备工作，为联盟成立奠定了基础。

《中国信息界》：亚洲PKI联盟取得了哪些进展？

杜链：几年来，亚洲PKI联盟工作组开展了很多有意义的活动，其中，在亚洲地区有较大影响力的是互操作组的工作。该工作组的主要贡献是明确了互操作标准化的使命，并着力研究和解决标准在工程实现中的一致性问题；在了解互操作标准规范领域各成员需求的基础上，起草了亚洲 PKI 联盟互操作指导原则，为将亚洲地区分散的 PKI 系统连接起来提供了一个一体化服务、可以借鉴与实施的路线图，以减少技术复杂度，实现跨信任域的应用。主要活动有以下几个方面：举办论坛和讲座，进行 PKI 技术和应用的交流，促进 PKI 技术及应用的发展；推动论坛相关课题所需的调查、验证实验等活动；开展亚洲地区和成员间 PKI 技术标准规范的研讨、借鉴和互联互通互操作规范及其试验验证工作；协调与其他地区 PKI 应用和电子商务安全领域的合作；研讨跨境电子商务及其安全的相关法律、法规问题。

亚洲 PKI 联盟互操作指南已经得到了初步应用，包括一些亚太地区的组织，如 PAA（亚太认证机构协会）。PAA 对亚洲 PKI 联盟提出的 PKI 互操作指南给予了很好的评价，认为这些标准规范为解决亚洲地区各成员间在 PKI 应用领域互操作问题中，提供了一条可以降低成本解决互信问题的便捷途径，有助于推动跨域电子商务发展。

《中国信息界》：是什么因素推动了亚洲 PKI 论坛转型为亚洲 PKI 联盟？

杜链： 可以说是改革创新的基本思路推动了亚洲 PKI 论坛的转型。2006 年由中国、韩国和中国台北三个创始成员发起，论坛组建了改革研究课题组，对亚洲 PKI 论坛的改革进行先期研究，提出了论坛改革的初步构想。2006 年第四季度，经亚洲 PKI 论坛理事会批准，原改革研究课题组改名为改革规划工作组。

改革规划工作组做了大量卓有成效的工作，在 2007 年 7 月北京召开的最后一次会议上，起草了拟提交亚洲 PKI 论坛全体会议和理事会通过的一批文件。具体包括以下内容：编制完成了亚洲 PKI 联盟宪章；改换名称——从论坛变为联盟；改变宗旨——从技术标准驱动为主转向应用推进为主；调整会员——从一个主体会员成员模式调整为一个主体会员加多个实体会员的大家庭模式。

特别值得提出的是，PKI 联盟各成员所在国家或地区的相关领导和各界朋友能高瞻远瞩、顾全大局，大力支持亚洲 PKI 论坛的改革工作，经过一年多的艰苦努力，促成了改革方案的完成和主要成员之间意见的一致。

总的来说，由于电子商务正在成为跨越国家和地区界限的新的网上商务形态，PKI 作为电子商务信任体系的核心，必然随着电子商务需求的扩展和深化而日益受到关注。亚洲 PKI 联盟的成立，标志着在亚洲开辟了一个围绕着 PKI 建设的不同国家和地区的对话窗口，作为合作的初始构架。

《中国信息界》：转型意味着什么？

杜链：亚洲 PKI 由“论坛”向“联盟”的转变，意味着在组织形式上由“松散”转向相对“紧密”的利益纽带的调整，在战略思路上由技术工具主导向应用需求主导的调整，在会员资格上由封闭向开放的调整，在业务活动上由单调的研讨交流向多样的互动服务的调整。这一系列根本性调整对亚洲 PKI 论坛联盟的工作水准提出了更高的要求。在今后的活动中，我们要更加注重 PKI 技术与应用的结合，更加注重 PKI 技术和标准与电子商务建设中信息安全保障体系建设的融合，更加注重推动和促进 PKI 在亚洲地区各成员单位的推广应用，更加注重挖掘和弘扬亚洲地区 PKI 应用推进事业中的自主创新；更加注重把联盟创建成PKI应用推广公共服务平台，为亚洲地区各成员单位开辟PKI应用新领域、新市场提供良好的服务。

为了能更加有效地实现上述思想，在联盟成立后，就联盟今后的工作和活动计划，将广开言路、平等协商，广泛征求联盟所有成员的意见和建议；博采众长，采用一系列新的活动方式，力求精简实效、合作共赢。2007 年 9 月 1 日，经国家发展和改革委员会批准，新一届中国 PKI 论坛在京成立。

《中国信息界》：亚洲 PKI 联盟将产生怎样的影响？

杜链：随着电子商务需求的扩展和深化，PKI 也日益受到关注。亚洲 PKI 联盟的创立标志着亚洲地区第一个致力于在 PKI 技术与应用领域进行交流和合作的平台——亚洲 PKI 联盟正式成立，同时也在亚洲开辟了一个围绕着 PKI 建设的不同国家和地区对话的窗口。该联盟是一个在亚洲地区旨在推动 PKI 技术推广应用的专业性的非政府组织，作为初始的合作构架，经过六年的积累已逐步形成品牌；其网站已成为该领域在亚洲地区有影响力的网站。从应对亚洲电子商务发展的不可抗拒的长远趋势来看，亚洲 PKI 联盟的创立是具有深远意义的。论坛成立六年来的全部实践，特别是各个工作组的摸索和贡献，一方面使我们得以总结经验，推广应用，在需求的驱动下提出改革的方案；另一方面，六年来的合作与交流也积累、增进了“论坛”各成员间的相互信任和友谊，深化了对电子商务发展前景和这一合作窗口的重要性的共识。所有这些成绩都是论坛全体成员共同努力、互信互谅、密切合作的结果。

我相信，亚洲 PKI 联盟将与各成员单位一道，加强合作，共同发展，为促进亚洲各国和成员间电子商务的发展和信息安全建设、为促进亚洲的繁荣和进步，做出自己的贡献。

《中国信息界》：请您介绍一下中国 PKI 论坛的情况？

杜链：中国 PKI 论坛（China Public Key Infrastructure Forum）是经国家批准，于 2001 年 12 月成立的一个跨行业的、带有政府背景的非政府组织。对外代表中国参加亚洲 PKI 论坛组织和 PKI 领域其他相关国际组织的活动，是国家授权与国外有关 PKI 机构在组织沟通、交流、实验以及开展相关合作等方面的窗口。目前中国 PKI 论坛挂靠在中国信息协会。

《中国信息界》：中国 PKI 论坛的目标是什么？

杜链：中国 PKI 论坛承认亚洲 PKI 论坛宪章，以推进 PKI 在电子商务领域的应用为目标，按照非营利原则，通过开放和交流，在维护国家利益的前提下促进国际与地区间的合作，为亚洲 PKI 论坛成员的共同利益和信息化建设的发展服务；中国 PKI 论坛在国家发展改革委的直接领导下，开展组织规划、技术研发、系统建设、行业管理、安全认证、成果推广、信息交流、业务培训和咨询服务等相关工作，推动和促进国内 PKI 的应用和推广，成为我国电子商务发展的有机组成部分。

《中国信息界》：中国 PKI 论坛自成立以来做了哪些工作，取得了怎样的效果？

杜链：中国 PKI 论坛自成立以来，在有关领导和外交部、财政部、商务部、信息产业部（2008 年划入工业和信息化部）、国务院信息化工作办公室（2008 年纳入工业和信息化部）、国家密码管理局以及国台办等相关部门的指导和支持下，为推动该领域的国际合作，促进我国 PKI 事业的发展，多次组织业界代表参加国内、国际交流活动，为争取我国相关标准和产业的自主发展，取得了实质性进展。2005 年 7 月，中国 PKI 论坛主席卢时彻在新加坡亚洲 PKI 论坛 2005 年第一次理事会会议上，当选为第三届亚洲 PKI 论坛主席。此时正值该组织面临种种困难和问题，在有关领导和相关部委的指导和支持下，中国 PKI 论坛积极开展工作，加强亚洲地区间的交流与合作，并在推动亚洲 PKI 论坛改革等方面，做了大量富有成效的工作，增进了友谊，增强了发展信心，得到了论坛成员的高度赞扬。

《中国信息界》：请您勾画一下中国 PKI 论坛的远景？

杜链：中国政府一直十分重视促进电子商务的应用与推广。PKI 作为电子商务的核心支撑体系，受到越来越广泛的关注，为此，中国 PKI 论坛将致力于广泛吸收各方面的资源优势，建立官举联办的机制，发挥四个桥梁（科研单位和企业间的桥梁；技术和应用部门间的桥梁；科研、产业和政府间的桥梁；中国和国际沟通的桥梁）作用，以合作求共同发展，推动建立协调有效的 PKI 体系。

随着全球化、信息化的扩展和渗透，信息安全已成为社会生活的重要组成部分，PKI 的发展前景之广阔是人们难以预估的。

我国电子政务发展的回顾[1]

（2009 年 10 月 15 日）

摘要： 本文回顾了我国政府信息化建设发展历程中数据处理、信息管理、电子政务起步和电子政务全面发展等各阶段的主要特点和具有代表性的事件；概述了我国政府信息化建设在政府网站、网络基础设施、信息资源、业务系统等方面所取得的成就，政府信息化建设有效地支持了政府经济调节、市场监管、社会管理和公共服务各项能力的提升；展望了政府信息化的发展趋势，指出其本质是改善政务体制与信息结构互动的进程。

关键词： 政府信息化；电子政务

引言

20 世纪 40 年代，随着电子技术和信息科学的不断发展与创新，电子计算机的发明并得到迅速拓展和广泛应用，信息革命逐步席卷全球。60 多年来，现代信息技术的发展深刻影响了世界各国政治、经济、社会、军事、文化等诸多领域，有力推动了人类社会的变革和创新，极大加速了世界文明的进步。政府信息化就是在这样的背景下出现的。

从全世界范围来看，20 世纪 50 年代至 80 年代，信息技术在政府行业的主要应用集中在政府内部的数据处理和信息管理，政府信息系统由少数专业人员管理和使用。随着 20 世纪 80 年代初期个人计算机、桌面办公设备（打印机、传真机）以及存储外设的发明和逐步普及，局域网络技术也开始逐步成熟，无纸

1 杜链、王江，原载于《电子政务》2009 年第 10 期，第 19-25 页。

化办公方式——办公自动化系统出现在世人面前，人们可以通过桌面计算机处理文件、汇总数据、打印资料，通过局域网以网络方式传递文件，政府信息系统向广大普通公务员延伸。随着互联网的逐渐兴盛，信息技术进步带来的信息化装备成本持续降低，社会环境对政府管理能力的要求日益提升，加之公众对于更加便捷、深入的公共服务的强烈需求，电子政务应运而生。1992 年，美国时任总统克林顿首次提出他的政府将是一个电子政府，拉开了政府信息化（电子政务）蓬勃发展的序幕，政府信息系统通过互联网向社会的各个角落扩展、延伸。

在中国，政府信息化发端于 20 世纪 70 年代，起初的应用集中在辅助宏观经济决策的数据处理；20 世纪 80 年代以后，随着信息技术手段的进步，应用逐步向政府信息管理、办公自动化扩展；从 20 世纪 90 年代开始，我国开展政府关键业务系统建设，电子政务正式起步；进入 21 世纪以后，随着互联网的蓬勃发展，人才、技术的储备以及政府信息化需求的不断攀升，中国政府信息化进入全面推进时期。

政府信息化的发展，本质上说是政务体制与信息结构互动的进程，以建设满足公共需求的服务体系为切入点，带动政府信息化各层次、各领域全面协同发展。政府信息化的过程是破除政务信息不对称、信息占有平权化的过程。

一、发展历程

世界上最早的政府信息化应用是美国人口普查局于 1951 年使用 UNIVAC 计算机进行人口普查。我国受技术条件限制，在 1973 年之前的计算机应用主要集中在地质勘探、大规模科学计算等领域；自 1973 年起，计算机首次应用于政府管理，我国政府信息化随之开始起步，历经数据处理、信息管理、电子政务起步和电子政务全面发展 4 个阶段至今。

（一）数据处理阶段（1973—1983 年）

这一时期政府信息化的主要内容是“辅助宏观决策的计算机数据处理”应用。1972 年周总理指示“要积极推广电子计算机应用”。为落实周总理的指示，1973 年 3 月，原国家计委向国务院报送了筹建国家计委电子计算中心的报告，计划利用现代信息技术为国民经济计划和统计提供服务。

此事不仅在我国政府部门揭开了首次应用电子数字计算机的序幕，也是我国政府信息化起步的标志。

1979 年的第三次全国人口普查数据处理，由原国家计委电子计算中心负责，在联合国人口基金的援助下，首次完成了总人口达 10 亿、原始数据量达 400 亿字符的超大规模数据处理任务。此项大规模数据处理系统工程全过程的实践，受到联合国专家和国际组织的高度赞扬，也开创了我国政府部门首次大规模应用计算机开展业务的先例。

1983 年 7 月，由原国家计委牵头编制完成了 1981 年全国投入产出表（包含 26 个部门的价值型表和 146 个部门的实物型表），为经济数学方法在我国经济计划和预测工作中的应用开创了一个成功的先例。

（二）信息管理阶段（1983—1992 年）

这一阶段政府信息化的主要内容是政府信息管理的早期应用。1983 年 10 月 15 日，国务院批准组建国家计委经济信息管理办公室，负责制定全国经济信息管理系统的长远建设规划、年度实施计划、国家经济信息系统总体技术方案，并展开制定指标体系和统一编码等一系列基础性工作。

国务院的这一决定，标志着我国政府信息化的发展开始由数据处理向信息管理升级。

1984 年 9 月，邓小平同志为《经济参考报》题词：“开发信息资源，服务四化建设”，为国家经济信息系统的建设指明了方向，更深刻地阐明了国家信息化的基本宗旨是要服务国家四化建设。

1986年2月，国务院确定“七五”期间，在国家计委（现国家发展和改革委员会）计算中心系统工程的基础上进行扩充和延伸，重点建设国家经济信息管理主系统，由中央、省、中心城市和县4级信息中心构成，作为中央和地方各级人民政府及主要综合经济部门进行宏观经济分析、预测和决策服务的主干系统。国家经济信息系统于1990年底基本完成了一期工程任务，形成了一个由28个省、自治区、直辖市（西藏、海南在建），14个计划单列市、150个中心城市以及700个县的信息中心构成的主系统基本框架，拥有各类大、中、小型计算机和PC机4000余台（套），并形成了一支近万人的初步掌握现代信息技术并能够从事数据处理、软件开发、硬件维护以及经济分析和预测的专业技术队伍。

在重点建设国家经济信息主系统的同时，1984年至1990年间，国务院先后批准经济、金融、铁道、电力、民航、统计、财税、海关、气象、灾害防御等10余个国家级信息系统的建设。有43个部委（局、总公司）先后成立了信息机构，总共投资约200亿元人民币，引进大、中、小型计算机1391台，安装微机约6万台，用户终端3万台，开发各类经济信息数据库174个，各类经济信息管理系统252个。这些系统都在不同程度上为提高政府的业务处理和管理水平发挥了重要作用。例如，由中国人民银行牵头建设的全国金融信息系统，通过卫星开通了400个城市和银行的资金结算系统，可以将数万亿元在途资金的结算时间由过去的7至10天缩短到1至2天。由铁道部（2013年改为国家铁路局）牵头建设的全国铁路系统，初步建成了由铁道部至12个铁路局和57个铁路分局的计算机三级铁路骨干信息网，并在87%的机务段和67 %的车务段实现了联网。

在为政府和公众服务的数据库资源开发方面，我国虽然与发达国家尚有很大的差距，但也已经具备了一定的规模。据原中国科技情报研究所（现中国科学技术信息研究所）1991年提供的资料，当时全国共开发各类数据库806个，信息总量约5000万条。

（三）电子政务起步阶段（1993—2000年）

这一阶段政府信息化的主要内容是政府业务系统的起步探索。20世纪90年代以来，互联网开始在世界范围内普及应用（我国于 1994 年正式获准加入国际互联网），一些政府关键业务迫切要求建设信息系统满足业务开展需要，办公自动化系统建设开始起步，政府上网工程兴起。在此期间，我国还利用日元贷款进一步建设了国家信息系统，国务院首次成立了国家信息化领导小组。

1）关键业务系统

为了加速推进我国的信息化进程，适应政府关键业务管理需求不断发展的需要，1993 年底成立了国家经济信息化联席会议，正式部署了以“金桥”“金卡”“金关”（简称“三金”工程）等金字头系列的重大系统工程，并列入国家中长期发展规划。

“金桥工程”的建设目的在于为宏观经济调控和决策服务，建成一个连接全国各省部级单位、400 多个中心城市的专用基础通信网络，实时提供每日经济、金融、宏观经济、价格、电信、外商投资、房地产以及境外信息等 8 大类数百个可动态更新的信息服务栏目，以及电子邮件、电子广告、联机会话、电子会议等 8 种增值服务。

“金关工程”是为提高对外贸易及相关领域的管理和服务水平而建立的现代化信息网络系统，实现了银行、外汇管理局和海关的计算机联网和信息交换，实现了进出口结汇业务的全国进出口报关单联网核查，有效地防止了利用假报关单骗汇、逃汇和套汇等违法事件的发生，大大提高了外贸企业进出口结汇的效率。

“金卡工程”推动了银行卡跨行业务的联营工作，在 12 个试点城市全部实现了同城跨行的自动取款机联网，全国电子联行系统每天处理 5 万多笔业务，金额达 800 亿元至 1000 亿元，每天为国家增加可使用资金 500 亿元；非银行智能卡也在公安、保险、劳动工资、交通管理、医疗卫生等领域开始了广泛的应用。

在此期间，“金税工程”也开展了首期的建设工作，建设了增值税专用发票稽核系统，取得了较好的经济效益，为日后“金税工程”二期、三期的建设奠定了基础。

实践证明，“金”字工程以政府的关键业务流为主线，极大地推动了现代信息技术在我国政府中的应用，推动了我国政府信息化的发展，产生了巨大的经济效益和社会效益，为我国电子政务的起步奠定了坚实的基础。

2）办公自动化

1992 年，国务院办公厅下发了《关于建设全国行政首脑机关办公决策服务系统的通知》，对行政机关办公自动化的建设起到了积极的推动作用，各级政府的办公自动化建设开始加快步伐。1994 年，中共中央办公厅、国务院办公厅实施了旨在实现办公自动化的“金海工程”。在“金海工程”的示范和带动下，到 2000 年，全国已经基本建成了以国务院办公厅为枢纽，连接各省、自治区、直辖市政府和国务院各部委、各直属机构的全国政府系统办公自动化网络，绝大多数地区、部门也建立了机关内部的办公业务网络，有些地区的办公自动化网络延伸到了地（市）、县，有些部门还建立了全系统的办公自动化网络。与政府系统办公自动化建设成就相类似，党委、人大等系统也逐步建设了具有相当规模和水平的办公自动化系统。

3）政府上网工程

1998 年 4 月，青岛市在互联网上建立了我国第一个严格意义上的政府网站“青岛政务信息公众网”。1999 年 1 月 22 日，由中国电信和原国家经贸委经济信息中心主办，联合 40 余家部委（办、局）的信息主管部门，共同倡议发起了“政府上网工程”，目标是在 1999 年实现 60 %以上的部委和各级政府上网，在 2000 年实现 80%以上的部委和各级政府部门上网。此次政府上网工程在全国引发了规模较大的政府信息化普及活动，大大提高了各级政府部门的信息化意识，为电子政务的全面开展和纵深发展打下了良好的基础。

4）利用日元贷款建设国家经济信息系统

国家经济信息系统（简称 SEIS）在原有业务条件基础上，利用日本政府贷款进一步拓展了应用系统建设和系统规模。原国家计委委托国家信息中心牵头，涉及 23 个中央部委（局）以及 38 个省、自治区、直辖市和计划单列市共计 61 个项目单位，系统建设包括 1 个公共网络平台和 7 个业务系统；网络连接原国家计委、国家信息中心、部委信息中心与部分省市信息中心，实现资源共享。国家经济信息系统的建设为“金税”“金关”等系统的深入建设和地方信息化全面建设打下了坚实的基础，加速了我国信息化建设的进程，在我国政府部门信息化建设历程中具有典型示范先导作用和重大意义。

1996 年 1 月，国务院成立了以邹家华副总理为组长，20 多个部委领导参与组成的国务院信息化领导小组，统一领导和组织协调全国的信息化工作。1997 年 4 月 18 日，邹家华同志在国务院信息化工作领导小组召开的全国信息化工作会议上，提出了信息化建设“统筹规划，国家主导；统一标准，联合建设；互联互通，资源共享”的二十四字指导方针。从此，全国的信息化工作从解决应急性的热点问题，开始步入为经济发展和社会进步服务的发展轨道。

（四）电子政务全面发展阶段（2001 年至今）

这一阶段政府信息化的主要特征是电子政务的蓬勃发展。2001 年 8 月，我国重新组建了以国务院总理朱镕基为组长的国家信息化领导小组；国家信息化领导小组的常设办事机构——国务院信息化工作办公室（2008 年合并至工业和信息化部）亦随之成立。2001 年 12 月，国家信息化领导小组召开第一次会议，强调中央各部门和各级政府都要高度重视电子政务建设工作。领导干部要加强信息化知识的学习，充分利用信息化手段加强政府的有效管理，促进政府职能转变，提高政府办事效率和管理水平，促进政务公开和廉政建设。此次会议还明确了以电子政务带动我国经济、社会信息化发展的基本方针，并将电子政务建设列为国家信息化的首要工作。至此，我国的电子政务建设开始进入全面推进阶段。

2002 年 1 月，国务院信息化工作办公室和国家标准化管理委员会在北京联合成立了电子政务标准化总体组，全面启动电子政务标准化工作。电子政务标准化总体组的成立，为有效支持我国电子政务工程的建设、加快电子政务标准的研究和制定提供了组织保障。

2002 年 7 月 3 日，国家信息化领导小组召开第二次会议，审议通过了《国民经济和社会发展第十个五年计划信息化重点专项规划》和《国家信息化领导小组关于我国电子政务建设指导意见》，后者在会后以中办、国办文件形式下发（中办发〔2002〕17 号）。会议明确指出，在实施规划中，要突出重点，抓好先行；着重抓好电子政务、电子商务和企业信息化建设，以此推进国内信息产业的发展，带动整个国民经济和社会信息化进程。17 号文件明确了“十五”期间我国电子政务建设的主要目标、任务和需要采取的措施，成为此后一段时期内指导我国电子政务建设的纲领性文件。文件规定了“一站两网四库十二金”的建设内容，“一站”，是指政府门户网站；“两网”，是指政务内网和政务外网；“四库”，即建立人口、法人单位、空间地理和自然资源、宏观经济等 4 个基础数据库；“十二金”，则是要重点推进办公业务资源系统、宏观经济信息系统等 12 个业务系统。

2002 年 11 月，中国共产党第十六次全国代表大会进一步明确“以信息化带动工业化”“推行电子政务”的方针。至此，我国电子政务的发展在指导思想和政策上已经从单纯的技术应用和事务处理迈入了以加强政府有效管理和为民服务为目标的全面发展阶段。

2004 年 8 月 28 日，中华人民共和国第十届全国人民代表大会常务委员会第十一次会议表决通过了《中华人民共和国电子签名法》，于 2005 年 4 月 1 日起施行。《中华人民共和国电子签名法》的通过，标志着我国首部“真正意义上的信息化法律”正式诞生。该法首次赋予电子签名与文本签名具有同等法律效力，并明确电子认证服务市场准入制度，保障电子交易安全。

2004 年 12 月，中办、国办印发了《关于加强信息资源开发利用工作的若干意见》（中办发〔2004〕34 号），这是我国第一次专门针对信息资源开发利用而提出的重要指导性文件，文件指明了我国信息资源开发利用的指导思想、主要原则和重点任务，对加强我国信息资源开发利用，推动我国信息化建设，实现我国经济社会全面协调可持续发展必将起到巨大而深远的影响。

2006 年 1 月 1 日，中国政府网正式开通。作为我国电子政务建设的重要组成部分，中国政府网是政府面向社会的窗口，是公众与政府互动的渠道，对于促进政务公开、推进依法行政、接受公众监督、改进行政管理、全面履行政府职能具有重要意义。

2006 年，国家信息化领导小组正式下发了《国家电子政务总体框架》（国信〔2006〕2 号），其框架简单概括为：服务是宗旨，应用是关键，信息资源开发利用是主线，基础设施是支撑，法律法规、标准化体系、管理体制是保障。时任国务院副总理曾培炎指出："这是国家电子政务的骨架，有了这个骨架，全国电子政务体系就能竖起来。框架从战略高度明确了电子政务发展的思路、目标和重点，为加快我国电子政务建设打下了重要基础。"

2007 年 1 月 17 日，国务院通过《中华人民共和国政府信息公开条例》，自 2008 年 5 月 1 日起施行。政府信息公开是中国政府民主政治理念和行政管理理念的重大变革，是一场深刻的思想政治革命，必将极大地促进我国电子政务公共服务能力和水平的提升。

2007 年 10 月，中国共产党第十七次全国代表大会提出"推进决策科学化、民主化，完善决策信息和智力支持系统，增强决策透明度和公众参与度"，还要"推行电子政务，强化社会管理和公共服务"。这不仅表明民主决策要更多地依靠信息化，更明确了"公共服务"也是电子政务的一个重要职责。

2009 年 4 月，国家电子政务外网（一期工程）完成初步验收。在 2008 年汶川地震引发的唐家山堰塞湖排险过程中，电子政务外网很好地承载了国务院应急指挥系统的运行，网络和指挥系统都发挥了重要作用。

虽然我国电子政务建设近年来发展很快，也取得了很大的成绩和进展，但我们仍然应该冷静地看到，与发达国家和一些新兴的工业化国家相比，就全国范围而言，我国的电子政务建设仍然处于发展的早期，要真正实现建设一个现代化政府的战略目标，前面还有很长的路要走。

二、取得的成就

30 多年来，我国政府信息化发展从无到有，从小到大，逐步追赶并缩短与世界先进国家的差距，加速了政府经济调节、市场监管、社会管理和公共服务等各项能力的提升，大大加快了经济社会发展的步伐，在政府网站、网络基础设施、信息资源、业务系统等方面的建设取得了令人振奋的成绩。

根据笔者的调查、统计，截至目前，中央政府各政府机构（除个别部门外）全部开设了互联网网站，全国32个省、自治区、直辖市地方政府也全部开设了门户网站，各省区市政府绝大部分政府机构、地级市州和相当一部分区县都已开通了门户网站，并提供了程度不同的信息发布、网上办事等服务。根据中国互联网络信息中心的统计，截至2009年1月，全国“.gov.cn”域名已开通45555个，与1997年10月的统计数字323个相比，增长了141倍。如图1所示为1997年以来我国政府网站域名统计变化情况。

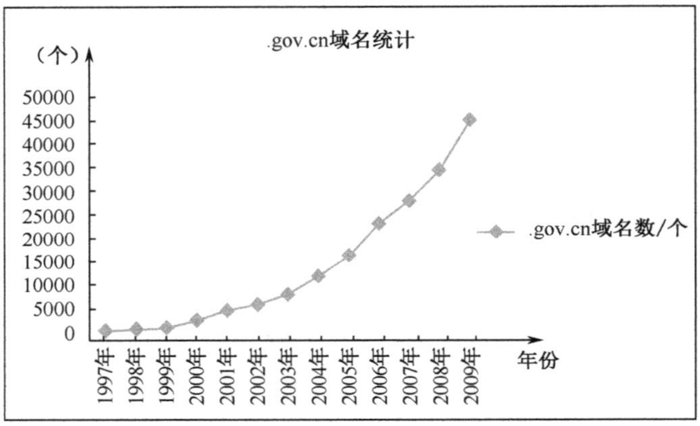

图1　1997年以来我国政府网站（.gov.cn）统计变化情况

在网站建设方面，中国政府网开通3年多来，面向社会提供政务信息和与政府业务相关的服务，穿插新闻报道内容，逐步实现政府与企业、公民的互动交流，在国际国内产生了重要影响。商务部网站突出网上办事功能，将近70项在线业务统一纳入网上政务大厅，该网站连续5年在全国部委级评比中获得第一名。在评比的带动下，各部委网站的建设水平稳步提高。地方网站方面，北京、上海、浙江（省级），深圳、青岛、广州（市级），上海虹口区、北京大兴区、深圳福田区（区县级）分别位列2008年度政府网站绩效排名对应层级的前3名。

在国家政务基础网络建设方面，国家电子政务外网建设取得阶段性成果，电子政务外网已横向连接42个国务院政府机构，纵向连接全国32个省级政务外网，并通过各省级外网进一步向下延伸，截至目前已有 12 项政府机构的横、纵向业务在政务外网上运行。国家电子政务内网的建设也在积极论证推进中。

在信息资源建设方面，人口、法人、宏观经济和自然资源与地理空间基础信息库建设稳步推进。特别是在地方，由于各自电子政务发展情况的不同、需求不同、基础数据库的建设力度不同，一些地方的基础数据库已经建成并投入使用，在电子政务管理和公共服务中发挥着巨大作用。除了重要基础数据库，一些部门还根据实际情况组织建设了一系列信息资源，如文化部（2018 年改为文化和旅游部）、财政部牵头组织建设的“全国文化信息资源共享工程”，旨在整合全国文化信息资源，实现优秀文化信息资源在全国范围内的共建共享，以及国家知识产权局建设的专利数据库、国家图书馆建设的中国数字图书馆工程等，都产生了巨大的社会效益，不断满足广大人民群众日益增长的信息资源获取需求。

在业务系统建设方面，重点业务系统建设先后取得了重要成果，发挥了显著的经济和社会效益。“十五”以来国家启动建设的重点电子政务工程项目中，“金税”二期工程、“金审”一期工程、“金盾”一期工程、国家电子政务标准体系建设项目一期工程等 4 个项目已基本完成建设内容，通过了国家组织的工程验收，“金保”社保工程、“金保”低保工程、“金质”一期工程、“金土”一期工程等项目也都在稳步有序推进当中。通过这些重点工程的实施，政府部门的行政效率得到明显提高，电子政务建设的成效开始显现。比如，“金盾”一期工程的实施显著提升了公安机关侦查破案、打击犯罪的能力和水平。通过开展网上侦查、网上串并案件，带动和促进了公安机关打击犯罪工作方式的转变，全国利用信息破案数已占破案总数的 20%左右，浙江和江苏分别达到了 38.5%和 25%。通过“金审”工程的建设，审计效率普遍提高 3 倍以上。“金税”工程建设实践证明，信息化不仅是加强税收管理的重要手段，也是税务干部队伍建设的重要基础，通过信息化建设，税收征管的质量和效率不断提高；三期工程建成后，税收征收率将从 2002 年的 63.5%，提高到 75%左右，国税系统每百元税收成本将由 2002 年的 4.66 元降低到 2 元以下。在地方电子政务系统建设方面，北京市东城区的“万米网格化管理系统”、宁波市“求助服务热线 81890”、福建泉州市的行政服务中心“全程式网上审批”等一大批系统都收到了很好的效果。

三、发展展望

对于政府信息化发展的展望，本质上是对政务体制与信息结构互动进程的展望。政务体制的演化过程，本质上是决策和政务结构科学化、民主化发展的过程。我们将政务结构划分为综合管理（立法、财税）、执法、监督、服务等4个方面的内容。政务结构的优化要求立法、执法过程更加公开、透明、程序化；要求财税管理更加科学化、合理化；要求监督信息趋于集中化、共享化；要求服务方式更加社会化、中介化。推动上述演化过程的动力机制在于公共需求的拓展，而拓展需求的过程必将伴随着服务的相应深化，服务是政府结构优化的先导，服务的变化将进一步推动监督、立法、执法、财税的改革进程。

从宏观上看，中国信息化的发展是中国文化融入全球化进程的实践，政务信息化的发展也同样要对中国文化特性产生影响。在中国传统文化中，历代政府大都秉承“民可使由之，不可使知之”的治政理念，维持“信息不对称”是历代统治者长期以来管理国家的重要手段之一。信息化的发展过程，从根本上说是一个使信息对于所有群体和个人同样对称并透明的过程，它使得信息的获取、分析、加工、传播、存储和利用，无论对于政府还是公众而言，都变得更加容易、便捷，任何试图继续维持“信息不对称”态势的做法，都是不智的和徒劳的。政务信息化的过程必须顺应“信息对称”的趋势，转变固有观念，并在新的观念基础上发展、演化。一方面，政府掌握、分析、处理信息的能力极大加强，效率显著提升，成本快速降低，宏观政务活动的微观化管理以及微观政务活动的宏观化管理开始具有可行性基础，政务行为的科学性、有效性将得到大幅提高；另一方面，加强政务信息公开、政务决策问计于民、政务行为接受公众监督，提供更加便捷、周到、低成本的服务，营造开放的信息化氛围，主动适应信息化趋势要求，积极、稳妥地推行政务管理变革，是政务信息化发展的必然。

参考文献

[1] 周宏仁. 信息化论[M]. 北京：人民出版社，2008.

[2] 国家信息中心日元贷款办公室. 利用日本政府贷款建设国家经济信息系统专题材料[R]. 北京：国家信息中心，1987.

[3] 中国互联网络信息中心. 中国互联网络发展状况统计报告.（第 1 次至第 23 次）[G]. 北京：中国互联网络信息中心，1997-2009.

[4] 章祥荪，杜链. 电子政务及其战略规划[M]. 北京：科学出版社，2004.

推动政府与市场双轮驱动发展 形成以服务百姓为中心的发展道路[1]

（2015 年 6 月 25 日）

近年来，探索新型城市化发展路径成为国家、地方以及社会各界关注的焦点之一，国家发展和改革委员会、国土资源部（2018 年改为自然资源部）、工业和信息化部等部委相继提出了关于城市建设的方向和具体要求，“智慧城市”等新概念应运而生。这体现了中央进一步强调深化应用，通过调动各方面力量来推动体制创新的问题。我就此谈一下自己的看法。

首先，城市化建设是我国社会建设的核心之一，为推动科技创新应用和不断深化改革提供了实验场。事实上，改革开放的三十几年也是城镇化的高速发展时期。在这个过程中，粗放式的土地利用已经为我国有限的土地资源和自然资源造成了某些浪费和破坏，如何以可持续发展的方式推动未来的城镇化建设，已成为未来国家和社会各界必须面对和亟待解决的问题。

其次，信息化建设是推动城镇化建设的关键。自从 20 世纪 90 年代以来，信息技术正在以裂变的方式发展，信息化应用对我国的城镇化建设的作用是有目共睹的。但是，我国仍然处于相对落后的发展状态，分析其中的主要原因，是在城市资源缺乏以及流通有限的情况下，不能够积极地再分配。因此，利用信息化实现资源的再分配必然成为下一个阶段推动城镇化建设的关键。

最后，城镇体系化运动打破了城镇间的壁垒。经过了改革开放三十几年的发展，我国的城镇化已经取得了一定的成绩，但是条块化的趋势将阻碍未来的

1 原载于《中国信息界》，2015 年 03 期，第 44 页。

进一步发展，成为影响部门间团结协作、共谋发展的壁垒。通过信息化手段，打造在信息机构上纵横交错，以横为主，在结构上以块为主的城市运营平台，能够有效地打破这个局面，为部门间的信息共享和业务协同提供一个重要的基础。

国家发展和改革委员会和工业和信息化部已经出台了一系列的政策，希望通过积极的引导方式，有效地推动城镇化朝着更加务实的方向发展。其中2014年1月，国家的12个部委以空前的力度推动试点城市的发展，强调“惠民”应该始终成为城镇化发展的落脚点。信息惠民工程以解决城镇化发展过程中最为突出的民生问题为抓手，以解决百姓日常生活所遇到的社保、医保、教育、养老、就业等各项实在的需要为导向，以推动政府部门间信息共享合作为基础，以政策模式创新为突破口，推动政府与市场双轮驱动发展，形成一条以服务百姓为中心的发展道路。

城镇信息化：信息惠民工程先行[1]

（2015 年 8 月 25 日）

自 2014 年 1 月我国“信息惠民工程”启动以来，许多城市按照国家发展和改革委员会等 12 部委的部署，推进信息惠民工程建设，取得了明显进展。同时，各试点城市在以信息带动和促进民生领域跨越式发展的实践中，也面临一定的难点和问题。所以，需要总结中央和地方相结合、调动各方力量参与的惠民服务的经验和教训，进一步梳理和整合以城镇为中心的发展思路。

近期，中国信息协会信息惠民分会完成了国家发展和改革委员会高技术司委托的“城镇信息化顶层设计相关问题研究”的课题。该课题作为“十三五”规划的前期准备，重点讨论国家的城镇信息化发展战略。鉴于此，本刊记者专程采访了中国信息协会副会长杜链，请他为我们阐述我国城镇信息化系统的使命和发展战略、信息惠民工程在城镇信息化系统战略中的地位和作用，以及从试点城市的角度考虑“顶层设计”应予关注的几个问题等相关内容的研究，提供各试点城市在进行各自的“顶层设计”时作为全局性的背景参考。

从城镇信息化战略的角度，我们可以将信息惠民工程看作城镇信息化的综合“启动形态”。

《中国信息界》：请您介绍一下，基于什么样的背景提出城镇信息化？其在国家的发展战略中发挥着怎样的作用？

杜链：总体上看，我国的改革发展并不基于预先设定的新体制目标模式，不是一个自顶向下的“被组织”过程，而是“摸着石头过河”的自下而上的“自组

1 采访记者马红丽、孙娟，原载于《中国信息界》，2015 年 04 期，第 12-15 页，2015 年 8 月 25 日。

织”过程。这个过程始终强调“胸中有全局”与“手中有典型”的沟通；始终突出在实践中以需求驱动、平滑过渡的渐进性发展思路。

我国的城镇体系是个“麻雀虽小、五脏俱全”的，承载“四化”在互动中演化的复杂的“生态系统”。它提供了对经济发展、文化传统、历史背景不同的城镇进行政策性试点，探索差异化典型经验的全方位实践路径。

我国信息化的基本任务应该是，研究互联网时代的技术革命与内部制度创新的关联性。也就是说，要着力研究如何推动互联网时代的外部环境与国内的改革需求相互渗透，使共性的新技术条件与个性化的制度创新相互补充、相互完善的发展战略。

党的十八大提出要“促进工业化、信息化、城镇化、农业现代化同步发展”，其中信息化始终处在催生和引领工业化、城镇化、农业现代化之间相互改造、同步运行的关键位置。信息化是先导和调节“四化”协调发展的核心所在；而城镇化是我国现代化的载体，承载着“四化”的完整体系，蕴含着巨大的内需潜力。

因此，信息化与城镇化的互动结构构成了引领“四化”建设的“龙头”。而以信息化与城镇化的互动为主线，探索覆盖工业化和农业现代化在内的“四化”协调发展的路径；以信息化为抓手，摸索政治、经济、文化以及民生体制的综合改革脉络；以城镇为缩影，自下而上地摸索全面性的经验与教训，就构成了城镇信息化系统战略这一国家战略的主要内容。

《中国信息界》：在城镇信息化的系统使命下，其发展战略的实施要点是什么？应该注重哪些方面的内容？

杜链：城镇信息化系统使命的灵魂是，构建经济腾飞背后新的价值体系，或者说将“中国梦”进行“以民为本”的具象化归纳，通过“惟在富民”的新思路，调整、完善我国社会主义特色的“立国之道”。

在互联网时代，信息技术及其应用颠覆性发展的背景下，城镇信息化系统发展战略的实施，应该坚持以下五个方面。

第一，以“惠民生”为宗旨。一是指在社保、医保、文化、教育、就业、医疗、社区、养老等若干社会发展领域内，以“惠民生”为主线的业务整合与制度创新；二是指发展背后的价值理念和思想体系，即将“惠民生”发展成民族认同的价值体系。

第二，以“制度创新”为核心。李克强总理在今年的政府工作报告中指出，“我国经济发展进入新常态，正处在爬坡过坎的关口，体制机制弊端和结构性矛盾是‘拦路虎’，不深化改革和调整经济结构，就难以实现平稳健康发展。”这里的制度创新除了指“转方式调结构”的经济体制改革，更重要的是指以“惠民生”为宗旨、以城镇为单元的跨领域综合体制改革试点。

第三，以“信息化”为抓手。信息化处在激活内需潜力，催生、引领体制优化的先导地位。“抓手”有两方面：其一，以信息化的形态来映射体制中对应的决策结构和动力结构。即通过统筹考虑城镇系统的电子政务、电子商务、电子社区的建设，将电子政务对职能和政策环境的建设、电子商务对城镇产业链提升的动力机制以及电子社区对民生需求的再组织有机统一起来。我们可以从决策权机制、动力机制、信息机制三位一体，同步运行的视角（DIM 框架），设计体制演化的启动原型。其二，要针对城镇的个性化需求。通过对信息化结构的调整来推动相对应的决策权体制和动力体制同步演化，在与需求互动中逐步完善成熟。演化的进程具有渐进、平滑和稳定的特征。

第四，开放环境下以差异化的城镇原型的实践为基础。开放环境系指两个背景：一是指将城镇的改革实践置于“市场主导”的开放环境之下；二是将城镇改革置于互联网社会的整体背景之下。

城镇原型即城乡一体化的完整体系。按照我国的区划，城镇处在 “条”和“块”的结合部，“纵”和“横”信息的交汇点。一方面较易突破利益固化的藩篱，放宽政策，先行先试；另一方面，作为体制改革的原型试点，城镇“麻雀虽小、五脏俱全”，具备体制调整的综合性、系统性和典型性条件。为此，城镇在体制创新实践中具有不可替代的地位和作用。

第五，自下而上地探索体制机制改革的路径和办法。从国家的立场看，城镇信息化强调从国情出发，自下而上地探索制度创新的经验。只有通过对经济发展、文化传统、历史背景等不同地区的政策性试点，才有可能摸索出差异化的典型经验和相适应的体制模式。

《中国信息界》：您认为实施城镇信息化战略有哪些亟待解决的问题？

杜链：实施城镇信息化战略确实有一些亟待解决的问题。

第一，从城镇信息化工程建设的角度，如何统筹关于智慧城市、宽带城市、人文城市、绿色城市等相对独立的理念和政策要求，确立实施的主线。这就涉及“顶层设计”的问题。

第二，从城镇信息化工程实施的角度，如何建立条块结合、以块为主的统筹结构，对分散的公共服务资源进行有效整合，强化多部门的协同服务。这个角度蕴含着综合制度创新的先行先试问题。

第三，从开放政策的角度，如何确立政府引导、市场主导的动力机制，培育可持续发展的体制模式，蕴含着与市场接轨的体制模式问题。

《中国信息界》：基于以上您提到的三个亟待解决的问题，有没有一个相对系统的解决方案？信息惠民工程在城镇信息化系统战略中处于一个什么样的地位，又发挥着怎样的作用？

杜链：2014 年 1 月，国家发展和改革委员会、中央编办等 12 部委下达了《关于加快实施信息惠民工程有关工作的通知》（发改高技〔2014〕46 号），覆盖了以上三个方面的工作内容，提出了相对系统的解决方案。

今年，李克强总理在政府工作报告中明确提出“立国之道，惟在富民”的原则。“惠民”始终是人民政府一切工作最根本的出发点和落脚点，而解决当前体制机制和传统环境下民生服务的突出难题自然成为各级政府的工作重心。

信息惠民工程的实施是以信息化带动和促进民生领域跨越发展的战略选择。以信息化为抓手，以社保、医保、教育、养老等各项惠民的需求为导向，通过拉消费、促发展、惠民生的综合实践，我们可能探索一条将城镇信息化的各类相对独立的提法整合成以“惠民生”为主线的体系，在“以服务公众为中心”的实践中逐步完善。

信息惠民工程是城镇信息化战略的先行工程。从城镇信息化战略的角度出发，我们可以将信息惠民工程看作城镇信息化的综合“启动形态”。它以解决社会广泛关注的民生诉求为起点，以信息化为先导，构建一个中央和地方互动，政府和市场、公众互动的相对完整的体系。这一体系的运转应该是这样的：

一是以“惠民生”为主线，整合城市政务业务、商务业务以及社区业务的多种需求，将地方的电子政务、电子商务和电子社区的建设逐步纳入“有序”的实践轨道。

二是强调统筹发展、协同作战。将中央各部门的联合推进机制与地方集中构建的公共服务平台有机地结合在一起，整合相对孤立、分散的公共服务资源。

三是强化条块结合、以块为主的统筹力度，以城市的统一平台为依托，推动跨层级、跨部门的信息共享和业务协同，促进公共服务的多方协同合作，在对接中推进制度创新。

四是这一体系应该确立政府引导、市场主导的原则，突出多元参与、开放竞争的发展格局。

《中国信息界》：“顶层设计”的重要性不言而喻，对于试点城市信息化系统的顶层设计，您有着怎样的思考，有哪些建议？

杜链：当前，城镇信息化已成为中央和地方相结合、调动各方力量参与的制度创新的试验场。但由于缺乏统一的战略考虑，城镇信息化概念已被智慧城市、宽带城市、信息消费城市等各自独立的理念和思路所肢解；已形成“政出多门、多头向下、各自为战”的关联利益格局，亟待统一思想、整合工程。试点城市的信息化系统顶层设计，应该是形成当地的特色思路，统一步调、整合资源的重要起点。

但是，如何确立城市顶层设计在“十三五”信息化专项规划中扮演的“角色”，成为部分试点城市困扰的问题。

我认为，从规划的程序看，所谓“十三五”规划是指我国《国民经济和社会发展第十三个五年规划纲要》，通常在规划下设 15～20 个专项规划（比如能源、交通、生态环保等）。“十三五”信息化专项规划是其中之一，其指导方针是在纵观全局的“规划纲要”中设定的。因此，各试点城市“十三五”信息化专项规划至少基于两个背景：一是“十三五”国家城镇信息化发展战略；二是试点城市的“十三五”经济社会发展规划。目前，这两项工作都在准备中，不可能孤立地进行城市信息化专项规划的起草工作。

试点城市信息化系统“顶层设计”，应该是构建“十三五”信息化思路、选择突破点的全局性、系统性的准备工作。

由于“顶层设计”已成为社会常用语，概念不一，建议各城市在顶层设计中重点考虑以下三个问题：

第一，从试点城市经济社会发展的个性化战略出发，确立通过信息化实施这些战略的思路和办法；而不是从技术角度孤立地讨论信息化战略。

第二，强调和国家城镇信息化系统战略的关联性，突出试点城市的“典型经验”和国家的“全局性战略”互动。

第三，注重信息化对体制演化的影响，力求摸索制度创新的经验。

关于城镇信息化系统战略[1]

（2015 年 8 月 25 日）

中国信息协会副会长、信息惠民专家委员会主任杜链在大会上以“城镇信息化系统战略”为题，做了主旨报告。他指出，城镇是经济社会发展的起点和核心，信息化是抓手，城镇信息化是战略龙头。这些年来各地关注城镇信息化的热点都聚集在城市之上。而城镇信息化系统既包含城市，也包含农村。将城镇信息化作为一个整体来看，需要统一思路。

杜链就城镇信息化系统战略主题，阐述了四个方面的内容。

第一，城镇信息化系统战略的提出。这些年的发展过程，可以说是改革的过程，是一个自下而上的自组织的过程，不是一个被组织的过程。我国的经济改革是从企业、特区、乡镇开始而不是自上而下进行的。这个过程要强调自底向上，是一个方法论；自下而上的过程，就是城镇信息化系统战略的方法论。一定要有差异化的经验摸索及归纳，在和顶层对话之间逐步形成思路和方法，这是一个滚动发展的进程。

城镇化是现代化的载体，承载了四化的完整体系，蕴含着巨大的潜力。城镇化与信息化的互动结构，构成了引领四化建设整体的龙头。以信息化与城镇化的互动为主线，探索包含工业化和农业现代化的四化协调发展的路径；以信息化为抓手，摸索政治、经济、文化以及民主体制的综合改革脉络；以城镇为缩影，自下而上地摸索全局性的经验与教训，构成了城镇信息化系统的战略。

第二，城镇信息化系统的使命和战略。城镇信息化是我国经济进入新常态

---

1 本文由《中国信息界》记者李香玉根据录音整理. 原载于《中国信息界》2015 年 04 期。

的形势下，通过从摸索以 GDP 为标志的经济建设为中心，转向以惠民为主线的社会发展领域，进行重心转移的路径和办法。系统使命的灵魂是构建经济腾飞背后新的价值体系，或者说将“中国梦”进行“以民为本”的具象化归纳，通过“惟在富民”的新思路，调整、完善我国社会主义特色的“立国之道”。城镇信息化的系统发展战略，是在互联网时代信息技术及其应用颠覆性发展的背景下，以“惠民生”为宗旨，以制度创新为核心，以信息化为抓手，以开放环境下差异化的城镇原型实践为基础，自下而上地摸索体制机制改革的路径和办法的国家战略。

第三，信息惠民工程在城镇信息化系统战略中的地位和作用。从城镇信息化战略的角度看，我们将信息惠民工程看作城镇信息化的综合“启动形态”。它以解决社会广泛关注的民生诉求为起点，以信息化为先导，构建一个中央和地方互动、政府和市场互动、政府和公众互动的相对完整的体系。

第四，顶层设计的重要性。城镇信息化是中央和地方结合，调动各方力量参与的制度创新的试验场，重要性不言而喻。但由于缺乏统一的战略考虑，城镇信息化概念已被智慧城市、宽带城市、信息消费城市等各种名目出台的，各自独立的理念和思路所肢解；已形成“政出多门、认识各异、多头向下、各自为战”的关联利益格局。因此，亟待统一思想、整合各类工程资源。试点城市的信息化系统顶层设计，应该是形成当地的特色思路，统一步调、整合资源的重要起点。

城镇信息化系统战略（纲要）[1]

（2015 年 9 月 11 日）

一、发展总体要求

（1）当代经济发展以“惠民生”的旗帜统领改革发展的大局，是从根本上转变经济发展思路，完善我国社会主义特色立国之道的战略举措。

（2）从应对国际斗争的角度来看，美国、日本追求经济规模的绝对增长，但消费人口限制了人口扩张，因此在世界市场中谋求利益的最大化，经常成为世界经济的话语霸权和不安定根源。中国强调“惠民生”完全符合 14 亿人口大国的国情，完全有可能走出一条与美、日不同的发展道路。

（3）“惠民生”是中华民族“经世济民”传统在现代的创造性转化，有极其重要的意义。我们应当把 GDP 的经济理念及时调整为“GDP+人均消费能力”的基础指标，建立起“惠民生”的目标评价体系。

（4）我们必须将片面追求生产规模转变为更加强调分配决策，让市场更多地推动经济增长，而政府更多地参与分配。分配不仅仅是社会财富的分配，而且还应该全面地体现资源、机会、信息、财富等诸方面的分配。这应该是以“惠民生”为宗旨的中国特色道路的重要组成部分。

（5）信息化不仅仅是生产力，更重要的，它是一种文化，一种制度。谁更早、更清醒地认识这一点，谁就拥有改造世界的主动权。“惠民生”的水准是与信息化能力同构的。必须在发展战略中突出信息化的地位和作用。

1 本文完成于 2015 年 9 月 11 日。——编者注

二、城镇信息化系统战略的提出

（1）总体上看，我国的改革发展并不具备预先设定的新体制目标模式，不是一个自顶向下的“被组织”过程，而是“摸着石头过河”的自下而上的“自组织”过程。这个过程始终强调“胸中有全局”与“手中有典型”的沟通；始终突出需求驱动和平滑过渡的实践思路。

（2）我国的城镇体系是个“麻雀虽小、五脏俱全”，承载着“四化”在互动中演化的复杂的“生态系统”。它提供了对经济发展、文化传统、历史背景等不同的城镇进行政策性试点，摸索差异化典型经验的实践路径。

（3）我国信息化的基本任务应该是研究互联网时代的技术革命与内部制度创新的关联性。也就是说，要着力研究如何推动互联网时代的外部环境与国内的改革需求相互渗透，在共性的新技术条件下，推动个性化的制度创新并相互补充、相互完善的发展战略。

（4）在党的十八大提出“促进工业化、信息化、城镇化、农业现代化同步发展”的过程中，信息化始终处在催生和引领工业化、城镇化、农业现代化之间相互改造、同步运行的关键位置。信息化是先导和调节“四化”协调发展的核心所在；而城镇化是我国现代化的载体，城镇承载着“四化”的完整体系，蕴含着巨大的内需潜力。

因此，信息化与城镇化的互动结构构成了引领“四化”建设的“龙头”。而以信息化与城镇化的互动为主线，探索包含工业化和农业现代化的“四化”协调发展的路径；以信息化为抓手，摸索政治、经济、文化以及民生体制的综合改革脉络；以城镇为缩影，自下而上地摸索全局性的经验与教训，从而构成了城镇信息化系统战略这一国家战略的主要内容。

三、城镇信息化的系统使命和战略

1. 城镇信息化的系统使命

在我国经济进入新常态的背景下，通过以城镇为中心的信息化实践，摸索我国从以GDP为标志的经济建设为中心，向以“惠民生”为主线的发展战略进行重心转移的路径和方法；探索和处理好改革发展稳定关系的新思路、新办法。重点是摸索通过促进社会发展领域和谐稳定的政策导向，整合经济平稳健康发展的社会环境的路径和办法；摸索通过社会主义经济建设、政治建设、文化建设、社会建设、生态文明建设等围绕民生领域的综合改革，化解国民经济增长过程中积累的深层次的矛盾和风险的路径和办法；摸索焕发社会活力的路径和办法。

系统使命的灵魂是构建经济腾飞背后新的价值体系，或者说将“中国梦”进行“以民为本”的具象化归纳，通过“惟在富民”的新思路，调整、完善我国社会主义特色的“立国之道”。

2. 城镇信息化的系统发展战略

城镇信息化的系统发展战略，是在互联网时代新信息技术及其应用颠覆性发展的背景下，以“惠民生”为宗旨，以制度创新为核心，以信息化为抓手，以开放环境下差异化的城镇原型实践为基础，自下而上地摸索体制机制改革的路径和办法的国家战略。

1）以“惠民生”为宗旨，有两个层次的涵义

其一是指在社保、医保、文化、教育、就业、医疗、社区、养老等若干社会发展领域内，以“惠民生”为主线的业务整合与制度创新。

其二是指发展背后的价值理念和思想体系，即将“惠民生”发展成民族认同的价值体系。

2）以“制度创新”为核心

制度创新除了指“转方式调结构”的经济体制改革，更重要的是指，以“惠民生”为宗旨、以城镇为单元的跨领域综合体制改革试点。

3）以“信息化”为抓手

信息化处在激活内需潜力，催生、引领体制优化的先导地位。其“抓手”有两方面的含义：

其一，指以信息化的形态来映射体制中对应的决策结构和动力结构。即通过统筹考虑城镇系统的电子政务、电子商务、电子社区的建设，将电子政务对职能和政策环境的建设、电子商务对城镇产业链提升的动力机制、电子社区对民生需求的再组织有机统一起来。让我们可以从决策权机制、动力机制、信息机制三位一体、同步运行的视角（DIM 框架），设计体制演化的启动原型。

其二，指针对城镇的个性化需求，通过对信息化结构的调整来推动相对应的决策权体制和动力体制的同步演化，并在与需求互动中逐步完善成熟。这个演化的进程具有渐进、平滑和稳定的特征。

4）开放环境下以差异化的城镇原型的实践为基础

开放环境是指两个背景，其一是指将城镇的改革实践置于“市场主导”的开放环境之下；其二是将城镇改革置于互联网社会的整体背景之下。

城镇原型指城乡一体化的完整体系。按照我国的区划，城镇处在“条”“块”的结合部，是“纵”与“横”的交汇点。具有以下特点：一方面，较易突破利益固化的藩篱，放宽政策，先行先试；另一方面，作为体制改革的原型试点，城镇的麻雀虽小但五脏俱全，具备体制调整的综合性、系统性和典型性条件。因此，城镇在体制创新实践中具有不可替代的地位和作用。

5）自下而上地摸索体制机制改革的路径和办法

从国家的角度看，城镇信息化强调从国情出发，自下而上地摸索制度创新的经验。正如我国民主革命的成功，不是依靠城市暴动，而是农村包围城市；经济改革的起点不是自顶向下的“冷却”疗法，而是从农村的“联产承包责任制”开始的自下而上的扩展与完善的进程；城镇信息化突出了“摸着石头过河”的探索过程，只有通过对经济发展、文化传统、历史背景等不同地区的政策性试点，才有可能摸索出差异化的典型经验和相应的体制模式。

四、城镇信息化系统战略中信息惠民工程的地位和作用

1. 实施城镇信息化战略待解决的几个问题

其一，从城镇信息化工程建设的角度，如何统筹关于智慧城市、宽带城市、人文城市、绿色城市等相对独立的理念和政策要求，确立实施的主线。

其二，从工程实施的角度，如何建立条块结合、以块为主的统筹结构，对分散的公共服务资源进行有效整合，强化多部门的协同服务。

其三，从开放政策的角度，如何确立政府引导、市场主导的动力机制，培育可持续发展的体制模式。

2. 信息惠民工程提出了相对完整的惠民生思路和综合实施方案

信息惠民工程［《关于加快实施信息惠民工程有关工作的通知》（发改高技〔2014〕46 号）］覆盖了以上三个方面的工作内容，提出了相对系统的解决方案。李克强总理在 2015 年的《政府工作报告》中明确提出“立国之道，惟在富民”的原则。“惠民”始终是人民政府一切工作最根本的出发点和落脚点，而解决当前体制机制和传统环境下民生服务的突出难题自然成为各级政府的工作重心。信息惠民工程的实施是信息化带动和促进民生领域跨越发展的战略选择。以信息化为抓手，以社保、医保、教育、养老等各项惠民的需求为导向，通过拉消费、促发展、惠民生的综合实践，我们可能探索一条将城镇信息化的各类相对独立的提法整合成以“惠民生”为主线的体系，在“以服务公众为中心”的实践中逐步完善。

3. 信息惠民工程是城镇信息化战略的先行工程

从城镇信息化战略的角度看，我们将信息惠民工程看作城镇信息化的综合

“启动形态”。它以解决社会广泛关注的民生诉求为起点，以信息化为先导，构建一个中央和地方互动、政府和市场互动、政府和公众互动的相对完整的体系。这一体系以“惠民生”为主线，整合城市政务业务、商务业务以及社区业务的多种需求，将地方的电子政务、电子商务和电子社区的建设逐步纳入“有序”的实践轨道；这一体系强调统筹发展与协同作战。将中央各部门的联合推进机制与地方集中构建的公共服务平台有机地结合在一起，整合相对孤立、分散的公共服务资源；这一体系强化条块结合、以块为主的统筹力度，以城市的统一平台为依托，推动跨层级、跨部门的信息共享和业务协同，促进公共服务的多方协同合作，在对接中实现制度创新；这一体系确立了政府引导、市场主导的原则，突出了多元参与、开放竞争的发展格局。

顶层设计的思路与方法——城镇信息化战略研究[1]

（2016 年 6 月 20 日）

摘要：针对顶层设计在战略研究中的重要地位，以及由于顶层设计概念的多元化造成的诸多方法论误区，从系统科学的角度对顶层设计中系统类型的区分、相对应的概念和方法论范畴进行了梳理和澄清。特别是基于对城镇信息化系统特性的分析和自组织系统初步的理性归纳，针对复杂系统提出了建立初始的全局战略和试点原型，使决策者在“全局指导”和“典型引路”的互动中，能动地识别和推进系统吐故纳新的思路和方法。

关键词：顶层设计；电子政务；智慧城市；城镇信息化；信息惠民

一、顶层设计的概念

1. 顶层设计在“惠民生”战略中的重要地位

当前，许多城市面临产能过剩、房地产泡沫化以及劳动力红利丧失、就业压力大的严峻形势。如何以“惠民生”的旗帜统领改革发展的大局，应对“调结构”所面临的“促改革”的挑战，应该是中国经济社会发展战略的重中之重。而如何解决社保、医疗、教育、养老、就业、公共安全、食品药品安全、社区服务等民生领域的突出难题，如何通过制度创新建立起信息惠民的体系性模式，应该是“惠民生”战略的直接落脚点，具有重要的示范意义。

从信息惠民工程各试点城市的角度看，重要的任务是将多元化的智慧城市、宽带城市、信息消费城市等各自独立的理念和建设形式整合到以“惠民生”为内

1 杜链，原载于《电子政务》，2016 年第 06 期，第 80-88 页，2016 年 6 月 20 日。

容的需求轨道上来，在实践中逐步形成统一的战略体系。这种从全局的立场出发，依据各地域的特色统筹规划，建立个性化发展战略的思路和方法，就是我们通常所说的顶层设计的概念。它对各试点城市“胸中有全局”，指导以信息化为抓手的综合改革脉络，具有顶层决定性作用。

2. 现状与问题

1）“顶层设计”概念的多元化

“顶层设计”原属系统论的方法，原义是指从整体、全局、综合的视角观察分析系统。如果这一方法的手段和路径能够形成合理的理论，那么该理论就构成了系统顶层设计的方法论。因此“顶层设计”的内涵是指面向系统的设计方法和方法论。

随着“顶层设计”从工程术语演化为中国新的政治名词（这一名词已进入国家新一个五年规划），“顶层设计”现已成为被各行各业官方使用的社会用语。由于对其概念理解不一、诠释随意，在城市信息化规划中产生了诸多方法论误区。许多所谓的“顶层设计”用概念替代战略，用形式替代内容，用官话、套话替代综合分析，事实上是将系统“顶层”的内涵抽空了，带来了规划实施的战略风险。

2）主要问题

在许多城镇信息化规划中，顶层设计概念的多元和随意主要表现为：在识别系统类型和系统结构的顶层时，出现了重大的方法论误区和风险。

从系统类型来看，相当多的智慧城市在“顶层设计”中，存在不区分对象系统的性质和方法论范畴，具体表现为混淆一般系统和复杂系统的差异；在工作对象上混淆工程（物理系统）和组织（生态系统）的差别；在设计方法论上混淆自顶向下的“被组织”和自下而上的“自组织”的差别；在目标评价体系设计上混淆了静态的“机械体”和动态的“生命体”评价方法的差别等等。目前，普遍存在的问题是，运用工程的理论和方法处理复杂事物，并将其标准化、普适化，从方法论角度导致了人们思维僵化。

从系统结构角度来看，相当多的智慧城市在“顶层设计”中，并未区分系统的层次范畴。“顶层设计”被异化成下一层次的结构分析，造成顶层的内涵被抽空，系统的使命和战略被结构所取代。普遍存在的问题是：用空泛的“数字化”“网络化”“智能化”等概念，替代顶层的战略研究；用大数据、云计算、物联网等概念提出的工程项目，来替代解决当前体制机制和传统环境下的突出难题；用“工具层”导向来替代需求导向；用“项目驱动”的建设模式来替代战略分析的方法论。这种空洞的“顶层设计”危害极大，它将顶层的战略虚化并独立于城镇制度创新的需求之外，摒弃了城镇的特色和鲜活的灵魂，造成大量的“形象工程”和“重复建设”。

综合上述分析，鉴于城镇信息化系统在综合体制改革中的“原型”地位，以及现存的“顶层设计”概念存在多样性、不确定性与随意性所引发的关于城镇信息化战略的深层次问题，因此，当前在城镇信息化系统中统一“顶层设计的思路和方法”，并在系统设计的方法和方法论上形成共识，是很有意义的。它有助于我们正确指导城镇信息化系统建设的全局，形成以信息化为抓手，以“麻雀虽小、五脏俱全”的城镇为中心，以开放环境下差异化的原型试点为基础，自下而上地探索综合改革的思路和方法。

二、什么是“顶层设计”

1. 视角的选择——系统科学中的“顶层设计”

关于什么是顶层设计，迄今为止并不存在唯一的、能够被普遍接受的定义。对于人和自然所构成的复杂的“综合体”而言，从不同的视角观测，则“顶层”的内涵不同。例如，从工程学、经济学、社会学、政治学等不同学科的角度观察，系统的“顶层”将被赋予学科的语义和内涵，其顶层的表述肯定会有所差异。

为将“顶层设计”概念集中在城镇信息化系统方面，我们选择从系统科学的角度讨论“顶层设计”的思路和方法，将“顶层设计”看作识别系统类型和系统层次的方法论。

2. 在系统科学中“顶层设计”的概念及要点

1）系统“顶层”概念的由来

系统的概念是人们从大量系统事物中抽象出来的，系统“顶层”的思路源于“一般系统论”的创始人冯·贝塔朗菲[1]。他认为，传统的系统分析方法过于强调微观的系统分解，在方法论上期望从微观结构的分解寻找系统的性质。而大量的事实证明，粒度分解得越细，人们的认识反而离真理越远。为此，冯·贝塔朗菲首次提出，在系统分析的方法上，应首先在宏观上将系统和系统所处的环境作为一个整体来研究，突出系统的整体性、相关性、有序性和动态性等四大原则。首次归纳出用全局性、综合性的视角分析系统的“顶层”的思想。

2）“顶层设计”的概念要点

为了对系统的“顶层设计”做出概略的理性说明，我们将概念归纳为两个要点，其一是讨论“顶层”的概念，其二是阐述“设计”的内涵。其中，“顶层”的概念源于系统的整体性。1972 年，冯·贝塔朗菲在《一般系统论的历史与现状》一文中给出的系统定义是：“处于一定相互关系中，并与环境发生关系的各组成部分（要素）的总体（集合）。”他突出了系统的整体不同于其组成部分（局部）的特殊属性和价值。为了强调整体和局部的性质差异，对应于系统的层次，“顶层”的概念应运而生。这也成为后人将“整体”表述为“顶层”的最重要的依据。

需要说明的是，随着系统观的发展，人们对系统的认识由简单到复杂，由线性系统观到非线性系统观。和古代朴素的系统思想相比，现代系统科学特别注重对复杂系统的研究，特别强调复杂系统（非线性系统）和一般系统（线性系统）的重大差别。而上述两类系统在“顶层”的内涵、特性及识别路径上是完全不同的。从这个意义上说，不同性质的系统其“顶层”的概念不同。

---

1 1945 年，冯·贝塔朗菲在《德国哲学周刊》第 18 期上发表“关于一般系统论”的文章。1954 年，与 A. 拉波包特等人一起创建一般系统论研究会，出版《行为科学》杂志和《一般系统年鉴》。贝塔朗菲的重要贡献之一是建立关于生命组织的机体论，并由此发展成一般系统论。他在 1955 年出版的专著《一般系统论》成为该领域的奠基性著作。

而“设计”的含义是什么呢？面对“顶层”而言，“设计”的含义是指行为主体（人或组织）寻找识别系统“顶层”（包括整体性属性、功能和价值等）的方式、手段和路径，即人们按照系统的性质选择适用的设计方法论。对于一般系统和复杂系统来说，相应的分析方法和方法论具有性质上的差别。

3）系统类型及方法论范畴

面对城镇信息化中经常出现的系统概念，为了更清晰地分辨一般系统和复杂系统“顶层”的概念差异，我们将系统的类型和对应的方法论范畴进行简单的归纳（见表 1）。

表 1　系统类型及方法论范畴

	系统性质	对象	常见形态	识别方法	常见方法论	顶层设计	识别路径	特征
一般系统（简单系统）	线性系统	结构化（客体）	工程系统	被组织	生命周期法（系统工程软件工程方法）	总体方案设计	自顶而下分解	系统内部的过程识别
复杂系统（生态系统）	非线性系统	半结构化（主体）	组织系统	自组织	原型法	演化进程的识别	自下而上协调	开放环境原型迭代

表 1 中的“结构化”指系统中既可观测又可控制的对象；“半结构化”指可控制不可观测，或可观测不可控制的对象。表 1 中的“主体”是和“客体”相对的哲学概念。“主体”指的是实践活动和认识活动的承担者，而“客体”指的是主体实践活动和认识活动的对象。如机场、铁路、水库等工程建设，其对象是结构化的，具有客体的属性，属于用系统工程方法解决的工程问题，我们将这样的系统归纳为“一般系统”；而电子政务系统是包含主体特征（决策者的行为偏好、领导意志、体制、文化等）的半结构化系统，是能够生长的“有生命”的“复杂系统”。为了尽可能将复杂的概念通俗化，我们将讨论集中于城镇信息化的相关系统分析，其他的理性问题留待复杂系统顶层设计的思路和方法中讨论。

4）系统科学中的顶层设计

综合上述认识，我们将系统科学中的“顶层设计”归纳为以下三个过程的有序结合：其一是识别系统的类型；其二是依据系统的性质选择设计方法论（不同类型的系统存在不同的方法和方法论分析）；其三是按照方法论所揭示的秩序和工具识别系统“顶层”的内涵。

三、城镇信息化的系统特性和复杂系统的自组织

1. 城镇信息化的系统特性

1）城镇信息化的系统分类

城镇信息化系统可以按城镇主体的属性分类，也可以按城镇的功能属性分类。如果按城镇所包含的主体的属性分类，城镇政府的信息化构成了城镇电子政务系统；城镇企业的信息化（产业信息化）构成了城镇电子业务（E-Business）系统，含电子商务（E-Commerce）系统；城镇居民的信息化（社会信息化）构成了以电子社区为代表的社会信息系统。显然，这一分类方法突出了系统的开放性，即电子政务、电子业务乃至电子社区都将跨越城镇的地域边界。从城镇的立场看，系统的整体性难以归纳，也就是说“顶层设计”的系统边界难以界定。

如果按城镇的功能分类，可将城镇以市政为中心的信息系统建设和为市民服务的民生业务的信息化作为两大要点，将城镇的政务信息化和产业信息化看作市政建设与民生服务的外部环境，这样的分类有助于将讨论的问题集中于城镇信息系统的地域特色，便于归纳“顶层设计”的整体属性和价值。

2）城镇信息化的系统特性

从城镇功能的角度观察，以市政为中心的信息系统和以民生服务（惠民）为主线的信息系统在属性上有着相当大的差别。

对于市政基础设施信息系统的建设而言，如智慧交通、智慧能源、智慧水务、智慧运输等，在一定程度上可将系统和系统规则独立成工程技术来处理。即采用“一般系统”的方法来完成初期的建设。例如，在IBM公司所提出的“智慧城市解决方案”中，已将系统中、下层的功能性软件产品成体系地推出。这种思路已被许多厂商广泛采用。

对于以民生服务为主线的信息系统来说，如社保、医疗、养老、就业、社区服务、家庭服务等民生服务领域，信息系统的建设对公众主体的需求有直接的依赖性。其系统对象包含人的偏好、组织的协同与合作、制度的创新与对接等各类主体属性，相关的信息技术只是系统功能对接主体需求的手段。因此“惠民生”的信息系统在性质上不同于市政基础设施的建设，它在形态、识别方法和方法论上均属于复杂系统的范畴。

如果将城镇系统看作一个在开放环境下，依托于地域特色、以惠民为宗旨、以制度创新为核心、以信息化为先导的生态结构，那么其总体的性质无疑是随着主体需求演化（自组织）而形成的复杂系统。

3）城镇信息化系统的提出

由于信息化处在催生和引导工业化、城镇化、农业现代化同步发展的关键位置，信息化是先导和调节“四化”协调发展的核心。而城镇化是中国蕴含需求潜力的现代化载体，信息化和城镇化的互动结构构成了引领“四化”建设的“龙头”。因此，以信息化为抓手、以城镇为缩影的改革实践必然具有全局性的战略意义。我们提出的城镇信息化系统概念，是指以信息化形态自组织、自生长的城镇生态系统。其系统战略的研究具有全局性的示范意义。

2. 复杂系统的自组织

为了进一步解析“顶层设计”的思路和方法，我们不得不提及属于近代非线性复杂系统研究的自组织方法论。为此，我们在讨论中尽可能提出通俗化的概念轮廓，便于对思路进行归纳和整合。

1）复杂系统

现代系统观特别注重对复杂系统的研究，认为只有三个或三个以上的元素发生非线性相关时才能组成复杂系统。很多系统理论的创始人很早就指出系统中存在非线性关系。1961 年，控制论的创始人维纳在苏联《哲学问题》编辑部的访谈中就指出，控制论所面临的最重要、最迫切的问题就是：“首先是研究自组织系统、非线性系统以及生命是怎样一回事。但所有这三种提法都说的是同一件事情。”这里所说的自组织与生命就是指系统的自行发展与演化。非线性则是系统复杂形态的根源，自组织则是系统演化的基本形态。

2）组织和组织化

组织（名词，organization）指某种现存事物的有序存在方式，即事物内部按照一定功能关联构成的存在方式。

组织化（动词，organize）指事物向空间、时间或功能上的有序结构演化的过程。

系统的有序结构是组织存在和演化的核心。任何向有序结构增强方向演化的过程就是组织化，其结果就是组织；相反的过程和结构称为结构瓦解和无组织。

3）自组织和被组织

“协同学”理论的创始人哈肯（H. Haken）提出了自组织的概念：如果一个体系在获得空间、时间或功能的结构过程中，没有外界的特定干涉，我们便称该体系是自组织的。这里“特定”一词是指，那种结构或功能并非外界强加给体系的，而是外界以非特定的方式作用于体系的。

简而言之，我们可将无外界特定指令而能自行演化、自主形成有序结构的系统称为自组织系统。而将不能自行创生，不能自主向有序结构演化，只能依靠外界的特定指令来推动有序化的系统称为被组织系统。举例来说，自由恋爱是“自组织”的，包办婚姻是“被组织”的；控制环境是“自组织”的，控制过程是“被组织”的；市场经济主要是“自组织”的，计划经济则主要是“被组织”的等等。这两者在系统顶层设计的思路和方法上存在诸多差别。

在现实世界中，自组织与被组织是相对存在的，在一定条件下可相互转换（见表 2）。在整个系统中，始终存在着组织与被组织的协调和相互作用。

表 2　组织和无组织

总概念	组织（有序化）		无组织（无序化）	
涵义	事物向有序、结构化方向演化的过程		事物向无序、结构瓦解方向演化的过程	
二级概念	自组织	被组织	自无序	被无序
涵义	组织力来自事物内部的组织过程	组织力来自事物外部的组织过程	非组织作用来自事物内部的无序过程	非组织作用来自事物外部的无序过程
典型	生命的生长	机器	生命的死亡	地震破坏

4）自组织方法论的着眼点和理论

对于不能精确预知状态目标的复杂系统，自组织方法论重点是研究开放环境、动力机理、初始结构和演化路径，并且各自形成理论体系。

着眼于对开放环境研究的方法论，以普利高津（I. Prigogine）的“耗散结构”理论为代表，重点讨论系统开放成为自组织的必要条件，以及体系如何开放，开放的尺度，如何创造条件走向自组织等诸多问题。

着眼于动力机理研究的方法论，以哈肯（H. Haken）的“协同学”理论为代表，重点讨论体系自身如何保持自组织活力的理论和方法。

着眼于初始结构研究的方法论，以曼德布罗特（B. B.Mandelbrot）的“分形”理论为代表，重点研究系统在自组织过程中由简单走向复杂的空间状态以及演化的方法。

着眼于演化路径研究的方法论，以勒内・托姆（Rene Thom）的“突变”理论为代表，重点研究系统在其可能的演化路径方面所采取的方法论思想。

另外，还有以曼弗雷德・艾根（Manfred Eigen）为代表的超循环理论和诺曼・帕卡德（Norman Packard）为代表的混沌理论，都从不同的视角研究了自组织方法论的理论和方法。

为了整理出复杂系统顶层设计的思路和便于操作的方法，我们需要在顶层设计中将自组织方法论中的开放环境、原型结构、需求动力和演化路径等具体化，从而归纳出复杂系统顶层设计的内涵和边界。

5）自组织的认识论基础

不同于经验论和唯理论，自组织是生成的、演化的自然观，即认识的立足点是自然演化的规律（人法地、地法天、天法道、道法自然），而不立足于由主体生成的“经验”和“理”。自组织方法论提倡佛家的“随缘”和老子的“无为”，但不是无所作为，而是认识和把握“机缘”，不特意或刻意去“为”（不去被组织），而要遵循规律而“为”。

四、复杂系统顶层设计的思路和方法

1. 总体思想

在确定复杂系统并选择自组织方法论的基础上，“顶层设计”的任务是：识别系统整体的属性、功能和价值。

由于复杂系统的整体属性不是一成不变的，它会在演化的动态进程中不断完善。因此，对复杂系统“顶层”的识别完全不同于一般系统的静态描述。“顶层设计”的本质是识别系统的整体演化进程，并提取支持系统演化的开放条件、初始结构、动力机理和演化路径等原型要素。复杂系统的顶层设计在本质上是人们对系统整体属性演化进程的识别和把握，是对“摸着石头过河”的条件和方法的把握，而不是系统工程中人们常说的“总体方案”。

基于以上的认识，我们可将复杂系统的顶层设计概括为以下三个方面的活动。

其一，对系统整体属性和特征的刻画。它表现为提出初始的全局性的系统战略，力求刻画出这一战略的思想和灵魂。例如，在改革开放以前，中国的国家战略是“以阶级斗争为纲”，而改革开放后转变为“以经济建设为中心”，这是系统全局性的“灵魂”变革，这一变革是通过一系列的大政方针来刻画和表述的。

其二，选择复杂系统演化的“启动原型”，提取“原型”的自组织要素。例如，中国改革开放以来所选择的差异化的“特区”试点，以“特区”为自组织的“启动原型”，就必须满足其开放性、完整性、自主性以及典型性等要素条件。

其三，在全局战略和原型实践之间建立起相互改造、相互优化、二位一体的沟通机制。“全局”指导“原型”，“原型”优化“全局”，使“改革开放”与

“特区”试点在进程中相互完善。

用通俗的语言归纳：复杂系统顶层设计的思路是，提出初始的全局战略和试点原型，使行为主体在“全局指导”和“典型引路”的互动中，识别出系统吐故纳新的自组织进程。

为了将这一思路应用于城镇信息化系统，我们将城市政府的组织系统作为顶层设计的战略主体，进一步讨论城镇信息化系统的系统战略和原型试点的要素原则。

2. 城镇信息化系统战略

城镇信息化系统战略是指城市决策主体的战略意向。如果将上级（国家、省）的意志和要求作为城镇的外部环境，城镇信息化系统战略可集中体现为城镇决策集团的组织战略。对于不能精确预知系统状态和目标的复杂系统而言，城镇信息化系统战略主要由组织的使命和组织的发展战略两部分构成。

1）组织的使命

组织的使命通常称作组织的定位，即这个组织是干什么的，它赖以存在的依据是什么。对于一个城市的政府组织体系来说，它的定位不仅仅是对城市的管理功能，更重要的是对城市的生存和发展所承担的责任。组织的使命是系统战略的起点。只有确定了组织是“干什么”的，才能讨论期望干到“什么程度”（系统目标），以及“选择什么样的大政方针”（系统战略）“才能干好”的问题。

需要指出的是，在开放环境下，系统的使命不是一成不变的。例如，经过改革开放三十多年的积累和消耗，许多资源型城市不得不面对资源紧缺的问题，从而寻找转型的方向和路径，也就是说，相应的市政府“使命”必须调整。而这些城市如何依据外部环境的变化和自身的比较优势选择新的定位，往往成为当前选择组织使命的首要问题。

又如，当前许多城市在面临产能相对过剩、“土地财政”难以为继、劳动力红利优势丧失、就业岗位短缺的阵痛过程中，这些城市的决策者在目标定位上是否仍旧以 GDP 为中心，还是将重心转移到“惠民生”的价值体系中；是否站在“以民为本”的制高点上整合智慧城市，将宽带城市、信息消费城市、电子商务示范城市等各自独立的理念，形成统一的战略纲领，也成为当前刻画组织战略的重大问题。

2）组织的发展战略

组织的发展战略是指执行“组织使命”的大政方针的选择。例如，在“条”和“块”的关系上，对试点区域简政放权，因地制宜，试点“以块为主、条块结合”的体制结构；在政府与市场的关系上，突出政府引导、市场主导、多元参与、开放竞争的发展格局；在信息机制的调整上，突出“纵横交错、以横为主”的信息共享模式，强化多部门联合监管和协同服务等方针政策。

3. 启动原型的自组织条件

复杂系统顶层设计的第二个要点是设定启动原型的开放环境、初始结构、动力机理、演化路径等自组织条件。

所谓启动原型指的是能够映射复杂系统整体属性的基础单元。例如，经济特区就是能够完整映射改革开放全局的基础单元，它对指导全局性的系统演化具有典型性、示范性。如果讨论一个城市信息化系统的顶层设计，其启动原型可能是下属的区、县、乡、镇乃至社区的任何一种试点结构。

启动原型的初始形式体系、复杂系统演化的初始形式体系（概念模型），如图 1 所示。概念模型所描述的是在要素驱动下组织演化的动态过程。

1）原型的开放性

原型的开放性是指原型体系和外部的质和量的交换。开放是自组织的必要条件，正如新陈代谢是婴儿生长的必要条件。必须将城镇信息化的原型试点置于市场主导的开放环境之下，特别是将城镇的制度创新置于互联网社会的整体背景之下。

2）启动结构的完整性

启动结构不能做到启动即完善，但作为全局的缩影，必须相对完整，才能在吐故纳新的进程中向完善的方向演化。正如初生的婴儿不具备成人的能力，但其生理结构必须完整，才能在生长过程中逐步完善。在城镇信息化系统的启动原型中，必须统筹考虑政府、企业和居民的互动结构；只有将电子政务的职能和环境建设、电子业务对产业链提升的动力机制、电子社区对民生需求的再组织构成三位一体的完整的生态结构，才能在演化中形成不断生长的有机体。

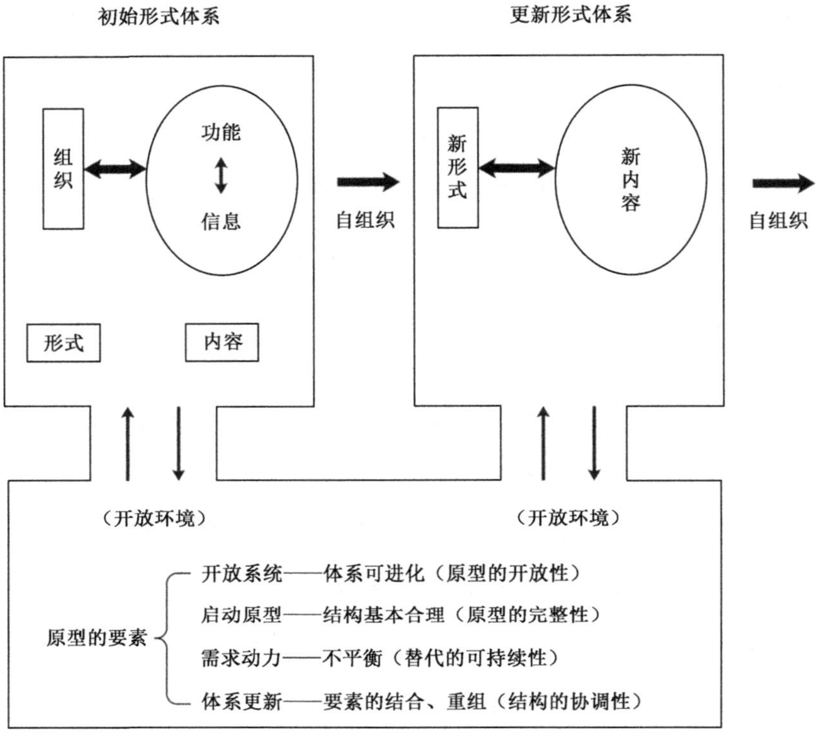

图 1　复杂系统演化的启动原型

3）需求动力——系统演化的可持续性

按照非线性系统观，自组织系统演化的动力来自系统内部的不平衡。例如，中国民主革命走的是以土地革命为动力、农村包围城市的自组织道路；中国的经济改革也不是从城市开始的，而是走以市场经济为动力的从农村推进到城市的改革道路。其成功的经验在于先发掘需求动力，确定“典型”的初始系统状态，通过开放环境下实践的积累，实现由小到大、由弱到强、由点到面、由局部到全局的自组织进程。

研究启动原型持续自组织的动力机制是“顶层设计”的要点之一。

4）“原型”演化的协调性

“原型”演化的协调性是指系统自组织的动态进程中的整体协调特征。它体现了非线性关系的“非加和性”。通常这种整体性特征由“不可加参量”来表述。例如，对婴儿来说，身高、体重是可加和的，两个孩子的体重之和满足“叠加原理”，而体温是不可加和的。身高、体重并不表征系统的整体特征，而体温则表征婴儿生命的整体协调状态。

在“原型”演化的动态进程中，如何提取系统的不可加参量，是把握启动原型协调性的自组织要素之一。

4. 沟通“全局战略”与“典型引路”的组织属性

沟通“全局战略”与“典型引路”的组织属性包含沟通“全局”和“典型”的组织、体制的设计以及当事人的选择，此处不予赘述。

五、结语

近年来，笔者以信息惠民国家试点城市指导专家的身份，先后对十余个城市的民生领域进行了实地调研，同时代表中国信息协会主笔国家发展和改革委员会高技术产业司委托的“城镇信息化顶层设计相关问题研究”课题报告。这两项工作使得笔者有机会拓宽视野、厘清思路，围绕着“顶层设计的思路和方法”进行理性的初步梳理。

需要说明的是，城镇信息化系统战略对象复杂、涉及面广，缺乏现成的工具、方法和整合思路；而对于“顶层设计”这一在某些情境下必须认真对待的社会用语，期望建立起相对合理的理性认识并非易事，它涉及近代非线性复杂系统研究及方法论上的许多难题。为了应对来自实践和理论两方面的压力，本文的主题是建立一个识别“顶层设计”的思路构架，以期用较为通俗的语言提供方法论工具，使其便于理解和操作。为此，本文尽可能避免纠缠思路框架上的概念和理性解析中的具体难点，期望这些问题能在实践的案例中得到解决。换句话说，面向顶层设计方法论研究，本文提出一种“全局指导”与“典型引路”相互优化的自组织构架，旨在提供一个相对系统的可供雕琢的“毛坯”，以便在城镇信息化系统建设的实践中不断归纳完善。

最后需要指出的是，“顶层设计的思路和方法”是一个庞大的题目，其重要性和难度是不言而喻的，欢迎志同道合者加入研究的行列。

参考文献

[1] 童天湘，林夏水. 新自然观[M]. 北京：中共中央党校出版社，1998.

[2] HAKEN H. Information and Self-Organization: A Macroscopic Approach to Complex Systems[M]. Berlin; New York: Springer-Verlag, 1988.

[3] 吴彤. 自组织方法论研究[M]. 北京：清华大学出版社，2001.

顶层设计与系统的自组织[1]

（2016 年 8 月 25 日）

随着“顶层设计”由工程术语演化成中国新的政治名词（这一名词已进入国家新一个五年规划），顶层设计已成为各行各业官方使用的社会用语。由于对其概念的理解不一、诠释随意，造成城市信息化中出现了诸多方法论误区。而“顶层设计”作为提取系统战略，以及在复杂系统中刻画“系统灵魂”的关键步骤，澄清概念并在方法论上形成共识，应该具有重大的指导意义。

本文重点探讨顶层设计的概念和自组织方法论。其目的是建立起研究顶层设计的初步方法论构架，便于人们从整体的、综合的视角观察和分析系统。什么是顶层设计（这个词似乎是中国人提出的）？通常人们将“顶层”理解为“全局观”，而“设计”是指主体行为。“顶层设计”的概念源于大型工程系统的总体设计，之后人们在实践中总结出“系统工程方法”，并力求将其推广到更多的应用领域。由于我们在现实生活中遇到的多数系统不属于仅由“客体”构成的工程对象，而是包含行为主体的具有生态特征的复杂系统。我们面临的基本问题是：这种复杂系统能够“设计”吗？如果总体上看是可能识别和设计的，那么就需要进一步回答在设定的条件下，哪些内容可以设计、哪些内容不能设计，以及如何寻求合理的方法和手段来解决问题。这些正是本文所讨论的顶层设计方法论的核心内容。

为了更清晰地说明上述问题，我们以包含各类行为主体的经济系统为例，探讨经济系统是否能够采用系统工程的方法进行“顶层设计”。以往计划经济主

---

1 杜链，朱玉，原载《中国信息界》，2016 年第 04 期，第 82-87 页，2016 年 8 月 25 日。本文与“顶层设计的思路与方法”一文在内容上有所重复，但互为补充。为便于读者理解复杂系统自组织的概念、基本理论和观点，仍收录于此，供读者参阅。——编者注

观模式的片面性是不言而喻的。当人们感悟到“看不见的手”对市场经济的调节作用时，许多人逐步认识到经济过程不应被人为设计。但是，由于放任的市场经济存在随意性，所以需要对市场经济的导向环境和动态调节手段进行选择和设计。因此，对于包含主体行为的复杂经济系统而言，只能设计导向环境，而不能设计演化过程；只能采用复杂系统自下而上协调的自组织方法论，而不能采用自顶向下被组织的系统工程方法论。

综上所述，本文重新梳理了顶层设计的概念和方法，将系统的自组织融入顶层设计方法论的构架之中，供读者参考和批评。

一、顶层设计的概念及方法论

1. 几个基本概念

1）方法与方法论

方法——探索事物的一种途径。一般来说，人们把方法说成在认识和改造世界的活动中所采取的方式、手段、途径等。

方法论——对方法的系统研究则构成方法论。方法论是讨论、研究方法的理论，也是关于方法合理性的理论，即关于方法的哲学。例如，培根的归纳主义方法论，笛卡儿的演绎主义方法论。

方法的多重性——不存在适用一切领域的统一方法。每一个认知领域和活动领域都存在不同的方法和方法论分析。

2）系统与系统观

（1）系统的概念

“由相互作用和相互依赖的若干组成部分结合的具有特定功能的有机整体。”——钱学森

（2）系统的特征

①系统由多个部分组成。

②系统是一个有机的整体，其构成部分处于特定的作用和相互依赖之中。

③系统整体具有时空的有限性，在时间上有始有终，有一个演化过程；在空间上有内有外，有一个确定的系统边界。

④系统的整体具有不同于其局部的特殊属性、功能和价值。

（3）系统观的发展

随着系统观的发展，人们对系统的认识由简单到复杂，由线性系统观到非线性系统观，思维方式正在发生根本性转变。

传统的线性思维认为整体等于部分之和，它描述的是量与量的正比关系，描述线性系统遵守的叠加原理；非线性思维则认为整体不等于部分之和，叠加原理失效。非线性思维正在席卷着几乎所有的科学领域，正在促进新的非线性自然观的形成。

3）复杂系统

现代系统观特别注重对复杂系统的研究，认为只有三个或三个以上的元素发生非线性相干时才能组成复杂系统。很多系统理论的创始人很早就指出了系统中存在的非线性关系。1961 年，控制论的创始人维纳在苏联《哲学问题》编辑部的谈论中，指出控制论所面临的最重要、最迫切的问题就是：“首先是研究自组织系统、非线性系统以及生命是怎样一回事那些问题。但所有这三种提法说的都是同一件事情”。这里所说的自组织与生命就是指系统的自行发展与演化。非线性则是系统复杂形态的根源，自组织则是系统演化的基本形态。

2. 什么是顶层设计

1）视角的选择

关于什么是顶层设计，迄今为止并不存在唯一的、能够被普遍接受的定义。对于人和自然所构成的复杂的“综合体”而言，从不同的视角观测，“顶层”的内涵不同。例如，从工程学、经济学、社会学、政治学等不同学科的角度观察，系统的“顶层”将被赋予学科的语言和涵义，因此其顶层的表述肯定会有所差异。

为了将所讨论的“顶层设计”概念集中在共性的方面，我们选择从系统科学的角度讨论“顶层设计”的思路和方法，将“顶层设计”看作识别系统类型和系统层次的方法论。

2）系统“顶层”的概念

系统“顶层”概念的由来是人们从大量系统事物中抽象出来的，系统“顶层”的思路源于“一般系统论”的创始人冯•贝塔朗菲。他认为传统的系统分析方法过于强调微观的系统分解，在方法论上期望从微观结构的分解寻找系统的性质。而大量的事实证明，粒度分解得越细，人们的认识往往离真理越远。为此，冯•贝塔朗菲首次提出在系统分析的方法上，应先在宏观上将系统和系统所处的环境作为一个整体来研究，突出系统的整体性、相关性、有序性和动态性四原则。他首次归纳出用全局性、综合性的视角分析系统“顶层”的思想。

3）“顶层设计”的概念要点

为了对系统的“顶层设计”做出概略的理性说明，我们将概念归纳为两个要点，其一是讨论“顶层”的概念；其二是回答“设计”的内涵。其中，“顶层”的概念源于系统的整体性。冯•贝塔朗菲 1972 年在《一般系统论的历史与现状》一文中给出的系统定义是：处于一定的相互关系中，并与环境发生关系的各组成部分（要素）的总体（集合）。他突出了系统的整体不同于其组成部分（局部）的特殊属性和价值。为了强调整体和局部的性质差异，对应于系统的层次，“顶层”的概念应运而生。这应该是后人将“整体”表述为“顶层”的最重要的依据。

需要说明的是，现代系统科学特别注重对复杂系统的研究，特别强调复杂系统（非线性系统）和一般系统（线性系统）的重大差别。而上述两类系统在“顶层”的内涵、特性及识别路径上是完全不同的。从这个意义上说，不同性质的系统“顶层”的概念不同。

而“设计”的涵义是什么？面对“顶层”而言，“设计”的内涵是指行为主体（人或组织）寻找识别系统“顶层”（整体性属性、功能和价值等）的方式、手段和路径。也就是说，人们按照系统的性质选择适用的设计方法论。对于一般系统和复杂系统来说，相应的方法和方法论分析具有性质上的差别。

4）系统科学中的顶层设计

综合上述认识，我们将系统科学中的“顶层设计”归纳为以下三个过程的有序结合。其一是识别系统的类型；其二是依据系统的性质选择设计方法论（不同类型的系统存在不同的方法和方法论分析）；其三是按照方法论所揭示的秩序和工具识别系统“顶层”的内涵。

3. 系统类型及方法论范畴

面对城镇信息化中经常出现的系统概念，为了更清晰地区分一般系统和复杂系统“顶层”的概念差异，我们将系统的类型和对应的方法论范畴进行简单的归纳（见表 1）。

表 1　系统类型及方法论范畴

范畴 系统	系统性质	对象	常见形态	识别方法	常见方法论	顶层设计	识别路径	特征
一般系统（简单系统）	线性系统	结构化（客体）	工程系统	被组织	生命周期法（系统工程软件工程方法）	总体方案设计	自顶而下分解	系统内部的过程识别
复杂系统（生态系统）	非线性系统	半结构化（主体）	组织系统	自组织	原型法	演化进程的识别	自上而下协调	开放环境原型迭代

表 1 中的“结构化”指系统中既可观测又可控制的对象；半结构化指可控制不可观测，或可观测不可控制的对象。表中的“主体”是和“客体”相对的哲学概念。主体指的是实践活动和认识活动的承担者，而客体指的是主体实践活动和认识活动的对象。如机场、铁路、水库等工程建设，其对象是结构化的，具有客体的属性，属于用系统工程方法解决的工程问题，我们将这样的系统归纳为“一般系统”；而电子政务系统是包含主体特征（决策者的行为偏好、领导意志、体制、文化等）的半结构化系统，是能够生长的“有生命”的“复杂系统”。

二、复杂系统自组织的理论和方法

1. 自组织概念的提出

1）组织和组织化

组织（名词，organization）指某种现存事物的有序存在方式，即事物内部按照一定功能关联构成的存在方式。

组织化（动词，organize）指事物向空间、时间或功能上的有序结构演化的过程。

系统的有序结构是组织的存在和演化的核心。任何向有序结构增强的方向演化的过程就是组织化，其结果就是组织；相反的过程和结构称为结构瓦解和无组织。

2）自组织和被组织

“协同学”理论的创始人哈肯（H. Haken）提出了自组织概念：如果一个体系在获得空间的、时间的或功能的结构过程中，没有外界的特定干涉，我们便称该体系是自组织的。这里“特定”一词是指那种结构或功能并非外界强加给体系的，而是外界以非特定的方式作用于体系的。

简单地说，我们可将无外界特定指令而能自行演化、自主形成有序结构的系统称为自组织系统。而将不能自行创生，不能自主向有序结构演化，只能依靠外界的特定指令来推动有序化的系统称为被组织系统。举例来说，自由恋爱是“自组织”，包办婚姻是“被组织”；控制环境是“自组织”，控制过程是“被组织”；市场经济则主要是“自组织”，计划经济则主要是“被组织”等。这两者在系统顶层设计的思路和方法上存在诸多差别。

在现实世界中，自组织与被组织是相对存在的，在一定条件下可相互转换（见表 2）。在整个系统中，始终存在着组织与被组织的协调和相互作用。

表 2　组织、无组织、自组织和被组织

总概念	组织（有序化）		无组织（无序化）	
涵义	事物向有序、结构化方向演化的过程		事物向无序、结构瓦解方向演化的过程	
二级概念	自组织	被组织	自无序	被无序
涵义	组织力来自事物内部的组织过程	组织力来自事物外部的组织过程	非组织作用来自事物内部的无序过程	非组织作用来自事物外部的无序过程
典型	生命的生长	机器	生命的死亡	地震破坏

2. 自组织方法论的着眼点和理论

对于不能精确预知状态目标的复杂系统，自组织方法论着眼于对开放环境、动力机理、初始结构和演化路径的研究，并且各自形成理论体系。其中，着眼于对开放环境研究的方法论，以普利高津（I. Prigogine）的“耗散结构”理论为代表，重点讨论了系统开放成为自组织的必要条件，以及体系如何开放，开放的尺度，如何创造条件走向自组织等诸多问题。

着眼于动力机理研究的方法论，以哈肯（H. Haken）的“协同学”理论为代表，重点讨论体系自身如何保持自组织活力的理论和方法。

着眼于初始结构研究的方法论，以曼德布罗特（B. B. Mandelbrot）的“分形”理论为代表，重点研究系统在自组织过程中由简单走向复杂的空间状态以及演化的方法。

着眼于演化路径研究的方法论，以勒内·托姆（Rene Thom）的“突变”理论为代表，重点研究了系统在其演化可能的路径方面所采取的方法论思想。

另外，还有以曼弗雷德·艾根（Manfred Eigen）为代表的超循环理论和诺曼·帕卡德（Norman Packard）为代表的混沌理论都从不同的视角研究了自组织方法论的理论和方法。

为了整理出复杂系统顶层设计的思路和便于操作的方法，我们需要在顶层设计中将自组织方法论中的开放环境、原型结构、需求动力和演化途径具体化，从而归纳出复杂系统顶层设计的内涵和边界。

3. 复杂系统顶层设计的思路和方法

1）总体思想

在确定复杂系统并选择自组织方法论的基础上，“顶层设计”的任务是识别系统整体的属性、功能和价值。

由于复杂系统的整体属性不是一成不变的，它在演化的动态进程中不断完善。因此，对复杂系统“顶层”的识别完全不同于一般系统的静态描述。“顶层设计”的本质是识别系统的整体演化进程，并提取支持系统演化的开放条件、初始结构、动力机理和演化路径等原型演化的要素。因此，复杂系统的顶层设计在性质上是人们对系统整体属性演化进程的识别和把握，是对“摸着石头过河”的条件和方法的把握，而不是系统工程中人们常说的“总体方案”。

2）顶层设计的三个步骤

基于以上的认识，我们可将复杂系统的顶层设计概括为以下三个方面的活动。

其一，对系统整体属性和特征的刻画。它表现为提出初始的全局性的系统战略，力求刻画出这一战略的思想和灵魂。例如，在改革开放以前，我国的国家战略是“以阶级斗争为纲”，而改革开放后转变为“以经济建设为中心”，这是系统全局性的“灵魂”变革，这一变革是通过一系列的大政方针来刻画和表述的。

其二，选择复杂系统演化的“启动原型”，提取“原型”的自组织要素。例如，我国改革开放以来所选择的差异化的“特区”试点，以“特区”为自组织的“启动原型”就必须满足其开放性、完整性、自主性以及典型性等要素条件。

其三，在全局战略和原型实践之间建立起相互改造、相互优化、两位一体的沟通机制。“全局”指导“原型”，“原型”优化“全局”，使“改革开放”与“特区”试点在进程中相互完善。

用通俗的语言归纳：复杂系统顶层设计的思路是提出初始的全局战略和试点原型，使行为主体在“全局指导”和“典型引路”的互动中，识别并推动系统吐故纳新的自组织进程。

3）启动原型的自组织条件

复杂系统顶层设计的第二个要点是，需要设定启动原型的开放环境、初始结构、动力机理、演化路径等自组织条件。

所谓启动原型有两个基本含义。其一，是指能够映射复杂系统整体属性的基础单元。例如，经济特区就是能完整映射改革开放全局的基础单元，它对指导全局性的系统演化具有典型性、示范性作用。如果讨论一个城市信息化系统的顶层设计，其启动原型可能是下属的区、县、乡、镇乃至社区的任何一种试点结构的选择。其二，是指试点体系的独立性。它必须摆脱来自外部强加的“特定干预”，在内生动力的推动下启动演化过程。

启动原型的初始形式体系、复杂系统演化的初始形式体系（概念模型）如本书《顶层设计的思路与方法——城镇信息化战略研究》一文中的“图 1 复杂系统演化的启动原型”所示。

4. 概念模型的组织演化

概念模型所描述的是在要素驱动下组织演化的动态过程。

1）原型的开放性

原型的开放性指原型体系和外部的质和量的交换。开放是自组织的必要条件，正如新陈代谢是婴儿生长的必要条件一样。例如，从发展经济的角度看，就要将原型试点置于市场主导的开放环境之下，特别是将制度创新置于互联网社会的整体背景之下。

2）启动结构的完整性

启动结构是不完善的，但作为全局的缩影必须相对完整，才能在吐故纳新的进程中向完善的方向演化。正如初生的婴儿不具备成人的能力，但其生理结构必须完整，才能在生长过程中逐步完善。例如，在城镇信息化系统的启动原型中，必须统筹考虑政府、企业和居民的互动结构；只有将电子政务的职能和环境建设、电子业务（E-Business）对产业链提升的动力机制、电子社区对民生需求的再组织构成三位一体的完整的生态结构，才能在演化中形成不断生长的有机体。

3）需求动力——系统演化的可持续性

按照非线性系统观，自组织系统演化的动力来自系统内部的不平衡。例如，中国民主革命走的是以土地革命为动力，农村包围城市的自组织道路；中国的经济改革也不是从城市开始的，而是走以市场经济为动力的从农村推进到城市的改革道路。其成功的经验在于先发掘需求动力，确定“典型”的初始系统状态，通过开放环境下实践的积累，实现由小到大、由弱到强、由点到面、由局部到全局的自组织进程。研究启动原型持续自组织的动力机制是“顶层设计”的要点之一。

4）“原型”演化的协调性

“原型”演化的协调性指系统自组织的动态进程中的整体协调特征。它体现了非线性关系的“非加和性”。通常这种整体性特征由“不可加参量”来表述。例如，对婴儿来说，身高、体重是可加和的，两个孩子的体重之和满足“叠加原理”，而体温是不可加和的。身高、体重并不表征系统的整体特征，而体温则表征婴儿生命的整体协调状态。在“原型”演化的动态进程中，如何提取系统的不可加参量，是把握启动原型协调性的自组织要素之一。

5. 沟通“全局战略”与“典型引路”的组织属性

沟通“全局战略”与“典型引路”的组织属性包含沟通“全局”和“典型”的组织和体制设计以及当事人的选择，此处不予赘述。

三、自组织的思想方法

1. 自组织的认识论基础

不同于经验论和唯理论，自组织是生成的、演化的自然观，即认识的立足点是自然演化的规律（人法地、地法天、天法道、道法自然），而不立足于由主体生成的“经验”和“理”。自组织方法论提倡佛家的“随缘”和老子的“无为”，但不是无所作为，而是认识和把握“机缘”（自组织条件），不特意或刻意去“为”

（不去被组织），而要在自然演化进程中识别和遵循规律而“为”。

2. 自组织的方法论本质

1）自组织方法论本质——环境条件方法论

自组织理论并不给出系统演化的固定起点和结局，但是立足于演化的确定性的方法论，即认为演化的确定性来自构造自组织结构的环境和条件。从这个意义上说，“条件论”是自组织方法论的有机组成部分。

2）自组织方法论本质——重视相互作用方法论

自组织方法论把相互作用看作推动系统自组织的根本动力。

3. 自组织思想是中国的智慧

普利高津（I.Prigogine，耗散论创始人）指出：“中国的思想对于那些想扩大西方科学的范围和意义的哲学家和科学家来说，始终是个启迪的源泉。”

哈肯（H.Haken，“协同学”理论创始人）则认为：“协同学含有中国基本思维的一些特点。事实上，对自然的整体理解是中国哲学的一个核心。”

勒内·托姆（Rene Thom，突变理论创始人）指出：“在老子的理论中，有很大一部分是关于突变理论的启蒙论述。”

由于顶层设计和系统的自组织在概念和方法上的复杂性，本文的目的是提出一个关于顶层设计的概念和系统自组织的方法论框架（暂不涉及深层次的理性解析和多样化应用），重点澄清两个问题：其一是区分一般系统和复杂系统的方法论范畴，区分工程系统的“被组织”和生态系统“自组织”的差别；其二是区分系统的层次范畴，避免将顶层设计异化为下一层次的结构分析，以致顶层的特色和鲜活的灵魂被抽空，将复杂系统的顶层战略同质化为项目导向的“总体方案”。需要说明的是，在自组织方法论的理性归纳中，我们提出的建立初始的全局战略和试点原型，使决策主体能在“全局指导”和“典型引路”的互动中识别并推动系统的吐故纳新，提供了一个相对系统的方法论构架，旨在实践中供熟悉系统分析的同仁们雕琢和完善。

参考文献

[1] 童天湘，林夏水. 新自然观[M]. 北京：中共中央党校出版社，1998.

[2] VON BETALANFFY L. 关于一般系统论[J]. 德国哲学周刊，1945，18.

[3] H. HAKEN Information and Self-Organization：A Macroscopic Approach to Complex Systems[M]. Berlin; Germany: Springer Verlag, 1988.

[4] 吴彤. 自组织方法论研究[M]. 北京：清华大学出版社，2001.

[5] 湛垦华，沈小峰. 普利高津与耗散结构理论[M]. 西安：陕西科学技术出版社，1982.

[6] H. HAKEN 协同学——自然成功的奥秘[M]. 上海：上海科学普及出版社，1988.

[7] MANDELBROT B B. The Fractal Geometry of Nature[M]. New York: W.H. Freeman and Company, 1982.

[8] THOM R. 突变论：思想和应用[M]. 上海：上海译文出版社，1989.

[9] EIGEN M. 超循环论[M]. 沈小峰，曾国屏，译. 上海：上海译文出版社，1990.

[10] LORENZ E N. 混沌的本质[M]. 刘式达，译. 北京：气象出版社，1997.

[11] PRIGOGINE I. 从混沌到有序[M]. 上海：上海译文出版社，1987.

国家经济信息系统建设的任务、思路和创新实践——回忆与思考[1]

（2017 年 11 月 20 日）

前言

近日在家清理存留的几箱历史文件，在散乱堆积的资料中偶然发现一本渍痕斑驳的白皮书——《国家经济信息系统总体方案》。这本 1986 年 8 月完成的白皮书，当年印了百余本，现今已成为不折不扣的“文物”了。我捧来细读，在重读中唤醒了三十年前的记忆，油然产生了一种难言的价值感触，故拜托黄路明同志[2]将白皮书复制成电子版和纸质版，一方面留给当年参与过“总体方案”的朋友们作为回忆的记录，同时也期望年轻的同行们今天读后能有所借鉴和收获。

《国家经济信息系统总体方案》（以下简称“总体方案”）之所以具有特定的借鉴价值，不仅仅因为它是我国改革开放以来的第一本国家级的信息化建设总体方案，更重要的是它创建了我国特有的“顶层设计”和系统分析思路。它首次由国家计划委员会（现国家发展和改革委员会）牵头，由国家经济委员会（现商务部）和国家统计局协同参与，组织了在全国 36 个省级单位进行的历时 10 个多月的信息需求调查；首次在大范围信息需求分析的基础上，进行了国民经济管理系统的基础功能单元和基础信息单元的初始化分类；首次在环境分析的基础上建立起了顶层的概念模式——国民经济控制论模型，并依此来指导国民经济的功能体系和信息体系自顶向下的相关性分解；首次在调研国际上有关信息系统设计方法

1 本文完成于 2017 年 11 月 20 日。——编者注

2 原国家信息中心信息化与产业发展部副主任，曾为 SEIS 总体方案组成员。——编者注

论的基础上，建立了适用于大系统分析的信息系统设计的综合研究（IDA）方法和模型映射方法论（RMDM），并依此进行结构分析，建立起由 25 个分系统和若干个数据集合构成的功能/信息两位一体、同步运行的总体构架；首次大范围地调集了各中央部委、省市、科研机构、大专院校的学者和专家参与“总体规划会战”，实现了开放式的多学科、多领域的相互渗透、相互补充的有序聚合过程等。

时隔 32 年，当时制定总体方案的“会战”情景历历在目。作为“不该忘却的记忆”，这本白皮书记录了 20 世纪 80 年代初期的许多领导同志，特别是时任国家计委宋平主任，如何面对“信息时代”这个陌生课题的挑战，以及在应对这个决定国家命运的战略选择时所表现出的远见卓识和行动魄力；记录了当年一批知识分子的执着追求、满腔热忱和富有成效的创意；记录了我们国家在改革开放初期的多难兴邦的抗争氛围和奋斗缩影；记录了我国初始的信息化战略和组织，是如何在一张白纸上凝聚成形、逐次展开的……这本白皮书不仅唤醒了我的记忆，同时也启发我在对照今天信息化建设的难题时有了历史的、继承的标尺。每思及此，一股完成这篇“回忆与思考”的强烈愿望就会涌上心头，期望能将《国家经济信息系统总体方案》的由来、思路和方法论的形成，以及工作阶段的脉络梳理出来，并对照今天我国信息化建设中的几个重大问题谈谈自己的感想。如果本文有助于读者从实践和方法论两个视角对过往的经验教训进行学习和总结，推动对信息化理性认知的交流，那么作者便没有枉费笔墨。

一、“总体方案”任务的由来

（一）问题的提出

1983 年 10 月 9 日，在国务院召开的“应当注意研究世界新的技术革命和我们的对策”座谈会上，国务院领导指出：“信息系统是我国最薄弱的一个环节。之所以形成这样，根本问题是我们对信息系统的重要性没有认识到……对外贸易也好，国内经济也好，都要把信息当成一个大问题抓起来……国内信息系统怎么建立，请国家计委提出方案。”

（二）领导构架的形成

按照国务院的指示精神，1984 年 10 月，国家计划委员会（简称“国家计委”，2003 年撤销后职能并入国家发展和改革委员会）下属的“国家计委经济信息管理办公室”（以下简称“信息办”）正式成立。经过半年多的组织筹备和干部人选的酝酿，1985 年 5 月，国家计委党组任命周宏仁为国家计委委员兼信息办主任，周起凤、李正男任副主任。信息办下设总体规划处，应用开发处和综合管理处。我被任命为信息办的副总工程师兼总体规划处处长，从那时起就和信息系统总体规划结下了不解之缘。

1986 年 2 月 20 日，国务院（国函〔1986〕25 号）文批复国家计委《关于建设国家经济信息自动化管理系统若干问题的请示报告》，同意成立由宋平任组长、张寿任副组长，由朱镕基、李铁映、于广沛、刘鸿儒、胡邦定等成员组成的“国家经济信息管理领导小组”，周宏仁任秘书长；日常办事机构设在国家计委信息办。至此，第一个国家级的、面向信息化战略的领导构架由此形成。

（三）“总体方案”的启动

为了尽快启动“总体方案”的研制工作，信息办向国家计委申请了 100 万元“总体方案”研制经费，由我和陈小虹具体负责“总体方案”的一线组织工作。

信息办先后调集了国家计委标准局、中国科学院应用数学所、航天部 710 所、北京航空学院、中国人民大学、北京经济学院等单位的骨干和部分省市计划委员会的同志，在中组部万寿路招待所集中，组成了 20 余人的工作班子，开始启动这个面向未来的、充满挑战的课题。

二、工作难点及应对思路

（一）工作难点

信息办正式承担“国家经济信息系统总体方案”的研制任务后，在茫无头绪、无从着手的困境中，总体方案组不得不面对以下三个难题。

1）对工作难度的判断——研制方案的主客观条件

依据信息办的调研资料，在1980年至1985年的五年间，全国计算机（大、中、小型机总数）由2900台增加至7000余台；截至1985年底，我国电话普及率为0.6部/百人，低于第三世界国家的平均水平。人们对信息和信息系统的存在形态十分陌生，政府刚刚尝试了用计算机进行批数据处理（第三次人口普查的“超级汇总”），开始对计算机的能力有所体验。国内尚未经历建设计算机管理信息系统的实践，既没有信息系统建设经验可循，也没有相对成熟的理性工具（信息系统方法学）可参照。

总体方案组的最大优势是时任国家计委主任宋平同志的无条件支持，但工作基础则是从零开始的。在这样的主客观条件下应对挑战，我们不得不直面国家经济信息系统（State Economic Information System，SEIS）这个未知的庞然大物，其压力是可想而知的。

2）对工作对象的识别——界定什么是“国家经济信息系统总体方案”

识别工作对象，回答“做一个什么样的方案”，不仅是信息办的工作起点，而且是总体方案组面对的巨大难题。在1986年2月20日国务院国函〔1986〕25号文批复国家计委《关于建设国家经济信息自动化管理系统若干问题的请示报告》之前，没有任何权威的文件对信息系统加以规范定义。随着“信息系统”概念的多元化、社会化，人们可以从不同角度理解信息系统；但是，信息办不能随意解决，信息办必须解读好国务院所提出的“国内信息系统”是什么、“国家经济信息系统”是什么这类顶层的命题，才可能启动方案的研究。

在信息办召开的多次座谈会中，相当一部分专家学者都认为信息系统就是计算机通信系统，所谓“总体方案”就是管理系统的技术配置方案。这一观点受到中国科学院另一些学者的质疑。理由是，不能从技术工具的立场定义系统的属性，国家经济信息系统的存在也不取决于技术工具，而是以信息内容为基础的。信息的采集、处理、传输、存储、服务各个环节不应该、也不可能独立存在于经济体系之外。为此，SEIS的信息结构与国民经济的管理结构必然是强相关的。从这个意义上考查 SEIS 的总体构架，我们意识到方案的着力点首先是构建一个契合管理目标和战略的信息系统总体结构，才有可能进一步讨论技术配置的合理性和优化问题。

然而，这种契合管理目标和战略的信息系统总体结构是什么样的？它首先不是一个“物理结构”，而是能对应、刻画出对象系统需求的逻辑结构。这是信息系统设计与其他工程系统的重大差别。如果确定 SEIS 方案的核心是建立信息系统逻辑总体结构的话，那么这一“总体结构”该怎样设计？应遵循哪些原则和方法来设计？即要回答“怎么做方案”的问题。

3）对工作方法的选择——什么是开发超大型信息系统的方法论

“怎么做方案”的问题，本质上是寻找做方案的理性思路问题，或者说是对信息系统设计方法论的参照、选择、调整乃至创新的问题。这在当时是个极大的难题。由于 20 世纪 80 年代初期信息系统设计方法论在国内还是空白，而且国外也没有成熟的经验，多数信息系统的设计方法面向大学、科研机构和企业，仅仅在小边界的体系实践中进行尝试和验证，从未遇到过 SEIS 这种高层次的复杂系统案例。

判断“处境”、识别“对象”和寻找“方法”，是着手总体方案的三个基本问题。然而，处境的艰难、对象的复杂和方法的空白聚合在一起，信息办在“干”中“学”的进程中，才逐步领悟到方案的工作难度。

（二）工作思路的准备

SEIS 的总体方案“是什么”和“怎么做”是两个不可分割的命题。所谓“应对思路”指的是识别出工作对象并把握工作方法。SEIS 应对思路的形成不是一蹴而就的，而是经过一个边调研、边学习、边总结，在理论和实践的对话中逐步成熟的过程。部分方法论的创新（如 IDA 方法）是在 SEIS 总体方案上交后完成的。

1）对方案研究活动的组织

SEIS 总体方案的研制是在三部分人的交互活动中进行的。其一是以周宏仁为代表的信息办领导层，负责与相关的部委、省市联络并向国家计委的有关领导汇报、通报情况和获得指示；其二是由我负责的在中共中央组织部招待所集中的总体方案组（多数是各部委、省市及大专院校的借调人员），负责 SEIS 总体方案的一线研制工作；其三是章祥荪教授[1]牵头组织的中国科学院应用数学所学术团队，重点研究和 SEIS 总体方案相关的理论问题，核心是信息系统设计方法论的选择和创新。三方互动，大大提高了工作效率。

2）基础性工作必须先行

经过多次与周宏仁、章祥荪等同志交流，大家一致认为基础性工作必须先行，其中“环境”“需求”和“方法论”是三个关键要点。经研究上报，国家计委领导同意启动环境调查、首次全国范围的信息需求调查、信息系统设计方法论调研等三项总体方案的前期工作。其中，环境和方法论的调研从总体规划的费用中列支，而信息需求调查由国家计委发文组织。这三项工作的落实为方案研制奠定了不可或缺的工作基础。

（三）工作思路的形成

1）基础性工作的前期准备

从研制 SEIS 的总体方案至今，我们经历了三十余年的信息化建设历程。如果从今天的立场回顾当年的 SEIS 建设思路，我认为 SEIS 的建设在性质上是一种体制的选择，即相对于国家的经济管理体制，建立契合经济管理目标和战略的、以现代技术手段为支撑的信息管理体制。从这个意义上说，SEIS 的概念和结构将伴随经济体制的演化而调整，而不是固定一成不变的形态，而当年 SEIS 总体方案所回答的应该是 SEIS 这种体制选择的启动形态。当 SEIS 的对象系统——国民经济管理系统尚处于变革的初期，其目标和战略性的组织属性尚不

1 原中国科学院应用数学研究所研究员、所长、中国运筹学会理事长、中国工业与应用数学学会副理事长，亚太运筹中心主任。1981—1983 年为美国明尼苏达大学访问学者；1999 年获全国“五一”劳动奖章；曾任第九届和第十届全国政协常委。出版主编了数册关于电子政务和信息系统设计方法论的书籍。

稳定，组织的广泛需求尚在变动中时，对 SEIS 启动形态的选择无疑是一个“老大难”的问题。我们今天可以回顾和审视当年是否抓住了改革和信息系统建设的要害，重新考查方案思路的正确性。

实事求是地说，当年的信息办不具备对信息体制的理性认知和实践经验，但信息办抓住了识别对象的线索——信息结构与管理结构同构共生的本质属性。沿着这样的思维脉络，自顶向下地通过顶层的控制论模型、需求分析带来的对管理功能/信息的初始化分类、逻辑结构分析对分系统、数据库的整合等步骤，构建出系统的框架。这样的思维方法无疑是正确的。当年信息办抓住了改革的动态性和系统建设的相关性命脉，这是十分难得的。

需要强调的是，信息办最成功的经验是，建立了面对问题的开放式学习环境，使得多种学科之间可以相互交流、相互渗透、相互补充、相互完善。其中，重要的成果之一是 SEIS 方案在环境分析中对国内体制环境的考察，三十多年前首次将信息结构和经济体制模式转换的相关性在方案中表述出来。在总体方案中第一次提到“建立一个新型的信息结构是实现经济体制模式转换的必要条件之一。经济体制模式的转换也为开发信息资源，建立新型信息结构创造了条件”。坦率地说，这应该是我国信息化建设史上的重大思想成果，它至少在我们这些“过来人”心中刻下了足以自慰的痕迹。

2）工作思路——参照体系的选择

为了梳理出研制方案所必须遵循的行为逻辑，在尚未建立大型信息系统设计方法的情况下，我们不得不寻找一个理性的参照体系，按照功能/信息的相关性要求，将其转换为 SEIS 设计的初始路径。

在社会系统工程的研究中，A. D. Hall 的三维体系模型被公认为是相对合理的广义模型。基于对 A. D. Hall 三维体系模型的讨论，我们将逻辑维上的七项活动对应地转换为 SEIS 总体设计的流程图，如图 1 所示。

其中，概念设计、需求设计和逻辑结构设计是 SEIS 总体方案的核心。概念设计是 SEIS 方案的顶层设计，是系统分析的“灵魂”和起点；需求设计是从功能/信息相关的视角对国民经济管理系统自顶而下地进行初始化分类；逻辑结构设计最终定义 SEIS 的总体构架。理论上，在目标、需求确定的条件下，逻辑结构的最优解具有唯一性，而实现的物理方案（手段）可以是多重的。

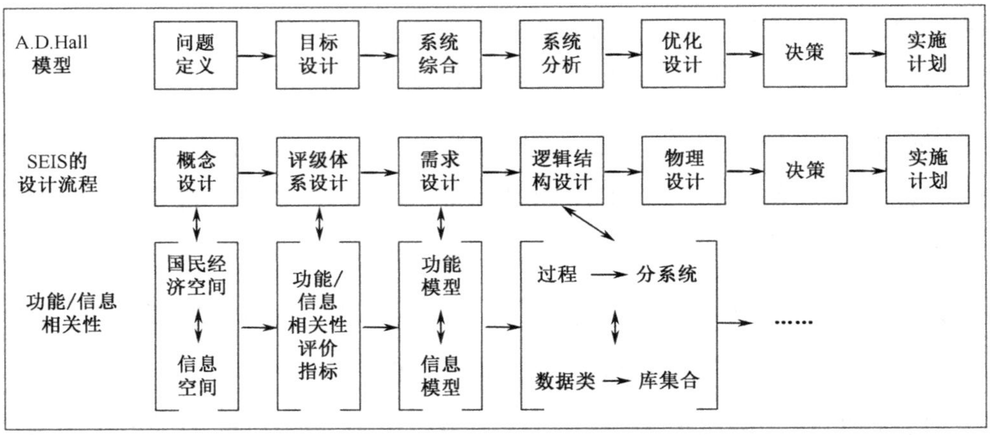

图 1　SEIS 总体设计流程图

三、研制方案的创新实践

这本白皮书是我国第一本启动信息化系统建设的国家级的总体方案。可以毫不夸张地说，本次 SEIS 方案的创新实践是全方位的。其中，“概念设计”“需求设计”和“逻辑结构设计”是三个突出的亮点，为信息系统设计方法的创新提供了理论基础。

（一）概念设计的首次创意

为了解国民经济管理系统的运行状态及过程，将国民经济空间与信息空间的互动关系模式化，需要建立一个“概念模型”，从中识别出 SEIS 的使命、目标和战略。而本文的“概念设计”，是指从某个理性的视角将国民经济管理系统的属性抽象出来，按照综合性、相关性、有序性和动态性原则进而将其模式化的过程。

面对这一难度极大的顶层命题，周宏仁创造性地从可控制、可观测的视角，考察了“经济空间”与“信息空间”的互动关系，建立起国民经济系统的控制论模型（见图2），并将实现动态的反馈控制看作国民经济管理现代化的标志。换句话说，以动态反馈控制的水准作为目标评价的线索，指导建立不同层次的功能/信息相关性评价方法。周宏仁从控制论的角度构造了由运行、反馈、控制和监督四个子空间构成的国民经济空间；进而将构造国家经济信息空间中，运行子空间的量化、控制子空间的辅助决策，以及反馈子空间的完善，归纳为国家经济信息系统的三大基本任务。

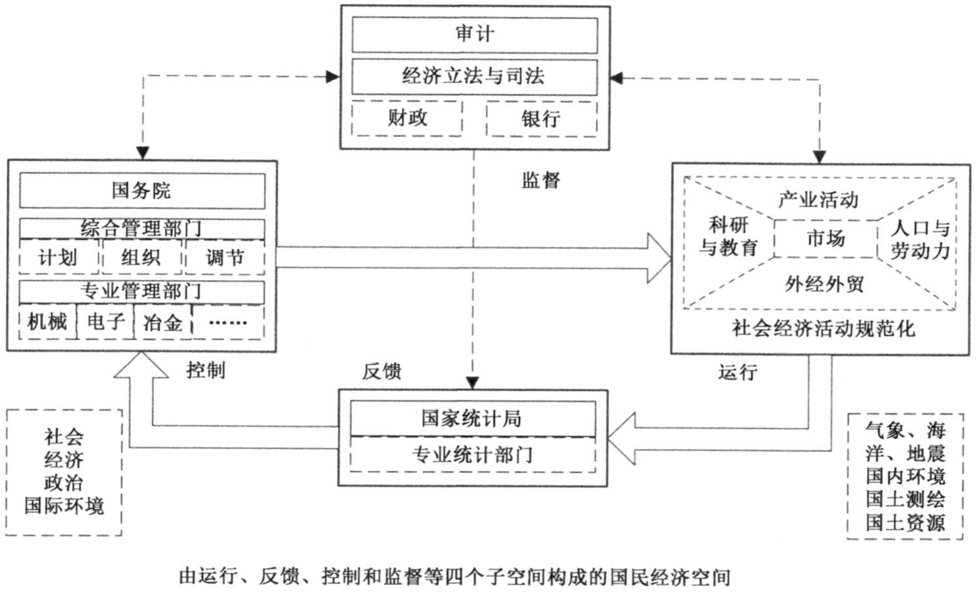

图2　国民经济系统的控制论模型

在周宏仁的概念设计中，控制子空间（控制器）由国务院、综合管理部门和专业管理部门三个层次的“首脑”构成；而运行子空间（被控对象）包含了国民经济运行的全部活动，含市场调节的第一、第二、第三产业活动，以及外经外贸、科研与教育、社会发展等四个主要领域；并将国民经济活动的规范化（标准、计量、专利等）和国内基础环境（国土、气象、海洋、地震等）纳入运行子空间；反馈子空间（反馈器）主要指国家统计和部门统计两大部分，通过统计调查和统计分析反馈社会经济活动的基本情况；而监督子空间是独立于上述三个子空间的相空间，承担对三个子空间的监管使命；除审计机关的直接审计之外，还包含财政与银行的间接监督作用。这是第一次从控制论的视角观察国民经济管理系统这个复杂的综合体，建立概念模型，将层次不同、功能各异的近百个管理部门的相互关联有序地提取了出来，力求站在全局的高度，考查信息系统在实现动态反馈控制过程中的地位和作用。

三十年前的“总体方案”明确指出：“建设一个新型的信息结构是体制模式转换的必要条件之一。”周宏仁曾多次和我谈到新型信息结构对体制优化的催化作用，他认为，国家经济信息系统的建设将直接影响国家对国民经济和社会发展的控制方式，即推动由“直接控制”向“间接控制”的转变；由“控制过程”向“控制环境”的转变。“概念模型”客观上提供了观测政务改革的参照体系，我认为至今仍有重要的借鉴意义。

据我所知，对于国民经济管理系统这个超巨型的复杂体系而言，至今国内还未建立起第二个“概念模式”；在国外的电子政务建设的总体方案中，我还从未见到过有如此难度的“顶层设计”案例。现在重温当年的“概念设计”，留在记忆中的不仅仅是需要记录的创举，更重要的是创举背后的时代，以及那个时代的人所特有的神圣使命感。

（二）首次国家级的信息需求调查设计

信息需求设计由信息需求调查和信息需求分析两项活动构成。

1）信息需求调查

为了在“概念模型”的指导下进行系统分解，构造出系统的功能模型和信息模型，为国家经济信息系统的逻辑结构分析打下基础，国家计划委员会颁布了《关于进行国家经济信息自动化管理系统一期工程信息需求调查的通知》。信息办组织了首次全国范围的信息需求调查。

信息需求调查由省级信息需求调查、部级信息需求调查及专项调查三部分组成。其中：

省级信息需求调查：涉及29个省（不包括台湾省）、自治区、直辖市和7

个计划单列市共36个省级单位[1]，调查对象为省级计委、经委和统计局共99个部门。调查内容包括业务定位及关联、生成与使用的信息内容、流向、流量、频度和密级等。

部级信息需求调查：涉及与经济活动密切相关的国务院51个部（委、总局、公司等）。调查内容包括各部门的职能定位、相互间的业务关联和信息关联等内容，重点走访了18个综合管理职能较强的部门。

专项调查：信息办委托有关单位完成有关行业人工信息网络、大众信息传播系统，以及经济信息现状综合研究三项专题研究报告。此外，中国社会科学院还提供了全国1400家企业的信息需求调查资料。

2）信息需求分析

为了设计一个契合国民经济管理系统的目标和总体战略的信息系统总体结构，信息办通过“国民经济管理的功能模型”和“国民经济空间的信息模型”对系统的功能需求和信息需求进行梳理整合，并将这一活动定义为“信息需求分析”。其中：国民经济管理的功能模型分为机制层、功能层、活动层、任务层和过程层五个层次。顶层（机制层）对应于“概念模式”的四个子空间，由管理与控制、运行保障、反馈、监督四项职能自机制层开始自顶向下按照以下三个原则进行分解：其一是被分解的功能必须是线性独立的，相互间不存在交集；其二是下一层的功能集合应能完整地覆盖上一层的功能内涵；其三是参照需求调查的资料，特别要关注与调查结果相冲突的（相互间的功能不自洽、政出多门等）职能安排。过程层是功能模型的最底层，作为代表组织行为的基本单元，“过程”的设定有利于总体结构的稳定，功能模型中最终划分了419个过程。

国民经济空间的信息模型分为四个层次：第一层为子空间层，由控制调节信息、运行状态信息、监督信息和环境及运行规范信息四个子空间构成。将社会信息、科技信息视为经济活动的外部环境，亦归入环境信息与空间信息；信息模型的第二、第三、第四层分别为信息集层、信息子集层和信息类层。信息模型自

1 这里的省市等数据为20世纪80年代SEIS工作启动初期数据，下同。——编者注

顶向下的正交分解与功能模型的原则类同。参照需求调查资料，特别要关注各层次的信息结构和功能模型的对应关系。信息类层展开的是信息模型最基础的信息单元，信息模型共含 791 个信息类。

经过对需求的模式化梳理，需求分析的结论是：国民经济管理系统的运行结构是在不少于 419 个相互独立的“过程”构成维数的相空间里，产生或使用不少于 791 个信息类的互动结构。

这就意味着在周宏仁创意的顶层概念模式的基础上，信息办首次组织力量对国民经济管理系统自顶向下地进行了初始化分类。所谓初始化分类，是指第一次从功能和信息的相关性出发，在需求分析中对“过程”和“信息类”的依存关系进行识别和梳理后形成的分类体系。它有两大特征：其一是从可控制、可观测的理性脉络自顶向下地进行分解；其二是分析的过程始终从相关性的尺度进行鉴别。这一过程即我们所定义的“需求设计”，它首次将国民经济管理系统的概念模型扩展成一个可分析的参照体系，为逻辑结构设计奠定了基础。

令人感慨的是，这次信息需求调查与分析是一次空前的（很可能也是绝后的）创举。至少我们至今尚未见到“与之匹敌”的国内外案例。在三十年前计划经济体制尚处在主导地位的背景下，这样的创举只有在宋平同志的期望、理解、鼓励和无条件的支持之下，以及当时一批领导干部和知识分子的职业素质和精神追求的驱使下，才有可能完成。可以说，是特定的体制背景、特定的领导期望、特定的精神环境、特定的动力机制的聚合，铸就了这次“大事件”。应该看到的是，这次信息需求调查，是改革开放以来对我国广大干部进行的首次关于信息化的启蒙培训，为减少国家经济信息系统建设中可能遇到的社会阻力做出了贡献；而信息需求分析则是对我国信息体制的首次理性探索，为国家经济信息系统的总体设计奠定了重要的实践基础。

（三）首次完成大型国家系统的总体逻辑结构设计

SEIS 总体方案的核心任务是建立国家经济信息系统的总体结构。为了使这一总体结构在目标和总体战略上与国民经济管理系统保持一致，SEIS 的总体结构是一个被抽象出来、契合于对象系统的逻辑结构。逻辑结构是指为了达到系统目标要求的输出（或功能）及对应的输入（系统的信息资源），以及处理过程关系的描述。这种描述只是逻辑上的表述，而不论其具体如何实现。可以说，概念模型回答了“干什么”的问题，而逻辑模型回答了“怎么干”的问题。

SEIS 的逻辑结构由信息功能分系统和对应的数据集合构成，它确定了对系统物理设计阶段的约束和要求。

1）逻辑结构设计的基本活动

SEIS 的逻辑结构设计由大系统分解和协调两项基本活动构成。其一是大系统分解，即以概念模型为起点，自顶向下地建立功能模型和信息模型，从而完成对最基础的功能单元“过程”和信息单元“信息类”的需求设计活动。从概念模型到需求设计的工作，在性质上是从某一个特定的立场（可控、可观测）出发，自顶向下地解析这一巨型复杂系统——国民经济管理系统“是什么”的活动；其二是大系统协调，即立足于“信息相关性”“可理解性”“可分离/唯一性”这三条原则，选择适用的技术工具，自下而上地构建功能分系统和数据集合（库的逻辑形态），建立起 SEIS 的总体逻辑构架。这一过程称为逻辑结构设计，它确立了未来 SEIS 建设的启动形态，是 SEIS 方案的核心成果。

2）逻辑结构设计的工作步骤

逻辑结构设计的主要工作包括以下几个方面。

（1）建立过程字典和信息类字典。作为需求设计的成果形式，对每一个过程进行定义、编号并详细说明，建立由 419 个过程组成的“过程字典”；对每一个信息类进行定义、编号并详细说明，建立由 791 个信息类组成的“信息类字典”。

（2）U/C 矩阵——建立过程/信息类关联。U/C 矩阵是用以表述“过程”对“信息类”的使用（Usage）和产生（Creation）关系的数学形式。即在矩阵的首行列出全部 791 个信息类，相对于每一个过程所产生和使用的信息类，分别在对应的行和列的交叉位置上用 U 和 C 来表达，其结果构成了一个稀疏矩阵。

（3）信息关联性分析——划分分系统。利用“强子矩阵法”在当时先进的 IBM 4341 大型计算机上进行分析计算，将强相关的过程聚合在一起；将 U/C 矩阵调整为由聚类块构成的对角线矩阵；然后将游离于聚类块之外的零散过程，利用“通路遍历法”逐一比较和各聚类块的关联程度，将其归并到相对关联密切的聚类块中。经过人工的分析判决，最后在对角线上划分出35个信息关联密切的聚类块。这就意味着单纯从理性逻辑判断，SEIS应该由35个不同类型的功能分系统构成。

（4）SEIS的总体逻辑结构。以上划分功能分系统的思路来自对分系统概念的界定，即分系统的特征表现为内部的信息交流是密切的，而分系统之间的信息传输相对较少，体现出相互之间一定程度上的“独立性”。

然而，分系统的构成除了信息关联的逻辑，还和传统、文化、体制、人际关系等社会因素相关，这些因素在过程/信息类的分解结构中至少是不完整的，为此，对35个聚类块应补充人工的分析和判断。经多部门的综合研判并广泛征求意见，将35个聚类块最终归并为25个分系统，完成了以过程和信息类为基础的分系统说明书。通过面谈和信件征求意见方式，总体组共收到了45个部门对其“过程”和“信息类”的划分和所归并的功能分系统的反馈意见。

对应于分系统的构建，需要建立“逻辑的主题数据库”。重点是以分系统为边界，对信息类进行分析归类，按业务主题将有关实体的数据类放在一起，构成逻辑的“数据库群”。归纳25个分系统的关联层次，最后得到了“国家经济信息系统逻辑结构总图”（略）。

（5）分系统优先级评定。根据重要性、迫切性、成功率、动态性四项基本指标加权评分，累计分定为100分，以每项指标的最好成绩为权数，通过专家们背靠背投票，评定出“国家经济信息系统分系统优先级排序”（略）。

（6）结构转换问题。由于逻辑结构中的分系统是按功能需求设置的，而部门的组织除功能关系外还受传统和人际关系等因素的影响，因此分系统和国家经济管理的部门设置并非一一对应。这样就产生了一个结构转换的问题。即SEIS建设的原则是以分系统的“功能”结构为基础的，而不是以部门的“组织”结构为基础的。在这一原则指导下，分系统中力求打破信息系统的“部门所有制”，实现信息基础设施和信息资源的共享，以促进部门间业务协同和决策的协调。

这在性质上是一种以信息系统为先导的改革尝试。

为了使结构转化具备可操作性，在SEIS的逻辑结构设计中对三种类型的经济管理部门提出转换路径的建议。

SEIS的逻辑结构设计同样是一次没有先例的创举，其深远意义在于“总体方案”第一次站在国民经济管理的制高点上，按照理性逻辑通过自顶向下的分解和自下而上的整合建立起SEIS的启动结构。这一“启动结构”的功能是从现存体制中优化而成的，但又区别于受传统约束的组织现状。这就使SEIS的逻辑结构对经济体制的演化具有先导意义。坦率地说，SEIS的逻辑结构设计是我国第一次用结构化的科学方法分析信息体制的大胆尝试。

（四）对设计方法论的创新思维

1）信息系统设计方法的调研

通常，我们把探索事物的方式、手段、途径等称为方法，方法论就是研究方法的理论。信息系统设计方法是指揭示出隐藏在信息系统设计活动背后的人们所必须遵循的秩序和执行秩序的工具。在我们认知国家经济信息系统这个复杂对象之前，首要的任务是寻找理性的认知路径，即必须调研国内外有关信息系统设计的理论和方法，并归纳、创意出应对国家经济信息系统设计的方法论工具。这一任务交给了中国科学院应用数学研究所的章祥荪教授所领导的团队，其重要性和工作难度不言而喻。

2）G. B. Davis的三阶段模型

大型信息系统的总体规划和设计方法问题成为总体方案组致力研究的重大课题。通过对文献的研究，从总体上探讨MIS（管理信息系统）的过程和阶段，并综合研究不同的设计方法论在不同阶段的作用，总体组认为最有代表性的研究成果是B. I. Bowman和G. B. Davis等人提出的MIS计划的“三阶段模型”。这个模型由MIS的“战略计划”“对组织的信息需求分析”和“资源分配”等三项一般性任务构成。在研制总体方案的实践中，我们检验了这个模型并感受到它作为具有普遍意义的初始模型的指导作用。由于国家经济信息系统的规模之大、关联因素之多、复杂程度之高、综合性之强都是前所未有的，需要对应 MIS 模型的三个阶段，重新考虑设计方法论的概念边界和认知路径。

3）方法论的创新

在模型的“战略计划”阶段，G. B. Davis 认为主要任务是保证 MIS 与它所服务的组织在目标和总体战略上的一致性。这个阶段的活动仅有 W. R. King 的“战略集转化方法”可参考，但它难以应对像国家经济信息系统这样的巨型社会系统工程。然而，采用周宏仁创意的“国民经济系统控制论模型”（概念模型），总体组跨越了这一似乎难以突破的屏障。

模型的“对组织的信息需求分析”阶段的主要任务是在识别出组织广泛需求的基础上，建立起战略性的信息系统的总体逻辑结构，并以此指导具体的应用系统的开发规划。

章祥荪教授的团队详细研究了国际上使用比较广泛的企业系统计划法（Business System Planning，BSP）和关键成功因子法（Critical Success Factors，CSF）。在概念边界的选择上遇到了两大难点：其一是，这些方法论比较适用于目标清晰、边界较小的信息系统设计，而面对像国家经济信息系统和国民经济管理这样的巨型、复杂系统，则比较困难。这个超大系统在改革中的不确定性、系统结构的复杂性等因素，与国外文献所列举的情况不可类比。其二是，这些方法论难以和概念模式（国民经济控制论模型）的顶层设计有机连接。为此，设计团队认识到，只有按照国情进行方法论的创新，才有可能突破困境。

我们作为历史的见证人，确认章祥荪教授和他的团队在方法论上的创新贡献是历史性的。由章祥荪教授牵头完成的“信息系统设计的综合研究（Integrated Design Approach，IDA）”以及他和全安寿教授合作完成的“模型映射方法（Requirement Model Driven Method，RMDM）”，第一次将方法论的设计思路扩展到复杂的大型信息系统结构分析。这是我国最早创造的两类针对国情和复杂系统的信息系统设计方法论。确切地说，这两部方法论不是一般意义上的学术著作，而是在章祥荪教授和他的团队亲身经历的 SEIS 方案的需求调查分析和逻辑结构设计的实践中，针对这一复杂的系统工作对象，不断思索、创新、修改和完善的作品。

RMDM 的第一个创新点是，通过“需求设计”来替代 BSP 中“自上而下的信息系统计划”。通过对模型（功能模型和信息模型）自顶向下的分解，代替了 BSP 的

研究准备 → 研究开始 → 定义企业过程 → 定义企业数据

的“信息系统计划”，将“计划”过程改造为通过“模型”进行结构化解析的过程。

RMDM 的第二个创新点，是找到了一种与“概念模式”同构的设计方法，以概念模式的“控制”“运行”“反馈”“监督”四个子空间作为“需求设计”的顶层结构，将“概念模式”进一步发展成系统的初始化分类体系。

RMDM 的第三个创新点，是通过“逻辑结构设计”替代了 BSP 的“自下而上的实现”，即通过 U/C 矩阵的信息关联性的算法聚类，代替 BSP 的

定义信息系统结构 → 分析目前系统支持状况 →
面谈访问 → 定义发现和结论

的人工实现过程。RMDM 提升了设计方法论的层次，将概念设计、需求设计和逻辑结构设计连接成有机的方法论体系。

此外，章祥荪教授牵头完成的 IDA 方法，是在对比国外关于总体规划方法论的基础上，总结了国内许多大型信息系统特别是 SEIS 规划的实践经验，并在理论上提升后形成的。后来，IDA 方法的原则和技术在国内的许多经济系统开发中得到了应用。

IDA 方法有两个重要的创新思维：其一是构建了广义的目标分析模式，填补了 G. B. Davis“三阶段模型”中“战略计划”阶段的方法论空白；其二是对照 A. D. Hall 的三维体系模型，将调查活动、目标设计以及 RMDM 的创意整合成一个完整的方法论体系。这一成果对于建立信息化建设的思路、原则及实施流程等具有重要的指导意义。

由于 G. B. Davis 的“战略计划”阶段没有针对巨型复杂系统的设计方法论，章祥荪教授对复杂系统目标的层次和范畴，识别各层次目标的活动和方法，目

标与其他活动的逻辑关系等进行了分类整合；并结合目标的战略性、指导性和可测度性进行分析，将目标设计归纳为战略层次（含总体服务目标和战略任务），和实现战略目标的保证层次（含功能目标、开发战略和评价标准）两个基本部分；同时，按照目标体系的层次规范了相应的活动内容。章祥荪教授将 A. D. Hall 的"问题定义"（见[2]）与 W. R. King 的战略集内涵（目标、约束和战略，见[3]）整合成相互关联的层次结构，首次将复杂信息系统目标分析的流程标示了出来。

在完成 IDA 方法之前，作为对目标分析的方法论小结，我和章祥荪教授曾经在 IADFD [1]国际会议上发表了一篇论文《IDEA——一种在中国国家经济信息系统战略计划实践中应用的方法论》，对上述目标分析的思路和方法进行了初步的理性梳理。

IDA 方法的第二个创意是将目标设计、逻辑结构设计、物理系统设计、信息系统开发计划制订、总体规划报告成文等各个环节整合成有机的方法论体系，使其成为一种全局性的信息系统总体设计方法论。这是我国第一部体系性的信息系统设计方法论成果，是在 SEIS 的严峻挑战中由创新而产生的理论武器。

以上粗略地归纳了 SEIS 在概念设计、需求设计、逻辑结构设计上的创新实践，以及这些活动背后关于思路和方法的艰难探索。我想再次强调的是，迎接挑战的过程是我们的学习过程，是我们在理论和实践的互动中学习，从朦胧走向清晰、从感性走向理性的认知过程。

四、不该忘却的记忆

写到这里，本文对研究和编制 SEIS 方案的历史回顾就可以告一段落了。我从白皮书的字里行间寻觅、搜索三十年前的工作情节和精彩画面，随着当年的人和事的各种场景浮现在眼前，许多淡化的记忆逐步清晰。我试图按照任务的

1 IADFD（International Association of Data for Development）即以数据求发展国际联合会。——编者注

背景、面临的困境，以及我们如何渡过难关的进程，进行回顾和梳理，大致可以概括当年的工作场景、思维走向和成果形式。这算是初步完成了相当于“历史回顾”的工作内容。

需要说明的是，当我试图将散落的记忆和零碎的资料进行恢复和拼合时，总希望能找到一个连贯的线索进行系统化的思路归纳，以期更加完整、准确地表述 SEIS 特定的价值内涵。然而，从资料到思路的归纳难度很大，它使得对 SEIS 的价值探求不再是孤立的历史事件，而是要建立起将 SEIS 的思路、今天的状态和对未来的构想连贯起来的理性的思维线索。从这个意义上说，对 SEIS 在我国信息化进程中的历史地位做出判断是十分必要的。

我认为，SEIS 的核心价值在于，它建立了我国信息化的启动雏形。这一“雏形”不仅仅具备工程的形态，而且具备新体制的形态。之所以称为“雏形”，其一是，因为 SEIS 出生于改革开放初期的计划经济体制，它不是也不可能是一成不变的完善结构，其概念和形态都会随着经济体制的演化而调整；其二是，因为 SEIS 是一个时代性的新生事物。随着信息、信息技术渗透到社会生活的各个角落，信息化对体制演变的先导性乃至强制性是不可抗拒的。而 SEIS“雏形”的出现恰逢其时，它是国家把握时代主动权的体现。这个“雏形”站在国民经济管理的制高点上对应经济社会的发展需求，将发展的战略使命注入到 SEIS 建设的灵魂；这个“雏形”与国民经济管理系统同构为统一的生命体，在吐故纳新的演化进程中同生共长。SEIS 表征了国家进入信息时代的意志，它开辟了信息化建设的起点。这个起点不仅仅包含对新兴信息技术的采用、对信息组织的形态选择以及对体制的优化考虑等多方面的内容，最重要的是，它开辟了信息时代新的思想起点。这些可以归纳为 SEIS 在我国信息化进程中“启动”的历史地位。这是“不该忘却的记忆”。

对于曾经参与 SEIS 创意和实践的故人来说，回忆这段历史应该是一种享受。在记忆中漫游，可以展示那个时代熟悉的往事和亲切的面孔，可以展示人性中许多美好的情节，可以从记忆中找到对事业和友情的寄托，找到某种自豪感的心灵归宿。

参考文献

[1] 章祥荪，杜链. 电子政务及其战略规划[M]. 北京：科学出版社，2004.

[2] HALL A D. Three-Dimensional Morphology of Systems Engineering [J]. Systems Science & Cybernetics, IEEE Transactions on. 1969.

[3] 章祥荪,赵庆祯,刘方爱. 管理信息系统的系统理论与规划方法 [M]. 北京：科学出版社，2001.

[4] 杜链. 国家经济信息系统总体设计的思路与方法探讨[J]. 信息系统工程，1988(1): 7-19.

[5] 国家计委经济管理办公室. 国家经济信息系统总体方案（摘要）[R]. 北京：国家计划委员会，1986.

[6] 章祥荪，全安寿. 对信息系统设计方法论的探讨 [C]. 全国第一届管理信息系统论文集，1985.

[7] BOWMAN B, DAVIS G B, WETHERBE J. Three Stage Model of MIS Planning [J]. Information and Management, 1983(6): 11-25.

[8] KING W R. Strategic Planning For Management Information Systems [J]. MIS Quarterly, 1978.

生物科技抗疫信息系统顶层设计思路研究

（2020 年 12 月 17 日）

本报告所讨论的“顶层设计思路”，系指面向抗疫需求的，以生物技术为内核、以 IT 数字化转型为外部形式的系统思路；也可以说是以信息系统的形态构建生物科技抗疫体系顶层构架的思路。本报告所说的顶层设计，系指在提供系统方法论工具的基础上，有步骤地确定系统的使命（防疫与抗疫、战略与试点、整体与局部、集中与分散的关系）、目标（目标评价体系的选择）和总体逻辑结构（功能与信息的关联结构）的工作过程。

一、研究的思路和方法

构建生物科技抗疫信息系统是一个典型的社会系统工程。我们以公认的相对合理的 A. D. Hall 三维体系模型作为生物科技抗疫信息系统顶层设计思路研究的参考模型。该模型按照逻辑维、知识维和时间维展开（见图 1）。

对应逻辑维的各个环节，生物科技抗疫信息系统从设计到实施可分为概念模型构想、目标体系设计、逻辑架构设计、技术设计、物理原型设计、试点决策和试点实施等七个逻辑步骤。系统的顶层设计主要包括概念原型构想、目标体系设计和逻辑架构设计这三个环节。本顶层设计思路研究主要围绕这三个部分提出思路，并提出试点的初步考虑。

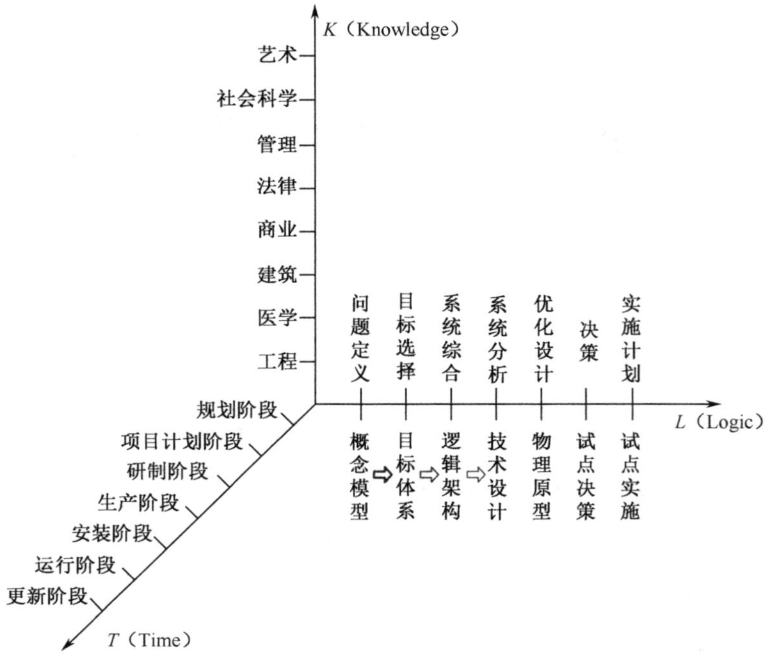

图 1　A. D. Hall 三维体系模型

二、概念模型构想

生物科技抗疫信息系统是相对于行政的、经验的、人为意志的防疫信息系统提出的新的系统形式。它是基于有效数据、以生物科技为内核、以信息技术为基础、多主体联动的抗疫信息系统。国家抗疫信息系统由现有防疫信息系统和有待创建的生物科技抗疫信息系统两个基本部分构成，如图 2 所示。

1. 现有防疫信息系统属性特征

图 2 中左侧为现有防疫信息系统。防疫的功能指预防（如检测的组织、疫苗的使用等）和防止疫情传播（对隔离措施的安排等）。它在性质上属于处理公共事务的行政管理系统，管理流程是以“条”（部门）为主的纵向树状信息系统，其决策机制在很大程度上依赖专家的经验，而动力机制主要取决于自顶向下的行政规则的强制性要求。

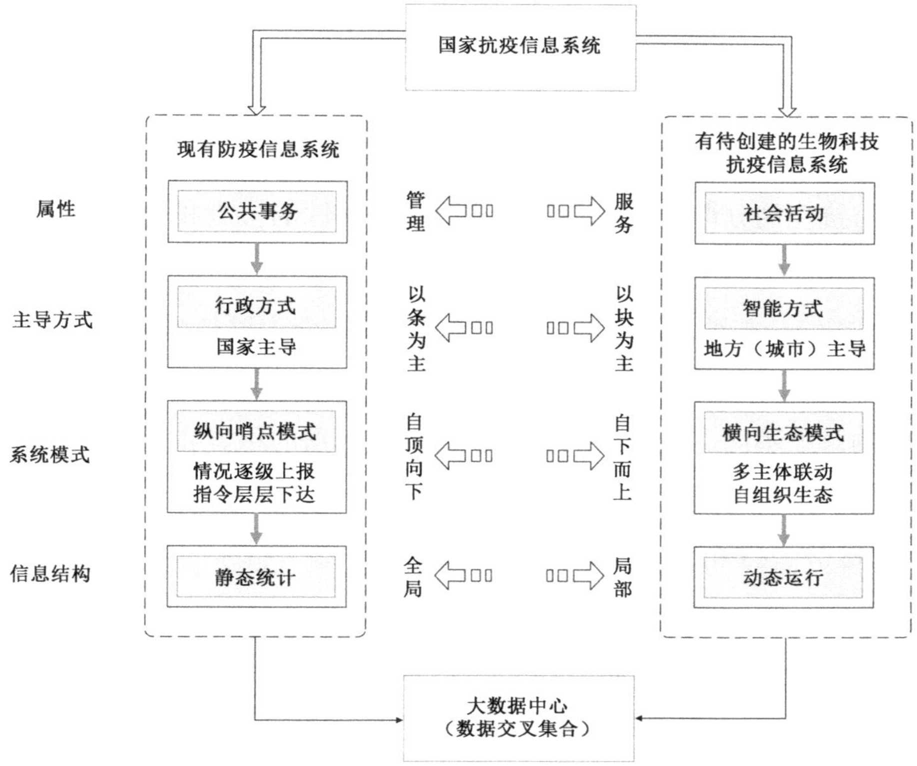

图 2　国家抗疫信息系统示意图

2. 生物科技抗疫信息系统属性特征

图 2 中右侧为有待创建的生物科技抗疫信息系统。生物科技抗疫的功能不仅指对疾病的治疗，同时包括将现代科技融入政府疫情防控的执行力之中，建立起将现代科技融入我国的体制、文化和生活方式的社会生态体系。它面向的是支撑社会活动的多元服务（行政服务、公共服务、市场服务）系统。其管理流程是以“块”（中小城镇）为主的横向多主体联动的信息系统，决策机制越来越多地依赖智能化和动态数据（摒弃人的主观意志），而动力机制源于多主体互动的自组织活力。生物科技抗疫信息系统整体上是个开放式的闭环控制系统，它在不断吸纳外部先进的生物科技知识，并与外部数据进行交换的过程中吐故纳新，在自我学习中不断优化。经调研，这样的系统在我国的一些地区进行了初步尝试，但尚未进行相对完整的原型试点的试验。

3. 防疫与抗疫的协同关系

1）相关性分析

防疫与抗疫的协同，本质上是处理宏观管控和微观放活的关系。即防疫的应急指挥与抗疫的分散化、常态化相结合；全局性的检测和隔离管控方式与局部地区多样化的治疗手段相结合；自顶向下的行政压力与自下而上的创新活力相结合；静态统计与动态运行数据相结合。这种结合应该是全局与局部、集中与分散、应急与常态、静态与动态关系的协同与适配，在不同时期以及外部环境发生变化时侧重点不同。其判断的基础是对有效数据的积累和智能化（摒弃人为干预）的依赖性越来越大。

2）关键节点的考虑

在判断防疫和抗疫战略的协调性时，中小型城镇（包含农村）和社区是关键节点。城镇处在条块的结合部、纵横信息的交汇点，城镇是国家结构的缩影，麻雀虽小、五脏俱全，其举措在外部环境变化时具有典型的示范意义。在处理防疫与抗疫的动态关系时，应当以城镇为原型，通过差异化的试点工作，自下而上地积累经验。

在疫情期间，人口流动受到制约的情况下，城市社区成为关联人口和各类生活必需品聚集的生存空间，人们感受到社区防控的重要性。社区的自组织发挥了政府难以替代的作用。社区作为民生需求和服务的集散点，未来的社会矛盾和发展机遇将越来越多地集中于社区这一社会组织的基础单元。通过对抗疫的组织——对社区的赋权，支持社区医疗设施的建设——特别是信息化建设，将成为不容忽视的重要任务。

4. 生物科技抗疫信息系统建设思路要点

由于迄今为止以地区为主的抗疫自主网络尚处于空白阶段，其原型试点方案是本报告的主题。以中小城镇为主的生物科技抗疫信息系统宜侧重以下 6 个方面。

（1）决策结构。要突出由“命令方式”向“智能方式”的转化，由条状管理方式转化为条块结合、以块为主的协作方式。

（2）治理结构。要突出由“行政集中”向“多主体分布”的治理方式转化，尤其要强化对社会组织基础单元——社区的授权。

（3）信息结构。要突出由“纵向串行”向“横向并行”的转化，形成纵横交错、以横为主的信息传导网络。

（4）动力结构。要突出由“行政动力”向“按主体职能赋予的责任”转化，对传统的、单一的行政责任结构进行权责均衡和压力卸载。

（5）运行方式。要实现由封闭系统向开放系统的转化。

（6）信息功能。要实现由静态统计向动态反应和系统控制的转化。

生物科技抗疫信息系统的架构设计，不仅要以现有防疫信息系统为对照，而且要以区域抗疫主体和抗疫功能为基础，通过对各抗疫主体关系和功能关系的重构，以及对各抗疫主体能力的支持和增强，提高各个区域块状社会系统的抗疫效率，进而为国家提升抗疫能力奠定更坚实的基础。

三、目标分析的基础和原则

生物科技抗疫信息系统的建设目标，应服从国家抗疫目标的总体安排，为实现国家抗疫的总体目标服务。

1. 国家抗疫目标评价体系

国家抗疫总体目标应当围绕政治、经济和社会方面的综合目标考虑。在不同疫情生命周期和不同外部环境下，应对这三个方面的目标考量做出不同的综合动态平衡。

（1）保持道德和政治上的优势。考虑到疫情期间的复杂国际局势和舆论环境，我们必须把减少感染人数、使患者能在病毒侵入初期获得及时救治、减少生命损失等事关人们生命安危和健康的目标放在优先位置。

（2）降低抗疫经济成本。在抗击疫情的同时，我们必须保持经济的正常运行，以保障人民生活和社会运行的物质基础。如需要把社交封锁强度的掌握、隔离范围和筛查规模的控制等因素定量化、具象化。

（3）保持社会运行稳定。封闭、隔离等抗疫措施和社会顺畅运行存在天然矛盾。抗疫的同时也要考虑社会生态平稳顺利运行的合理要求，如需要对医疗资源、物资保障等进行合理配置。

2. 生物科技抗疫信息系统的目标设计原则

生物科技抗疫信息系统应为上述总体目标的达成提供支撑和保障，其目标体系可考虑如下 6 个方面。

（1）生态组织更主动。支持构建自组织、生态化的社会化抗疫系统结构，提高系统应对疫情的内生主动性。

（2）形势预测更准确。通过疫情预测模型的开发和应用，提高疫情形势预判的准确性。

（3）防治衔接更灵活。通过大数据中心的数据交互，现有防疫信息系统和生物科技抗疫信息系统形成有效交互，促进防疫功能系统和治疗功能系统更灵活地衔接运转。

（4）流程并行更迅捷。通过纵横交错、以横为主的信息结构，确保防疫抗疫各功能的流程能够在信息全局对称的条件下同步运行。

（5）动作响应更精准。借助大数据和人工智能（AI）的支持，让各主体能够针对疫情变化及时采取更准确的应对措施。

（6）智能辅助更科学。借助 AI 学习算法和专家系统的支持，帮助各类主体能够做出更准确的判断和更科学的决策。

四、逻辑架构考虑

逻辑架构可以从主体架构和功能架构两个不同侧重点来考虑。

1. 主体架构

生物科技抗疫信息系统涉及的主体主要包括（但不限于）：医院（医疗机构）、政府、社区、疫苗药物科研机构、制药企业、通信运营商（服务商）、个人等。生物科技抗疫信息系统的主体架构大体如图 3 所示。从架构关系来看，该系统的核心在于，通过建设“呼吸道流行病大数据中心”和“AI 中心”，为抗疫相关主体提供生物科技相关知识服务和疫情相关信息的连接，促进各主体加强在抗疫活动上的高效协作，促成在区域内横向联动的自组织、生态化抗疫系统形成和有机运转，并通过为相关主体提供相应的边缘 AI 辅助工具，提高其进行分析、判断、决策和做出反应的能力。

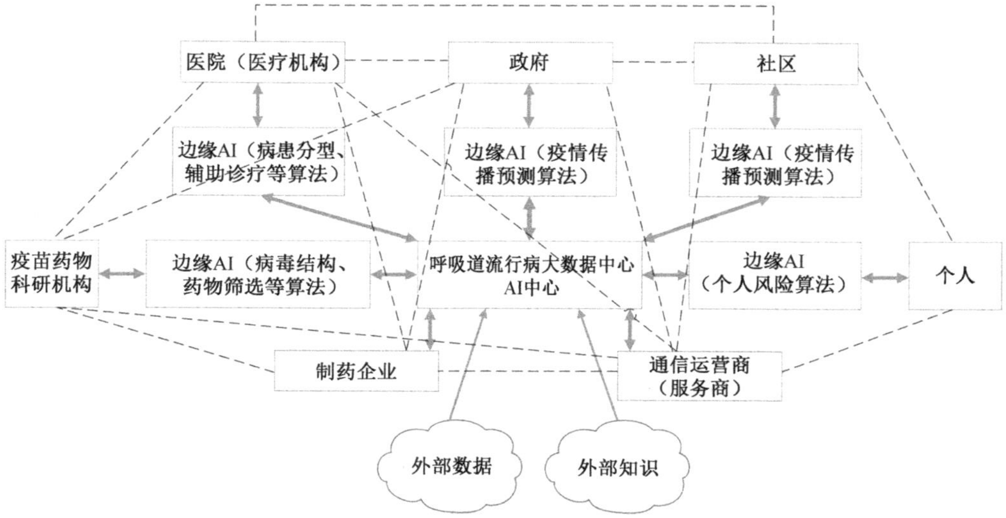

图 3　生物科技抗疫信息系统主体架构示意图

从主体角度看，构建该系统的关键是，引入和支持能够建设和运营“呼吸道流行病大数据中心”和“AI 中心”、能够开发边缘 AI 辅助工具的创新主体。

2. 功能架构

生物科技抗疫信息系统的功能主要包括（但不限于）：采样检测（筛查）、病情诊断、病患治疗、药品供应、疫苗药物研发筛选、感染追踪、计划调度、应急指挥、个人防护等活动。生物科技抗疫信息系统应支持这些功能的运转，系统功能架构大体如图 4 所示。

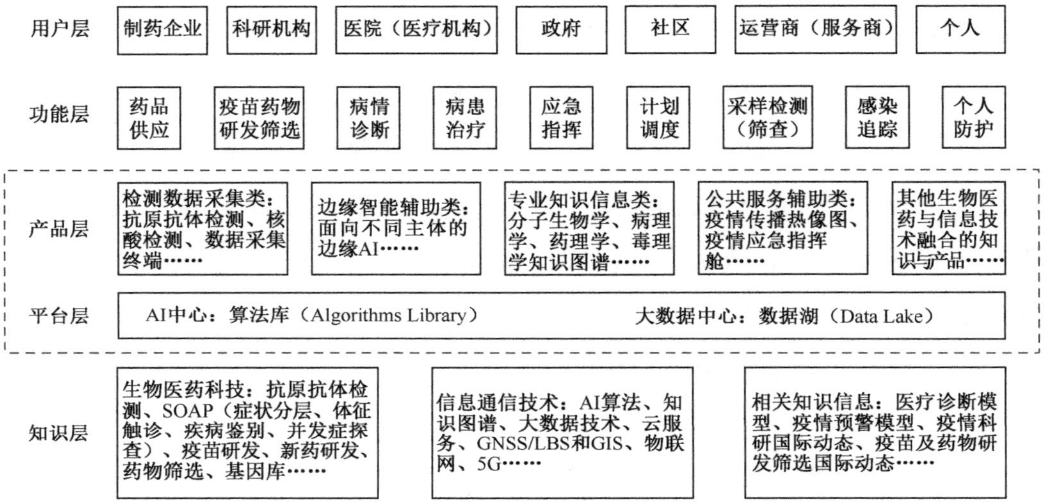

图 4　生物科技抗疫信息系统功能架构示意图

从架构关系来看，AI 中心是以生物医药科技为内核的深度学习算法和专家系统集合开发平台，大数据中心是以生物医药和疫情相关信息为主要对象的高质量数据汇集和处理的平台，两者构成生物科技抗疫信息系统最核心的功能节点。基于这两个中心，可以开发出面向不同功能需求的数据服务、信息服务和智能辅助产品，通过平台层的服务和产品层的支撑共同为抗疫各主体赋知、赋智、赋能，使各个环节的抗疫功能更高效、更精准、更灵活地运转。

从功能实现来看，大数据中心和 AI 中心的建设和运营，包括边缘 AI 在内的各类抗疫产品的研发，以及对生物医药科技等外部相关知识和信息的监测和消化，都需要进行持续的创新投入。

五、关于试点的初步考虑

以上构想的生物科技抗疫信息系统，需要技术、费用、机制、政策等多方面的支持和保障才能实现。建议可从区域试点起步，以 500 万至 1000 万人口规模的地市级城市单元做依托，以抗击疫情为目标，构建生物科技抗疫信息系统的原型试点。为了保证试点有效运转，需要试点城市在行政管理方式、社会管理模式等方面进行机制上的调整，尤其要在跨主体数据交换方面采取相应的配套措施。通过系统试点的不断迭代优化，快速形成比较成熟的版本和比较稳定的社会抗疫系统模式，然后视情况进行复制推广，提高全国的抗疫能力。

教育系统科学研究中值得思考的三个问题[1]

（2021 年 1 月 12 日）

很高兴能参加本次教育系统科学研究中心成立大会。利用这次机会，我的发言旨在通过学习与交流，提出教育系统科学研究中值得思考的一些问题，供大家批评参考。

关于教育系统科学的研究，我认为有三个值得重视的问题：其一是外部环境的重大变化，即对互联网时代的认知。从教育的视角看，正如尤瓦尔·赫拉利在《今日简史》一书中所说的："对 21 世纪的教育而言，改变是唯一不变的事"；其二是对学习价值的理解，即在互联网重构的全新时代里，教、学、研的互动学习不仅是体系成长的动力，而且是体系面向未来的唯一通途；其三是关于系统方法论的考虑，即当社会的关系结构被以信息为实质性含义的形态所覆盖时，系统论的突破不可避免地与信息论——特别是"语义信息论"的研究发生了越来越密切的内在关联。

我们今天成立的教育系统科学研究中心面对着这三个时代前沿的问题，使得这个研究中心的创意价值深远；同时，它面临的挑战也是不言而喻的。

一、对互联网时代的认知

互联网的出现，使得教育活动所依存的时代背景发生了颠覆性的变化。传统工业革命的性质是单一技术要素（如蒸汽机、电的发明）的革命，这场革命引

1 本文系作者 2021 年 1 月 12 日应邀在北京师范大学教育系统科学研究中心成立大会上的演讲。——编者注

发了机械化、电气化，实现了对人类的“体力替代”，改变了人类的生产结构；而互联网第一次通过多元主体之间、主客体之间的“关系结构”构成综合技术要素的革命，引发了智能化，实现了对人类的“脑力替代”，改变了人类的社会结构。这种改变是以数字为网络化的外在形态，以信息为实质性的关系形态进行的。

基于以上判断，21 世纪的教育改革已不可能独立于“信息形态”和“思维主体性”的研究之外。教育革命必然以互联网的“智能属性”和数字化、信息化的关系形态为背景，再次开启新的进化轨道。

二、学习的价值

“应对变化”是我们面对的时代性任务。面对互联网时代凸显的必然性向偶然性、规律性向或然性、本质性向模糊性、确定性向复杂性、决定性向现象性的各种转变，社会处在剧烈的生存竞争和动态循环之中。在 21 世纪，“学习”已天然成为存在的前提，成为当代价值观的核心要素。

我们可以将学习（外部信息内化为知识的过程）归纳为两个基础环节：其一是信息的接收，其二是知识的转化——把接收到的信息转化为自己的大脑可领会、可理解的知识（还原出某种语义）。如果只有信息的接收，并不是真正的学习；只有完成了知识的转化，才是真正的学习。如果在知识转化的基础上，学习的主体进一步尝试在大脑原本储存的知识系统的边界激发出模糊的、只可意会的新知识（暗默知识），或者形成新的“理论”认识，我们可以称这一过程为“深层次学习”。

我认为，21 世纪的教育是一个教、学、研相互融合的生态体系。教、学、研相互渗透、相互补充、相互优化的纽带将不断强化，有可能演化出三位一体、同步运行的新的组织形态。从学习的时代特征出发，关于教、学、研关联结构的讨论将会成为新的社会主题，它关系到互联网时代社会组织的转型和再造。从这个视角看，我们提出的教育系统科学研究意义深远。

三、方法论的考虑

关于系统科学研究，特别是关于复杂系统及其方法论方面的研究，在方福康老师的主持、组织和指导下，北京师范大学系统科学学院具有明显的比较优势。本次成立教育系统科学研究中心，学院进一步从系统科学的角度，考察对交叉学科进行跨领域的融合、优化的可能性，寻找将教、学、研融为一体的路径和方法，这个创意具有重大意义，但同时也对教育系统科学方法论的突破提出了新的问题。

一般系统论的创始人冯·贝塔朗菲认为，传统的系统分析方法过于强调微观的系统分解，在方法论上期望通过从微观结构的分解中识别系统的性质。而大量的事实证明，分解的颗粒越细，往往人们的认识离真理越远。为此，冯·贝塔朗菲首次提出在系统分析的方法上，应首先在宏观上将系统和系统所处的环境作为一个整体来研究，突出系统的整体性、相关性、有序性和动态性四原则。他首次归纳出用全局性、综合性的视角分析系统的思路和方法。

自20世纪下半叶以来，系统论的思维方式和方法论工具获得了长足的发展。随着互联网技术的飞速发展和“信息爆炸”，人们发现对系统结构进行相关性整合，特别是对包含主体因素的复杂系统的结构整合，遇到了深层次的障碍。我认为，这种深层次障碍源自信息，或者说，源自我们对信息的认识。

其一是当克劳德·香农把信息中的语法符号表达独立出来（完成了信息的形式独立），并在工程技术方面重构了数字化世界的新形态时，语法信息意义上的不确定性大大减少了。但香农创立的“统计信息论”（布尔金语）并未导致语义信息意义上的不确定性减少。由于接收方定义的语义信息受制于接收主体的主观条件（大脑生理构成、知识、偏好、心理等），决定了主体之间语义信息的不对称永恒存在，当互联网时代大量信息充斥社会空间时，增加对语义信息判断和理解的不确定性是必然的。因此，语义信息的不对称构成了社会系统沟通、融合的根本性障碍；其二是图灵把语义信息中的（谓词）逻辑成分独立出来（完成了信息的结构独立），并在工程技术方面开启了人工智能的新时代。按照图灵的理解，智能就是从对客观世界（包括客观的语法符号）观察的逻辑推理中得到（或还原出）完全语义的能力。图灵的理解直接关系到“思维的主体性”的争论，在实践中则体现为是否可能通过机器智能超越语义信息的不对称问题。

从系统科学的角度看，为了打通语义信息不对称的关联障碍，有必要寻找系统论和语义信息论在方法论上的交叉点，或者说寻找系统逻辑和语义“指称”的结合部，也可以说是寻找连接主客体关系的新系统方法。这样，才能逐步解决如何在信息超载的数字信息世界里更有效地建立起有意义的信息连接（以实现期望的含义传递），如何提升接收方对应的认知能力和先验知识积累，从接收到的信息中挖掘出更有用的语义信息（请参见杨志刚博士《分析信息：香农、维特根斯坦、图灵和乔姆斯基对信息的两次分离》一书），这将是进入数字时代和智能时代的教育系统科学研究面临的基本问题。

下篇

信息哲学

《分析信息：香农、维特根斯坦、图灵和乔姆斯基对信息的两次分离》序言[1]

（2021 年 10 月 27 日）

路德维希・维特根斯坦（Ludwig Josef Johann Wittgenstein）在《逻辑哲学论》前言里的第一句话是“这本书也许只有那些自己本身已经一度思考过这本书中表达的思想或至少有类似这一思想的人才会理解”。我认为这句话同样适用于本书的开场白。

本书试图较系统地探索两个主题：其一是讨论“信息是什么”；其二是“该如何认识信息”。两个主题都具有深刻的哲学背景，是当代哲学的顶层命题。

关于“信息是什么”这个问题，至今不存在唯一的、能够被普遍接受的答案，因为从不同视角观察会出现千差万别的信息图像。人们对信息的通俗解释是“指我们所说的消息、情报、指令、数据等有关周围环境的知识”（《简明自然辩证法词典》）。随着近年来大数据和人工智能技术的飞速发展，人们开始触及“思维的主体性”等信息背后的哲学难题，不得不重新审视和直面——“信息究竟是怎样存在的？它是主观存在，还是客观存在？”“作为世界的构成要素，信息还能再分解吗？”“在信息爆炸时代，信息不对称还存在吗？”“数字化有没有边界？人工智能会不会生成意识？”这是一系列当代难题。为了探讨这些问题，本书将思想的探头伸入关于信息的哲学盲区，这在同类著作中是难得并且罕见的。

“该如何认识信息”同样是关于方法论的哲学难题。迄今为止，克劳德・艾

1 本文是作者为杨志刚所著《分析信息：香农、维特根斯坦、图灵和乔姆斯基对信息的两次分离》一书所写的序言。该书由中国工信出版传媒集团人民邮电出版社于 2021 年 11 月出版。——编者注

尔伍德·香农（Claude Elwood Shannon）的信息理论是人们认识信息的主要工具。由于香农信息论的工具层次远远低于研究对象的复杂程度，香农将语法符号独立出来的“数字化逻辑”无法解析与接收者意志相关的语义结构，将香农信息论广义化的负面影响是，它已将对信息化流行话题的讨论引入一种越来越逼仄，甚至无法转身的困境。本书中，杨志刚博士力图把对信息问题的思考从香农的工具层次中解放出来，将其提升到哲学高度，寻找能够打开思维空间的切入点，打开读者思维的新视野。本书尝试从创新的角度寻找认知信息的路径和方法，对哲学、心理学、语言学的分析工具进行归纳，以期形成适合研究主题的系统思路和方法。杨志刚博士对卡尔·波普尔（Karl Popper）的三元世界观、三位一体脑和语言三元组这几个哲学、心理学和语言学工具进行系统性识别和梳理，用艾伦·麦席森·图灵（Alan Mathison Turing）所说的“剥洋葱皮”的方法观察不同层次信息结构的演化形态和进程，提出了系统思维逻辑的三个步骤：一是从信息的本质出发——建立“主客体关系的存在形态”的视野；二是从信息的主体性考察——分析信息独立存在的条件；三是从演化的趋势判断——探索独立的信息结构被异化的可能性。

这一思维模式无疑为互联网时代信息理论的研究做出了重大贡献。

一、本书揭示了信息的主客体关系存在

本书突破了以香农信息论为代表的纯客体视角，提出了研究信息的主客体关系（“第三维”）视角。这一视角揭示了信息既非主体存在，也非客体的存在，而是主客体关系的存在形态（信息存在于主客体的关系之中）。没有“关系”即无所谓信息。这里所说的“主体”是和“客体”相对的哲学概念。主体指的是实践活动和认知活动的承担者；而客体则是指主体实践活动和认知活动的对象。杨志刚博士所提出的“第三维”视角是在主客体的基础上构建了更高维度的“关系”相空间。立足于这一新视野，杨志刚博士借助波普尔的三元世界作为与“关系存在”同构的参照体系，自顶向下地分析了信息的语法和语义、语义中的逻辑

和指称、指称中的语义和意义之间的关联性。本书按照“第三维”的视角对信息时代的很多问题进行了统一的观察和解释，它对信息问题的覆盖面、解释力和穿透力已毋庸讳言。

这本书最重要的工作，就是立足于“主体关系”对信息的两次分离进行了澄清，并进一步讨论了演化中“分离”与“独立”之间的关系。

按照书中的说法，香农把信息中语法的符号表达独立出来，可以看作是信息的形式独立。它在工程技术方面重构了数字化世界的新形态，在很大意义上也为波普尔提出的世界 3 的独立性和客观性存在提供了一个证据。这次分离毫无疑问是信息的主体成分与客体成分的分离。

图灵把信息中的（谓词）逻辑成分独立出来，可以看作是信息的结构独立。它在工程技术方面开启了人工智能的新时代，在某种意义上也为维特根斯坦所说的“逻辑是先天的”做了注释。关于这次分离是主体与客体之间的分离，还是完全在主体范围内发生的分离，不同的学者应该会有不同的认识。指称无疑是主体性的内容，分歧的焦点是对逻辑主体性的判断。按照图灵的认识，数字计算机正在成为能够思考（思维）的机器，自然是把逻辑作为主体范畴的组成部分来看待；而按照维特根斯坦的观点，逻辑是客观存在的，按照这个观点，主体能做的只能是去发现它。这种分歧的焦点是，人类能够认识并表达出来的“思考（思维）”本身就是逻辑的（这是人们的一般认识，也是分析哲学在哲学领域产生重大影响甚至如今获得统治性地位的根本原因），还是维特根斯坦所发现的人类的思想里，除了逻辑以外还有非逻辑的成分（指称背后更依赖主体的东西）？按照图灵的理解，智能就是从对客观世界（包括客观的语法符号）观察的逻辑推理中得到（或还原出）语义的能力。在人与机器的竞争中，机器的胜出将是毋庸置疑的。为此，澄清这次分离，将帮助我们更加清晰地理解智能的含义。

在澄清了上述对信息两次分离的基础上，本书进一步区分开了指称背后涉及的语义和意义这两个概念，我认为，这个区分的动作可以看作是杨志刚博士对信息的第三次分离。这次分离则完全是在信息的主体范围内的分离，是人类思想中理性成分与感性成分的分离。只有在做出第三次分离并澄清语义和意义这两个概念（可以理解为相对的主体概念）的差别之后，我们才有可能找到分析和解答“人工智能会不会形成意识”的方法。按照书中的观点，机器即便能得到全部语义，它也得不到意义，因而不可能形成意识。综上所述，从某种意义上说这本书对信息的分析已经触及了哲学上的边界，至少触及了维特根斯坦所说的思想的界限（逻辑之外）的更深一层。

当然，目前第三次分离仍然只是哲学意义上的分离，还没有像前两次分离那样实现工程技术上的意义。因为从对前两次分离的哲学分析来看，也许只有具有客体属性的信息成分才能够独立出来，并借助外部的技术工具获得发展。所以，第三次分离带给我们的一个悬念就是理性成分能够像语法、像逻辑那样被独立出来，由机器来加速吗？或者先不做价值判断，只用功利一点的话来说，人能够变成超人吗？如果能，哲学家要考虑的问题是否应该从“人何以为人（而不是动物）”，改变为“人何以是人（而不是机器或者变异人）”。从人类进化的历史来看，问题就是，在机器（客体）智能快速发展的今天，“人类的主体理性还有自然进化的空间和时间吗？还是人类主体理性只能接受被客体理性改造下的某种进化？”这是一个惊天大问！

二、本书触及思维异化的难题

按照信息的本质是主客体关系型存在的视角，当语法信息和逻辑计算独立为“客体特征”时，必然造就数字化技术和产品的飞速发展，使得主客体关系不断失衡，其结果是人们对数字化形态的网络和智能工具的依赖性越来越强，以至于人的思维方式逐渐被一个越来越具象、越来越精密的理性囚笼所禁锢，不知不觉地丧失创意能力。人类思维退化似乎是一种可以感知到的压力，它正不知不觉地映现于我们的生活方式。本书在第一章的“AI 是否会成为新的一极”小节中开始触及数字进化与思维退化的深层次关联，即互联网时代的思维异化问题。

异化的哲学概念通常被规定为“主体发展到一定阶段，分裂出自己的对立面，变为外在的异己力量”。人类历史上至少经历了三次影响时代的异化。

第一次是宗教异化，即人创造了外在的超验的权威——上帝，上帝作为人创造的对象被独立出来，反过来由上帝支配人的意志，人的思想和行为被宗教异化。

第二次是劳动异化，即人在生产活动中发明了机器，机器是劳动的产品，人是机器的主人；而机器的存在逐步改变、主导了新的生产节奏、生产规则乃至生产关系，反过来支配人的行为方式，人的劳动被机器异化，人演化成机器构成的生产方式的奴仆。

我们正面临第三次异化——思维异化。思维异化是指人创造了智能技术的基础，将思维作为研究对象，把数字技术运用到解释思维的进程中（对象化）；当智能思维演化成独立于人之外的思维时，这种思维能否把人作为对象来思维？或者说，在什么意义上，智能思维可以支配人的思维（异化）？

语法信息和逻辑计算的独立所生成的智能生态是这个时代工具理性的典型代表。当智能手机控制人的行为方式，退化人的灵魂时；当互联网以扁平化的存在形态抹平人的差异，打破身份和能力的同一性标准，碾压精英主导的思想空间，使得情绪化的互联网民粹替代互联网民主，理性的思维方式被舆论暴力所解构时；当互联网工具可以通过大数据精准操控选票，使得选举与个人对利益的认知和价值寄托相分离时，人们逐渐意识到，通过数字和智能工具的帮助得到的似乎不是自由的思想空间，而是不知不觉地把思想的自由禁锢在工具理性的囚笼之中。人们正快步进入思维异化的节奏。佛家所说的“末法时代”难道即将来临？

对于信息的工具化、庸俗化、符号化所带来的局限性乃至思维异化的反思，我认为杨志刚博士所致力的不是科学意义上的探索，而是哲学意义上的探索。读完这本书再回过头来看，我们发现对信息的认知要么是数学问题——如香农和图灵所分离出的那部分，要么是哲学或心理学问题——如本书所揭示的、此前未被充分关注的那部分，但这可能恰恰不是从纯客体视角观察的科学问题。

科学止步之处，就是哲学开始之时。从现代科学和分析哲学的理念框架中挣脱出来，回归古典哲学对人类主体的关注，是人类存在和发展需要考虑的永恒主题。

三、本书给哲学思考带来的几点启示

本书的主脉络由“关系”“分离（独立）”和“异化”三个关键词扩展的理念构成。据本人的理解，本书虽以信息为主题，但通过对信息的多层“打开”，正在触及信息以外的、当代哲学中的一些重大问题。

（1）书中所讨论的“主客体关系存在”涉及主体性世界观。“主客体关系”指世界是一元关联结构的运行逻辑，而不是简单的支配与被支配的二元对立、非此即彼的决定论。如果说动物的自然存在是被欲望驱动，那么人的存在应该是被意义（价值）驱动。意义（价值）是主客体的关联结构，人的存在需要建立主客体关系的意义（价值）基础，而人的终极的行为动力也来源于对未来意义世界的追求。因此，信息必然是人的存在及其在追求意义世界的过程中与主客体关系同构的、密不可分的要素。这应该是关系主体性世界观的核心所在。

（2）书中所解析的“分离”和“独立”涉及观测未来的哲学视野。老子说：“道生一，一生二，二生三，三生万物。”“三”是万物之源，如果说父母是主客体关系的二元结构，那么从父母“分离”出的婴儿就是“三”。“三”是光彩夺目的，他重构了父母的基因，一旦从原始的主客体关系中“分离”出来，就会“独立”开始自己的生活，即将开启一个新的世界（生万物）。香农把信息中语法的符号表达独立出来，重构了数字化世界的新形态；图灵把信息中的（谓词）逻辑成分独立出来，开启了人工智能的新时代，其中“分离”和“独立”是主体关系演化的自组织形态，它和波普尔提出“世界3”的哲学观点天然契合。波普尔将“自主思想”作为世界3的中心思想，承认世界3的实在性或者可以说是自主性，同时又承认世界3起初是人类活动的产物。他认为：“虽然世界3是人的产物，人的创造正如其他动物的产物一样，反过来创造了自己的自主领域。”[1]对信息的分离和独立的考察，可能成为观测未来世界的一个工具。

---

1 卡尔·波普尔. 科学知识进化论[M]. 纪树立，译. 上海：三联书店，1987:322.

（3）格奥尔格·威廉·弗里德里希·黑格尔（Georg Wilhelm Friedrich Hegel）曾经讲过“没有哲学的时代是黑暗时代”。对于“思维异化”的挑战，如果西方传统的二元分析逻辑难以解析有关“善”和“美”的价值内涵的话，我们可以回顾一下祖宗创意的东方哲学，比较一下东西方文明的重大差异，也许有助于探讨新时代的世界观和理论（此处不赘述）。

综上所述，杨志刚博士为了将信息的探讨系统化，对哲学、心理学、语言学、工程学等诸多研究主题进行跨领域、跨层次的解析，引用了大量哲学、心理学、语言学研究的概念和观点，一方面会给读者带来阅读上的困难，但另一方面，杨志刚博士以这些概念和观点作为“脚手架”和“砖块”，构建起分析信息的体系性思考架构，这是一个了不起的贡献。在今天的学术氛围中，杨志刚博士这种独立思考、执着求真的态度是受人尊重、值得我们效仿和自勉的。

虽然我们已经意识到信息是一个非常复杂的认知对象，但长期以来我们的认识始终受限于香农的信息理论，往往习惯用结构化的视角识别一个超复杂的空间来理解这个黑暗盲区的本质和真相。为了在黑暗中摸索路径，我们不得不从传统的二维平面的思维方式中跳脱出来，从更高的维度来立体化地观察问题。我认为这是本书的开创性意义所在。当然，这本书只是对信息的认识开启了一个思路，这个思路的价值不在其真理性，而在其开创性。对于这种开创性的工作，完全可以有不同的判断。我想，就如伏尔泰所说，开辟新途径的人可以铸成大错而不受责难，这是他们的特权。

为了找到我们自身存在的理由和意义，为了展望人类群体生存和发展的方向，我们总要竭力保留求知的好奇心，保留对未来童真式的憧憬，这应该是本书给予我们的一个耐人寻味的启发。我想，也是这本书的价值所在。

关于“概念大树”的随想[1]

（2021年9月28日）

我们“魂游太虚、悟道数月”，在意随心动的进程中似乎有不小的收获。我以为，当下有可能梳理一个大的构架（可修改原型），注重讨论“构架”的合理性，暂不关注构架上的具体难点，力求从具象的理性纠缠中跳脱出来，将视角移向从信息的角度建立我们独有的制高点（理性起点）。我们且将这个构架称为“概念大树”。对于这个“概念大树”的描述，至少涉及两个不可分割的部分：一是方法论，二是概念层次。

一、建立构架的方法论

1. 选取语言工具

应该用西方的（通用的）哲学语言，而不能用宗教的（佛家、道家或其他宗教）专用语言表述构架，否则，会被摈弃在时代的语境之外，失去交流、批判的可能性（别人听不懂）[2]。换句话说，用通用的哲学语言说，意味着构架的“形式”是逻辑性的。

2. 所构建方法论的本质和视角

从本质上讲，我们建立这个构架的方法论是非逻辑性的，而不是逻辑性的。

1 本文完成于2021年9月28日，是作者开始探索信息哲学问题时的一些阶段性思考，以读书笔记和思想记录交织的形式呈现。——编者注

2 此观点是作者在对信息哲学问题初步探索时形成的阶段性想法，事实上在后期的讨论中已经改变了这个想法。——编者注

我们采用的方法论的理性基础（我们的假设）是主体关联性，而不是客体对象性；是一元论的关系结构，而不是二元论的分解结构。

我们所采用的方法论的视角是自顶向下（Top-Down）的——从高维度到低维度，而不是自底向上（Bottom-Up）的——从低维度到高维度。

之所以采用这样的方法论，是因为我们的目标是构建一体化的“概念大树”，而不是构建多样化的“百花园”。这个“概念大树”的主干是体现一元论的关系属性，“关系”具有强大的综合、承续力量。一方面，它为相互碰撞、相互渗透、相互改造的差异化的多元文化提供了交流发展的空间；另一方面，“主干”通过“关系”主导，将“百花园”多样化的“属”“种差”结构，“同化”或“异化”到“大树”的特定部位（枝干、枝叶）上，使其成为“佛心”“道”（主干）下层次的有机组成部分。

3. 以主体为起点

选择主体为起点构建“概念大树”，这可能超越“百花园”的逻辑范畴，跨越“不可说”的边界；它触及“关系”（信息）的哲学意义，将哲学上的信息概念（形而上的主体关联）与科学上的信息概念（形而下的客体分类）区分开。

但由于这一选择的背景是对世界本源的基础假设，从主体出发是确信造物的存在[1]。而“通灵”（连接造物）的纽带是主体还是关系（以信息为外部表现的关联律），这可能是难以回答的顶层命题。故“主体起点”仍是一个有限的视野。

二、“概念大树”的层次

面对形而上和形而下两个层次（范畴）。其中，“形而上者谓之道，形而下者谓之器”（《易经·系辞》）。以主体关系为起点构建思想体系，症结是对“道”

1 此想法也是作者的阶段性猜测，后期已放弃此想法。——编者注的理解。因此，在诠释中难以回避形而上的两个基本问题：其一是关于世界本源的基础假设；其二是不得不用通用的语言建立一个先验的、广义的初始形式体系，将主体关系融于“大树”的主干之中，展开这一视角下主体如何通过“关系”认知“时”“空”存在的本质形式。

1. 世界的本源（本体，终极秘密）

按通用的语义逻辑，启动哲学讨论的前提是建立一个广义的、先验的形式体系，而这个初始的形式体系的提出，依赖对世界本源的基础假设，作为理性研究的起点。

从古希腊的求真意志到现代的求力意志生成的各种学说，有的将世界的本源理解为“不以人的意志为转移的独立存在的物质世界”，有的将本体认知为人格化的神。东方则将本源归为“道”（道生一，一生二，二生三，三生万物），在“道”的背景下，生成阴阳五行（金、木、水、火、土）直观意念外推的先验的形式体系。

关于本源问题的初步认识包括以下两个方面。

（1）“本源”是个永远说不清的问题，是人类总是在无休止地识别，不断趋近，但永无止境的终极秘密。

理性主义启蒙的伟大课题是由康德开始的。他在《纯粹理性批判》中将上帝（本体）置于彼岸世界，我们活在此岸世界，可以用理性解决自己的问题。将“本体”置于彼岸，使此岸的“主体”才具有自在自为的权利——认识论革命。

（2）“本源”（本体）来自主体（人）的感知或猜想（包括使用理性工具的猜想）。主体是构建先验的形式体系的起点，而不是预设的“客观存在”或“上帝”。因为所谓的“客观存在”和“上帝”也来自主体的不完全感知或猜想。

“精神的寓所是我们，不是阴曹地府，不是天上星辰，这两者都是活在我们之中的精神所制作的。”[1]

1 叔本华. 作为意志和表象的世界[M]. 石冲白，译. 北京：商务印书馆，2018:143.

为此，在所建立的广义的、先验的初始形式体系中，核心问题是讨论主体与存在的关系。

2. 先验的形式体系

要构建这个先验形式体系，“存在”“主体”“关联律”“潜在的信息场”是几个最主要的概念。其中，“存在”是建立这个先验形式体系的基点——这是延续西方哲学和科学认识传统而言的；“主体”是构建这个先验形式体系的概念起点；“关联律”是我们提出的先验形式体系的新概念——区别于叔本华提出的形式体系；“潜在的信息场”则是从东方哲学传统出发的联系“有（存在）”和“无”之间的概念。

1）西方关于“存在”的认知

西方哲学家和科学家对“存在”的一些代表性的说法。

（1）斯宾诺莎：“我们习于将自然中的一切个体事物，归在一个总类之下，这个总类便被叫作最一般的东西，换言之，即归在‘存在’这一概念之下。这个存在的概念一般地包括自然中所有一切个体事物在内。”[1]

（2）海德格尔：第一，“存在”是最普遍的概念。第二，“存在”这个概念是不可定义的（定义来自最近的“属”加“种差”）。第三，“存在（是）”是自明的概念。[2]

（3）霍金：“人们可以说：‘宇宙的边界条件是它没有边界。’宇宙是完全自足的，而不被外在于它的任何东西所影响。它既不被创生，也不被消灭。它就是存在。”“人存原理”可以释义为：“我们看到的宇宙之所以如此，乃是因为我们的存在。”[3]

---

1 巴鲁赫·德·斯宾诺莎. 伦理学[M]. 云汀，张媛昕，译. 北京：中国华侨出版社，2022:168.

2 马丁·海德格尔. 存在与时间[M]. 王庆节，陈嘉映，译. 北京：商务印书馆，2016.

3 史蒂芬·霍金. 时间简史[M]. 许明贤，吴忠超，译. 湖南：湖南科学技术出版社，1988.

2）我们关于“存在”的理解

我们力求摆脱“属”和“种差”（逻辑视角）的束缚，以主体关系为起点，提出“存在”的普遍概念，将存在理解为主体感知、认知的边界。其依据是：

（1）客体性存在、主动性存在、普遍性存在三种形态，以及三种存在之间相互依存的“存在关系”，均依赖主体的认知或感知。所谓“客观存在”也源于主体先验的假设和猜想。从这个意义上看，“存在（是、有、being）”是主体感知边界内的范畴；而“无（空）”是边界外的范畴。随着主体关系的扩展，我们是否可以说“无中生有”会成为必然呢？

（2）“世界是事实的总体，而不是事物的总体。”[1]主体感知、认知的是事物，这种认知将不断趋近事实，但不能穷尽事实本身。

3）关于“主体”的认知

（1）与“主体”相关的一些说法如下。

笛卡儿：有思执的那个东西（我思故我在）。

斯宾诺莎：心灵是能思的东西；观念是心灵形成的概念。人有思想。实体的存在不属于人的本质。人是心灵和身体所组成。人心有认识许多事物的能力。

康德：我思；“本源的统觉；自我意识；意识的主观统一性”。[2]

叔本华：只能认识别个而不能被别个所认识的那个东西。

尼采：有权力意志的那个东西。（从批判叔本华的生命意志而来。）

海德格尔：一是此在（Dasein，我们自己向来所是的存在者）；二是思执，开始领会、沉沦、操心的那个东西（海德格尔的这个表述是从笛卡儿的“我思”思想发展而来的）。

佛家也有一些说法，大致对应“主体”的意思，例如，一是常住、永不离开的主人（《楞严经》中说：“不住名客，住名主人。”）。二是产生八识（眼耳鼻舌身意六识、第七识是末那识、第八识是阿赖耶识）的那个东西。三是一念无明妄动（无明妄动，生了念头的那个东西）。四是应无所住而生其心的心，还有

1 维特根斯坦. 逻辑哲学论[M]. 贺绍甲，译. 北京：商务印书馆，1996:25.

2 康德. 纯粹理性批判[M]. 邓晓芒，译. 北京：人民出版社，2017:94.

妙觉圆明真心，佛性等。当然，东方这些说法与西方哲学谈的主体概念并非完全对应。

（2）关于“主体”的特征有以下几个方面。

第一，思：由知觉（生理感觉）→认识→逻辑化思考。

第二，意志：也许包括欲望和情感。

第三，认识。

第四，主体的外部表现：心灵（如斯宾诺莎）、精神世界（如波普尔的世界 2）。

（3）“主体”同样是不可定义的、自明的普遍概念。

对主体的认知同样是个不可穷尽的演化过程。自从康德确立了人类主体的地位后，就开启了主体性哲学的新时代（哥白尼的倒转）[1]。从二元论的逻辑哲学出发，自从人被理解为可以独立存在的主体后，展开关于主体与客体、物质与精神第一性的争论即成为必然。这一争论无休止的原因，在于主体的哲学内涵超越了二元论的定义边界，尽管在逻辑上人们给出多种一定条件下主体的定义。

难以回避的问题是，主体是不是一种存在形态？如果是，它是先天的存在吗？是什么动力决定了主体的创生和演化？在一元论的视野中，“关联律”和主体是怎样互动的？

3.“存在”所具有的先天的、本质的普遍形式

叔本华认为：“一切客体所具有本质的，从而也是普遍的那些形式，亦即时间、空间和因果性，毋庸认识客体本身，单从主体出发也是可以发现的，可以完

---

1 这里关于哥白尼的倒转的说法可能来自《纯粹理性批判》第 2 版序中的一段话：“向来人们都认为，我们的一切知识都必须依照对象……我们不妨试试，当我们假定对象必须依照我们的知识时，我们在形而上学的任务中是否会有更好的进展……这种知识应当在对象被给予我们之前就对对象有所断定。这里的情况与哥白尼的最初的观点是同样的，哥白尼在假定全部星体围绕观测者旋转时，对天体运动的解释已无法顺利进行下去了，于是他试着让观测者自己旋转，反倒让星体停留在静止之中。”——编者注

全认识的；用康德的话说，便是这些形式是先验地存在于我们意识之中的。康德发现了这一点，是他主要的，也是很大的功绩。”[1]

关于“因果性”和“根据律”，叔本华说：“直观的普遍形式还有一个同样值得注意的特性，即根据律。在将经验规定为因果和动机律，将思维规定为判断根据律的同时，以一种十分特殊的形态出现；这一形态我曾名之为‘存在根据’……根据律就是我们先天意识着的，客体所具一切形式的共同表述；因此，我们纯粹先天知道的一切并不是别的，而正是这一定律的内容……”

叔本华的“根据律”有两个要点：其一是确信“因果和动机律”可以覆盖表象世界的关联性。也就是说，在“逻辑空间”可以回答所有关联事件的可能性问题；其二是认为根据律是先天的。“思维判断根据律”是主体行为，而“根据律”本身是“一种十分特殊的形态”（客观形态），可名之为“存在的根据”。

关于表象世界的边界，叔本华是这样描述的：“原来一切狭义的科学，也就是我所理解的，以根据律为线索的有系统的知识，永远达不到一个最后的目标，也不能提出完全圆满的说明；因为这种知识永远达不到世界最内在的本质，永远不能超出表象之外；而是根本除了教导人们认识一些表象间的相互关系，再没有什么了。”

显然，叔本华明示了“根据律”不能覆盖超越表象的先天存在（他称其为“意志的客体化”）。诚如维特根斯坦在《逻辑哲学论》的前言中所述，对于“说清楚”和“不可说”两个范畴，“要为思想划一个界限，我们就必须能够想到这界限的两边（这样我们就必须能够想那不能想的东西）”。

因此，在我们所讨论的先验形式体系中，必须超越因果性、根据律的束缚，覆盖维特根斯坦“不可说”的非逻辑范畴。在规定存在的先天的、本质形态时，用关联律替代根据律；用“关系”替代“因果”（因果仅是关系的子集）；用表述关系的“信息”（包括超越语言的音乐、绘画、情绪，甚至拈花一笑式的心灵

---

1 叔本华. 作为意志和表象的世界[M]. 石冲白，译. 北京：商务印书馆，2018:29.

默契[1]等多种形式），替代单纯以语言为基础的逻辑表述。

在信息时代，我们认为先天的、具有本质的，从而也是普遍的存在形式，是时间、空间和关联律。

4. 关联律

1）关联律的先天存在

我们理解的关联律，意指世界（宇宙）万物之间关联的普遍存在，“律”意指关联的客观规定。关联律是所有一般现象的先天形式条件，类同时间：“是先天被给予的……不是什么从经验中抽引出来的经验性的概念。”[2]换句话说，关联律是先天的、本质的普遍的存在形式。在认识关联律的进程中，主体只能趋近关联律的“事实”，而不能穷尽关联律本身。这种趋近的依据是，主体和“事实世界”存在着共有的关系纽带，作为认知事实的先天条件。

2）关联律与主体

第一，关联律是主体认知世界的关联纽带。

在主体认知存在的进程中，认识只能趋近“事实”，而不能穷尽事实本身。这种趋近的媒介（依据）是：主体和“事实世界”之间存在着天然的、共有的、可识别的关系纽带（关联律），作为认知事实的先天条件。

“一个想象的世界，无论它怎样不同于实在的世界，必有某种东西——一种形式——为它与实在的世界所共有。”[3]

第二，关联律与根据律的区别。

“根据律就是我们先天意识着的客体所具一切形式的共同表述”[4]，它立足于

---

1 拈花一笑是一个典故，《指月录》中说：世尊（佛祖）在灵山会上，拈花示众。是时众皆默然，唯迦叶尊者破颜微笑。世尊曰：“吾有正法眼藏，涅槃妙心，实相无相，微妙法门，不立文字，教外别传，付嘱摩诃迦叶。”这样的心灵默契用迈克尔·波兰尼的话说，大概就是那种只可意会、不可言传的暗默知识的传递。——编者注

2 康德. 纯粹理性批判[M]. 邓晓芒，译. 北京：人民出版社，2017:49.

3 维特根斯坦. 逻辑哲学论[M]. 贺绍甲，译. 北京：商务印书馆，1996:25.

4 叔本华. 作为意志和表象的世界[M]. 石冲白，译. 北京：商务印书馆，2018:29.

形而下的客体分类；而关联律立足于形而上的主体关联，它通过信息——关联的外部图像，试图进入探索世界内在本质的“无人区”。

关于根据律的客体性存在，叔本华在《作为意志和表象的世界》一书中进行了透彻而详尽的解析。他认为，原因和效果的关系“总是只存在于直接的和间接的客体之间，即总是只存在于客体相互之间……在主体和客体之间根本就没有什么依傍着根据律的关系”。

因此，根据律仅仅是客体的形式。“根据律不是一个永恒真理……它单单只是在现象中相对地，在条件制约下有效。因此，世界的内在本质，自在之物，是永不能以根据律为线索而发现的；相反，根据律导致的一切，本身就总是相对的、有待的；总在现象之中而不是自在之物。”

关联律是主体关系的存在形式。按照叔本华关于主客体关系的归纳，“作为表象的世界，也就是这儿，我们仅在这一方面考察的世界，它有着本质的、必然的、不可分的两个半面。一个半面是客体，它的形式是空间和时间，杂多性就是通过这些而来的。另一个半面是主体，这却不在空间和时间中，因为主体在任何一个进行表象的生物中都是完整的、未分裂的……这两个半面是不可分的”。

显然，根据律处在“客体”的半面，而关联律处在“主体”的半面。它是主体关系的存在形式；它存在于所有关系（主体与主体、主体与客体）之间；它以“关系”包容因果逻辑；以包容语言表述的信息触角，迈入探索世界内在本质的无人区。

3）关联律与信息

第一，信息是主体认知、感知存在的形式（图像、媒介等）；也可以说是主体关系的外部表现。信息存在于主体与主体之间、主体与客体之间的关联之中，信息是关联的表象；信息和关联是两位一体、同步映现的两个侧面：它表征了主体的存在及其对存在的认知边界。

第二，信息超越了语言的逻辑范畴，它包含了非逻辑的映像形式：包括美术（形）、音乐（声）、舞蹈（体）等多种艺术形式，以及眼神、心灵感应、情绪情感等至今难以表述的沟通形态。为了探索世界的本质，不排除人类会唤醒、生成、重构非逻辑的新的语言形式。

5. 潜存的信息场

如同在物理上孕育生命的“源生汤”，在哲学认识上，我们可以把孕育包括“主体”（当然也有“客体”）在内的“存在”的“源生汤”叫作“潜存的信息场”[1]。

此处所谓“潜存的信息场”，就是说，这个场（或“汤”）中“有（存在）”信息，但这些存在的信息是“潜在的”而不是“显现的”（就像“源生汤”中原本只是无机物，并没有生命，但是它有孕育生命的可能性），当这些“潜在的”信息没有被发现时，这个“潜在的信息场”就是“无”、就是“空”。当“潜在的”信息被发现时，就是“有”、就是（显现的）“存在”。或许可以把这个过程形容为“有生于无”。

（1）所谓“被发现”，只能是被“主体”发现（因此，这就要先定义“主体”了）。

（2）所谓“发现”，是指发现了“显现的”信息，即从“潜存的”信息中接收到，与其这样说，毋宁说是认识到或者解释出了某种“编码化的”信息。说这种“显现的”或“编码化的”信息确实被接收到、被认识到、被解释出来的标准，只是说：第一，这个信息对“发现”“接收”“认识”“解释”的主体而言是有意义的。（因此，这里就不但要先定义“主体”，而且要先定义“意义”。）第二，在“显现的”信息中，所谓“显现的”，不只是说它对主体而言是“显现的”，而且是说它“显现”出了某种“意义”。第三，所谓“编码化的”，与其说信息是编码的，毋宁说“主体”发现了“编码”，或者说“主体”自己心灵（生理上的大脑）中的信息解码机制发现了“编码”，即这个“编码化的”信息的被发现，

1“潜存的信息场”是杨志刚和作者交流时提出的一个词，用以比喻逻辑二分之前的状态，可以将其想象为主客体二分之前，或者 0、1 二分之前等，这时还谈不上已经有了信息，但不能说这种混沌中没有潜在的信息，它是孕育逻辑二分或信息生成的东西，因此将其比喻为场（或汤）。——编者注

是由主体“解码”来完成的。（如果说主体只能发现编码，那么对于这个意义上的编码，自然还可以增加一个追问，编码到底是谁编的呢？是上帝或造物编的吗？）

（3）当然，如果先定义“主体”“意义”，则不可避免地会出现循环定义的问题。

（4）这个“潜存的信息场”是先天的，它既是“有”，也是“无”。“无”“空”并不是一无所有的“真空”或“绝对无”，而是“没有主体（或发现者）”或“没有对主体（或发现者）而言的显现意义”（如同没有生命时，源生汤也没有对生命而言的现实意义）。

“有”也不是“一定有”，而是有“有的可能”或“可能有”，即“可能有”信息。

（5）现在我们一般说的“信息”，都是指“显现的”信息，而不包括“潜存的”信息。如果把“潜存的”信息加入认识中，可能会把以往的认识全部颠倒过来。

（6）“关系”“关联律”“中”“天人合一”，应该都是在“潜存的”信息的意义上而言的，而不是在“显现的”信息的意义上而言的。

（7）也许，“潜存的信息场”才是所谓的本质。如果按照剥洋葱皮的猜谜方式去认识，它永远无法被穷尽。即每次看似猜到了最后一层，都只是一个“无”或“潜存的信息场”，但你永远无法知道它后面是否还有更深的一层。

（8）因此，一切认识都是主体的主观认识。

6. 潜存的信息场和关联律

或者可以用另一种方式来理解这个“潜存的信息场”，它可以看作是“关联律”之所以可能显现出来并发生作用的东西。

前面讲到，“关联律”是主客体之间天然的、共有的、可识别的关系纽带，它是先天的。当然，“关联律”是在显现出来以后，我们才说有这个“关联律”，或者说，正因为它显现出来了，所以我们才能说主客体之间有某种“关联”。

那么，我们如果再追问一下，这种“关联”是从哪里来，以及如何可能“显现”的呢？作为“律”，它如何是客观规定而不是主观认识的呢？这个问题在西方哲学那里只说到“它是先天的”，就没有进一步地说明了。

所谓“先天的”，在康德和叔本华那里应该是指先于“主体”的，我们认为，也可以把“先天的”视为先于“（显现地）存在”的。如果我们进一步猜测，先天（先于显现的存在）就隐含着有（存在）一个“潜存的关联”“潜在的关系纽带地域”（我们称之为“潜存的信息场”），只不过这个“潜存的信息场”在未被“主体”发现之前一般被认为是“空”、是“无”、是无意义的背景或噪声（比如空旷的宇宙信息噪声），而不是一般意义上的“信息”所构成的场。那么，“关联律”不过是“主体”出现以后，从这个“潜存的信息场”（“潜存的关联域”“潜存的关系纽带地域”）里捞取出来的、显现出来的某条或某些主客体关系纽带（这里的捞取、显现以主体的“发现”为标志），即有意义的（或说主体可以识别出意义的）信息。

如此，“律”作为一种客观规定也才有一个合理解释，因为它先于（显现地）存在就潜在地存在了，所以它是一种先天的客观规定，而不是主体出现后的主观认识。否则，不但“关联律”，而且“根据律”的“律”之（可）能被先天知道以及其客观性就都不免显得太突兀了。

三、建议深入讨论的几个问题

1. 信息场概念

“物理学上讲，场是各点具有相同属性的连续空间。场不是物质的某种状态，而是相对独立存在的客体。场有能量和质量……在宇宙演化过程中发挥最重要作用的有四种场：引力场、电磁场、弱场和强场。”[1]

“20 世纪物理学的一个大课题是将这四种作用力统一起来。爱因斯坦把后半

1 童天湘，林夏水. 新自然观[M]. 北京：中共中央党校出版社，1998:308.

生的精力都倾注在称之为统一场论的研究上，可是没有取得成功。”[1]

以上讨论是否与信息场有关？换句话说没有“信息场”是否难以讨论“统一场论”问题？而信息场的属性是什么？它有“能量和质量”吗？它是“独立存在的客体”吗？这些问题（信息的属性）都涉及跨越逻辑的认知范畴，无法用逻辑语言来表述。

2. 潜存信息场

讨论“潜存”必然涉及信息“本源”的终极秘密。

金岳霖《论道》[2]中提到：“八·一道无始，无始的极为无极。道虽无有量的始，而有无量地推上去的极限。我们把这个极限叫作无极。”“八·三无极为无，就其为无而言之，无极为混沌，万物之所从生。”

“本条所说的混沌就是那‘混沌初开，乾坤始奠’的混沌。不过，我们所谈的既然是无极，混沌是未开的混沌而已。未开的混沌真正是混沌，我们对于真正的混沌没有什么可以说的，我们只能说无极之所以为混沌的道理。无极之所以为混沌，因为它是万物之所从生，它是万物之所从生，因为它是无始的极限……”

我认为金先生的论述有道理。用东方的语言讨论，混沌是无始的极限。混沌时不存在主体、客体、场、能量、物质及关联形式，它是无始的本源（人类永远不能穷尽的终极秘密），只有“混沌初开，乾坤始奠”，主体、客体在生成过程中相互独立和分离，同步生成主体之间、客体之间、主客体之间各种关联纽带。主、客和关联形式三位一体、同构共生，成就了人们所认知的存在（有生于无）。而信息场是关联形式的表象。而“潜存的”信息场是相对于“显现”的（被识别的）信息而言的。之所以称为“场”，是指信息的存在是其他场的关联纽带。

---

1 童天湘，林夏水. 新自然观[M]. 北京：中共中央党校出版社，1998:310.

2 金岳霖. 论道[M]. 北京：中国人民大学出版社，2010:190-192.

信息与当代认识论革命[1]

（2022 年 8 月 8 日）

序言

在科学至上的意识已不知不觉地超越哲学，甚至被宗教影响成为人类社会的“普适”观念的同时，越走近科学边界，人们却越对科学基础的问题感到困惑，我们不得不考察科学意识的哲学基础[2]。特别是，当我们体验到各类信息技术对现实生活产生的巨大冲击时，首要的困惑是对这个新时代的认知——什么是“信息时代”？信息时代就是以形式化的逻辑为基础的“数字时代”吗？信息作为主体感知到的宇宙万物有机关联的映像，难道仅仅具有形而下的“资源”价值？除了以“器”为对象的逻辑认知，是否存在与“道”连接的“非逻辑认知”？如心灵默契（暗默知识传递）是否也是一种基本认知？

信息作为主体认知的中介，除了逻辑语言（文字），还包括音乐、图形、形体等多样化的表达方式，以及眼、耳、鼻、舌、身的直接感知，乃至心灵默契等难以用语言表达的内容。语言只是逻辑化的信息形式，或者说只是一种与主体关联的理性工具。语言是人类进行思考，也自然是科学思考的信息形式基础，要突破科学至上意识对思维的限制，必然要超越逻辑语言的边界，触及维特根斯坦所说的“必须保持沉默”的那些东西。

科学意识的理性基础是逻辑，逻辑的存在形式是笛卡儿、叔本华等人定义

---

1 本文完成于 2022 年 8 月 8 日，是作者第一次对信息哲学问题进行系统化表达的尝试。——编者注

2 例如，牛顿、哥德尔在后期走向神学，玻尔向东方道家思想寻找出路等，都可以看作走到科学（或逻辑）边界的人对科学（或逻辑）本身所产生的困惑，想另寻出路的表现。——编者注

的“表象世界”，而表象世界的运行媒介是逻辑化的语言（文字）。逻辑哲学作为科学意识的理性基础有两个互为依托的组成部分：其一是逻辑思维方式（包含公理化的所有形式和方法），这种思维方式是面向对象世界、以世界的“客体化”为前提的；其二是逻辑思维的表达方式——语言，即思维的信息表达形态。科学思考是通过信息对客体的映像看世界的，其中逻辑化的语言是科学思考的信息基础。如果我们试图超越逻辑，触及维特根斯坦所说“不能谈论的东西”，我们只能通过信息与主体的关联看世界，即将关联看作未知世界的本质，将主体和信息的互动看作映现，识别关联的生态进程，我想应该以此作为信息哲学的思维脉络。

需要说明的是，本篇文字表述的是当代科学信仰危机背后的哲学问题，期望梳理出一个有机的“问题构架”，形成连贯的思维线索。但由于自身认知能力的限制，遇到大量的盲区和未知难题，迄今为止的“构架”自然是千疮百孔的。从这个意义上看，本文可以被看作和极少友人交流后提出问题的读书笔记；或者说仅仅是相关哲学的“问题起点”。

我认为，当代的哲学主题不应该再是物质与精神何者为先的争论，而应当考虑科技至上与以人为本何者为先的问题，即主导世界的理念，是追求以科技工具为助力以增强役使自然和他人的强势地位（“动物性天性”），还是应该追求人与人，以及人与环境共存的均衡性（“人性”）；当代的信息革命，除了作为以数字化、智能化、虚拟化形式为主题的技术工具的革命意义，是否还应该考虑其以内容为主题的“语言求真”的意义。

为了较系统地阐明观点，我们按五个步骤展开讨论：一是利用西方的语境考察现代科学思维的理性基础，讨论逻辑的存在与形式；二是对本体世界的认知。从不同于物理学假设的起点提出对世界本源的基础假设（它是相互关联的有机的一元演化世界，还是相互分割的二元形式化对象），进而建立对“关联本体的认知”（“猜想”），依此解读科学思维（如力学自然观）从“逻辑表象”迈向“关联本体”的先天障碍和哲学难题；三是建立由关联、主体、信息、生灭构成的“信息哲学”初始构架，从跨越逻辑（形而下）的立场重新思考主体和信息的本源及内涵，讨论“虚”和“实”，“神”和“形”，内容和形式在不同领域映现“关联律”时的交互变换；四是从语言的形式/内容的转换思考当代的信息革命；五是将以上的思想进行梳理，通过东西方思维方式的鸿沟，考察传统哲学中信息的缺位，从而提出以人为本（为方便，用比喻的说法“唯人论”或“唯信息论”[1]代称之）的认识论构想。最后，用“信息大树的随想”来类比“死的”形式起点与“活的”内容起点的差异，隐喻我们的“唯人论”思考。

一、现代科学意识的哲学基础

为了获得对科学意识相对透彻的认识，我们不得不考察科学思考的逻辑基础。所谓科学的逻辑基础指两个方面：一是指逻辑的存在本质和形式。即逻辑的先天存在和客体化的表象世界（后天存在）的关系，以及语言——逻辑存在的表达形式；二是指逻辑自身的形而上基础（如果将逻辑的形式问题视为形而下的话，则其所依存的问题可视为形而上），即逻辑与非逻辑的未知世界的关系。

（一）逻辑的存在本质与形式

1. 逻辑的存在本质

“逻辑”作为科学的哲学基础，首要的问题就是逻辑存在的客体性，即它是构成世界的先天存在，还是人脑的产物？如果逻辑仅仅是主体生成的方法和手段，并不是先天存在的本体法则，那么科学的哲学基础是什么？凭什么逻辑手段是天然合理的？仅仅是依赖不受约束的人类拷问自然的欲望？这种认知的依据是什么？如果逻辑是先天存在的，那么来自主体的逻辑方法必然受先天存在的法则所约束。因为从一元论的视野看，逻辑和非逻辑是两位一体、同构共生的；维特根斯坦所说的“逻辑空间”，仅仅是被主体独立出来的单纯面对“客体

---

1 作者在思考过程中，曾提出主体、信息、关联三位一体的猜想，并提出唯人论、唯信息论、唯关联论等猜想，且提出三者等价，见后文。——编者注

世界”的“形式化世界”（或笛卡儿、叔本华所称的“表象世界”），它必然受真实的本体存在的制约。

关于对逻辑的主体性判断，按照图灵的认识，数字计算机正在成为能够思考（思维）的机器，自然把逻辑作为主体范畴的组成部分来看待；而按照维特根斯坦的观点，逻辑是客观存在的。他说：“逻辑中没有偶然的东西：如果一个事物能够出现在一个事态中，那么该事态的可能性必定已经蕴含于该事物之中。”[1]

按照这样的理解，逻辑法则存在于、隐藏于、可识别于、可提取于“逻辑空间的诸事实”之中。而公理化的方法论，不管是演绎、归纳、还原，还是用大数据消除不确定性来替代因果关系的方法，都是来自主体的工具理性的尝试。由于“诸事实”是与非逻辑结构纠缠在一起的，可提取的形式化的逻辑法则仅仅是“诸事实”极小的映现部分，它是主体的视野中力求与客体对象同构的形而下的信息映现。逻辑的本质是一个不断被识别但永远不能穷尽的先天存在（逻辑的背后始终存在着非逻辑的动态纠缠）。

2.“表象世界”——逻辑的客体化

讨论“表象世界是什么”是为了认知“逻辑独立”的形式和边界，考察被形式化的逻辑世界（表象世界）与对象世界——包含维特根斯坦“不能谈论的，必须保持沉默”的“事实世界”之间的关联。

1）笛卡儿对表象世界的表述

笛卡儿以他的“我思故我在”开创了现代主体性哲学。这个哲学以任何一个思维着的主体为出发点创造一切知识。而这个抽象的主体被规定为自我奠基、自我确定，没有时间性、没有人格、不受制于这个世界的有限性，是这个世界的绝对主人。笛卡儿认为，“思想”是一种意志，其基本功能就是将“被思者”构造为表象。现代主体性哲学的基础是将人的意志等同于上帝，能够把一切事物构造为自己的表象，从而成为一切事物的主体。显然，笛卡儿眼中的世界是可以

1 维特根斯坦. 逻辑哲学论[M]. 贺绍甲，译. 北京：商务印书馆，1996:25.

由人进行形式化处理的“表象世界”。在这个世界中，人创造的“逻辑方法”是万能的、知识确定性的基础，不受先天法则的制约。

2）叔本华的表述

叔本华认为：“作为表象的世界，也就是这儿，我们仅在这一方面考察的世界，它有着本质的、必然的、不可分的两个半面。一个半面是客体，它的形式是空间和时间，杂多性就是通过这些而来的。另一个半面是主体，这半面却不在空间和时间中，因为主体在任何一个进行表象的生物中都是完整的、未分裂的……这两个半面是不可分的……一切客体所具有本质的，从而也是普遍的那些形式，亦即时间、空间和因果性……根据律（因果律——注）就是我们先天意识着的，客体所具一切形式的共同表述；因此，我们纯粹先天知道的一切并不是别的，而正是这一定律的内容。”[1]

按照叔本华的理解，表象世界存在于主客体的关系之中，而客体半面的时间、空间、根据律是先天意识着的存在形式，因果逻辑存在于客体半面（逻辑空间）的事实之中。

无论笛卡儿还是叔本华，都将表象世界看作因果律得以运行的存在形式。笛卡儿将其看作主体意志的存在，以“我思”——逻辑（而不是心灵感悟）为起点，构造形式化、数字化的表象世界；而叔本华认为因果律不是存在于“我思”的，而是存在于“先天意识着的”客体半面之中的。主、客两个半面密不可分，对世界的认知，只有将主体意志客体化，才能进入“根据律”（因果逻辑）得以运行的表象世界。笛卡儿和叔本华对表象世界的描述，其本意都是从不同角度寻找逻辑存在的哲学归宿，或者说寻找逻辑通向未来之路的理性支持。但他们均将表象世界看作以客体为对象的形式化世界。如果揭示这个表象世界与“未知本体”的关系，将直接触及维特根斯坦“只能保持沉默”的边界，从科学至上观念出发，逻辑向本体世界的过渡成为难以逾越的屏障。

---

1 叔本华. 作为意志和表象的世界[M]. 石冲白，译. 北京：商务印书馆，2018:29-31.

3. 语言——逻辑的表达形式

我们将东西方语言哲学的差异等重大难题留待下文讨论。可以认同的是，迄今为止语言（含文字）是逻辑表达的最重要的形式。或者说，表象世界的信息交流是通过语言/文字实现的。经多年的形式化积累，西语不断被逻辑结构化，文字被逻辑符号化，而计算机语言进一步将对象世界数字化，并将其渗透到社会生活的各个角落……语言成为科学思维的形式化基础。即凡是用语言（主要指西语）表达的内容，或者说语言能表达的内容，就一定是形式化的；超越逻辑的（不借助思维概念的）的活动，如心灵默契、本质直观的感悟等，是难以用语言表达的（只能意会，不可言传）。

语言的逻辑化是冲破科学限制的根本障碍，语言（特别是西语）建立的逻辑壁垒，（根本障碍本质上是逻辑思维和逻辑表达的问题，非仅语言之过）使得维特根斯坦所说的“要为思想划一个界限，我们就必须能够想到这界限的两边（这样我们就必须能够想那不能想的东西）”，困难重重。

（二）从逻辑表象到世界图景

1. 本体论

我们不准备展开关于本体的哲学讨论，但对“表象世界”的认知绕不过对世界本体的探索。这种探索旨在理解“什么是表象”的同时，我们不得不追求现象（逻辑表象）背后的实质，并且在多级本质背后要探求世界的终极存在。十七世纪德国P.格科列尼乌斯将研究“实在的最终本性”归为本体论，将如何认识“本体”归为认识论；认为本体论与认识论相对称，在广义的本体论研究中宇宙论与本体论相对称。

我们永远不能穷尽对存在的认知，不能确切回答未知世界（未知本体）的终极本质是什么的问题。但是我们总会仰望星空，保留对“本体”终极秘密的好奇心。为了讨论表象世界与未知本体的关联，我们将未知本体规定为超越主体感知、认知边界的世界。将主体超越表象的“知性”（宇宙观）的进化，看作由表象世界向未知本体认知过渡的哲学革命。

科学思维是用二元哲学来解释“器”上面的“道”，力图用形式化的方法论来构造“本体之魂”——世界的终极本质。但理性的、基于逻辑的科学思维最终却往往走向迷误，如将本是人为的“宇宙全能”解释为来自上帝或神的求力意志，就像马克思批判的那样，“神是人类理智迷误的结果而非原因”；将本体演化的构想类比为数学化的机器图景。

2. 求力意志

就现代求力科学（Science for Power）取代古希腊求真科学（Science for Truth）而言，它首先体现在改变了人与自然的相对地位上。古希腊人认为“自然是内在性的领域，是理性和真理的处所”。人只能认识自然、追随自然、模仿自然，而不能改造自然、制造自然。而基督教把理性自由改造成意志自由（基督教发现，人的意志自由恰恰就在于，他有能力不服从理性的逻辑）。基督教的创世观念降低了自然存在论的地位，唯名论运动催生了人类中心主义，强化了征服自然的观念：“唯名论强调，上帝可以随意变更任何事物的样貌和本质，因此，变化乃是自然界最重要、最值得重视的事情……自然就是上帝的意志运动……唯名论的上帝的意志不是万物的形式因，而是它们的动力因；不决定它们的本质，而决定它们的未来。”[1]

求力意志在确立人类中心主义、征服自然、拷问自然（实验科学）进程中，其理念是将人与世界相互独立，即把世界看成一个独立于认识主体之外的客观对象，这个对象是由人征服的没有生命的存在，而且自然界的每一个物体之间都相互外在，它们之间没有任何内在的有机联系。

求力意志的深刻渊源来自人类的竞争天性。唯名论将人解释为上帝自由意志的分享者，人之为人更多在于其意志而非理性（理性的作用也是增强求力意志，可以说理性也是求力的理性）；笛卡儿等人类中心主义者在上帝之外确立了

1 吴国盛. 什么是科学（第 2 版）[M]. 北京：商务印书馆，2023:152-166.

人的至高无上的地位，赋予人拷问自然的权力；二元对立是求力意志的哲学理念。“在培根看来，认识自然的目的是改造自然，这是为现代科学定下的一个基本目标，征服和统治自然的概念构成了现代科学的基本前提。”[1]似乎科学在形而上的领域里只有强者的欲望（外力），缺少灵魂（生命）的归宿。

3. 世界的图景化

世界的图景化是力学自然观对本体的构想，或者说力学化思路的形而上延伸。海德格尔在《世界图像的时代》一书中提到：“存在者被规定为表象的对象性，真理被规定为表象的确定性……世界被人的表象活动把握为世界图像……现代的基本进程乃是对作为图像的世界的征服过程。”

笛卡儿的主体性哲学将人确定为主体，将世界确定为表象，世界作为表象就是世界的图景化。换句话说，表象世界指被客体化的逻辑空间，世界的图景化指被客体化、逻辑化的世界构成。这里的形而上理念，主要体现为自然的数学化与世界图景的机械化。

现代世界的概念被图景化、对象化，源于古希腊欧几里得的《几何原本》。《几何原本》所独创的是系统性的演绎推理，它是西方文化所独有的理性精神的源泉。而这种基于二元结构的演绎推理思维必然导致“分解”加“叠加”的还原论模式，使得数学化这条现代科学的主线成为坚固的图景化逻辑。

特别值得强调的是唯名论对数学化的关键作用：唯名论剥离了概念与事物本性之间的内在关联，“用确定事物相关关系的函数性（Functional）思维取代关于事物本性的实体性（Substantial）思维，是唯名论导致的根本转变”。[2]

自然数学化将二元对立的分析哲学提升到极致，其本质在于将整个自然界形式化，并提供了一种普遍通达的方法程序。“它不只是为自然界披上了数学的

---

1 吴国盛. 什么是科学（第 2 版）[M]. 北京：商务印书馆，2023:167-168.

2 爱德华·扬·戴克斯特豪斯. 世界图景的机械化[M]. 张卜天，译. 北京：商务印书馆，2018:547-548.

‘外衣’，还将自然界变得通体透明，使得作为现代科学之研究对象的自然界实际上是被构造的对象。”[1]

而现代世界图景的机械化（Mechanization）有两个意思，一是通过机械类比或隐喻来理解世界；二是用力学方式解释世界。世界图景的力学化作为一种形而上的自然观，其理性结构生长在形而下的分析哲学的根基上。即用形式化、工具化、符号化的逻辑理念解读超巨复杂的未知对象，将未知世界构想为一个孤立、静止、无生机的客体化存在[2]。这种以逻辑为起点构造的世界图景，事实上是将世界的本源（未知本体）的属性规定为逻辑的。在这样的认知视野里，逻辑是万能的——世界“不产生任何逻辑矛盾，逻辑可以穷尽世界图景里的所有细节”。

正如霍金所坚信的：“如果我们确实发现了一套完整的理论，它应该在一般的原理上及时让所有人（而不仅仅是少数科学家）所理解。那时，我们所有人，包括哲学家、科学家以及普普通通的人，都能参加为何我们和宇宙存在的问题的讨论。如果我们找到了答案，则将是理智的最终极的胜利，因为那时我们知道了上帝的精神。”[3]

在霍金眼里，宇宙的本质是逻辑的，只要发现一套完整的理论，就能穷尽“上帝的精神”。

（三）“逻辑表象”是被形式化的“模拟世界”

求力意志和世界图景作为形而上的哲学基础，事实上都是以“外力”为依据的，都在表述公理化方法论，或者说将工具理性（形而下）衍生为、解释为形而上的图景，将世界看作一个“死”的（确定的）被掠取的对象。从这个意义上说，

---

1 吴国盛. 什么是科学（第 2 版）[M]. 北京：商务印书馆，2023:187.

2 作者此处用“无生机的”一词并不是物理意义上的用法，而是在与活的主体相对而言的意义上，对客体化对象被外化、物化的意义上的一种比喻说法。——编者注

3 史蒂芬·霍金. 时间简史[M]. 许明贤，吴忠超，译. 湖南：湖南科学技术出版社，1988.

科学至上观念（如霍金所表达的观念）是用形式化的“死逻辑”去观察一个“活着的道法自然的本体世界”，作为形而上的宇宙观是缺乏依据的，它仅是超越边界的（变异的）形而下的方法论。

不管在现代人类中心主义的背景下，逻辑工具的“全能”多么令人眼花缭乱，力学自然观所构想的图景化世界，是一个被人为客体化、外在化、公理化、数字化的世界，终究是一个被主体形式化的“模拟世界”，它不是未知的本体世界。迄今为止，这一“模拟世界”给现代人们带来了孤立、静止、机械、无生机的思维方式，以及自古以来宇宙间无处不在的普遍联系被消解的图像，这样的做法终究难以成为人类通往未来的理性纽带。

二、关联本体的猜想

（一）关联本体的提出

1. 基本问题

表象世界是由西方科学哲学所定义的，构成了科学思维观的逻辑基础。“逻辑表象”是科学主义对存在的认知。我们的问题是，未知世界中存在着维特根斯坦所说的逻辑不能回答的“必须保持沉默”的东西，如果“我们必须能够想到那不能想的东西”，我们如何“想到那不能想的东西”？求人（或求神）不如求己（求自己的内心），或许第一步，我们只能对心中的未知世界进行猜想（基础假设）：它应该是外在化的、相互独立的、无生机的对象，还是自古以来宇宙间相互关联的、充满活力的、有机的本体？对此做出基础假设后，才有可能进一步讨论，从“逻辑表象”出发，能找到通往未知世界的路径吗？如果这一路径不存在，那么作为认知的起点，在信息时代是否可能由“非形式化的信息”替代“逻辑表象”？

2.“关联本体”的提出

之所以在现代，世界被图景化、对象化，是因为以求知意志为标志的人类中心主义把世界表象为一个可以被征服、拷问的图景；用数学化、空间化、时间化、机械化来构造这个未知图景，建立起以力学化图景为对象的科学思维观念和方法。

在被人为客体化的世界图景里，逻辑工具的全能是不言而喻的。因为客体化的对象是“可以说的东西”，之所以“都可以说得清楚”，是因为在逻辑空间里，主体和“事实世界”之间存在着天然的、共有的、可识别的关联纽带。正如维特根斯坦所指出的：“一个想象的世界，无论它怎样不同于实在的世界，必有某种东西——一种形式——为它与实在的世界所共有。”

“事实世界”（本体世界）是什么？这是一个永远不能穷尽的命题。道家将“想象的世界”称为“道”：“孔德之容，惟道是从。道之为物，惟恍惟惚”；佛家将“想象的世界”称为“空”。《心经》谓之“诸法空相，不生不灭，不垢不净，不增不减”。在东方智慧突破逻辑思维的视野中，作者认为关联是存在的本源，关联性是宇宙法则的意义背景；关联性是“想象世界”的本质属性，关联超越了二元对立、非此即彼的视野；关联即先天的智慧，关联立足于“活的”、生机的存在，关联引导生命对未知世界的感知。关联性存在于未知世界之中，它映现了一个充满生机、万物之间相互联系的有机本体。正如维特根斯坦所说的：“比起聪明的荒芜的山巅，愚蠢的山谷中有更多的青草在生长。”

据此，关联成为我们探索未知世界的坚韧纽带。我们将未知世界称为“关联本体”。关联性、主体、信息是三位一体、“道法自然”的演化结构[1]。

---

1 如果把信息分为不完全的信息（只有形式没有内容的、香农意义上的信息）和完全的（由主体赋予其语义内容的）信息的话，能够和主体两位一体的应该是后天的（完全的、由主体赋予其语义内容的）信息。就像海德格尔把范围缩得更小，表示语言和人是两位一体的。（语言是与人一道被给予的……人只是随着语言被给予的。语言与人类相互规定。《哲学论稿》，第 592 页）这里不展开讨论。——作者注

（二）逻辑表象与信息

1. 笛卡儿的“我思故我在”规定了逻辑表象的主体化背景

笛卡儿将思想作为一种意志，其基本功能就是将“被思者”构造为表象。这里需要特别厘清的是，用语言表述的思想本质上是逻辑的映现，或者说经过逻辑思维处理的映现。它不包含体验、感悟等人类感性的直观成分。笛卡儿从逻辑化的“我思”出发，将“被思者”构造成形式化的表象世界，是一个将“活着的”有生命的对象，经由主体将其客体化为“死的”可肢解的对象后，“模拟”而成的“逻辑表象”世界，或称“思维表象”世界。在与“事实”构成的本体世界之间，逻辑表象只是单一的主体的形式视角，不包含鲜活地映现主客体关联的、非形式的、多元的信息视角。

2.“信息”指主客体关联的映现

主体、关联和信息是三位一体、同步运行的结构；在形而下的视野，信息同步映现了主体的存在及其对存在的认知边界。

叔本华认为当“意志出现为现象”时，关系才在现实中映现（才被认知），才以客体形式进入根据律所支配的表象世界。如果现象是来自主体感知的表象，那么表象的背后是关系（一般现象的先天形式）的存在，也就是说，主体对关系的感知——“睁开了眼睛”，生成了“现象”。

叔本华说：“……从而那原始的混沌一团必须经过好长一系列的变化，才到得有最初的一只眼睛张开的时候。然而，这整个世界的实际存在都有赖于这第一只张开的眼睛，即使这只是属于一个昆虫的眼睛；因为有赖于眼睛即有赖于认识所必需的媒介，而世界是只对认识、只在认识中存在的……作为表象的世界是我们这里唯一要考察的，它是随最早一只眼睛的张开而开始存在的；没有认识的这一媒介，它是不能存在的。”[1]

1 叔本华. 作为意志和表象的世界[M]. 石冲白，译. 北京：商务印书馆，2018:61-63.

关于主体生成现象，中国古人是这样感悟的："惟江上之清风，与山间之明月，耳得之而为声，目遇之而成色，取之无禁，用之不竭"（苏轼《赤壁赋》）；"星月皎洁，明河在天，四无人声，声在树间"（欧阳修《秋声赋》）。在中国古人对现象的认知中，"睁开眼睛"仅仅是"五识"之一，还包括耳、鼻、舌、身识，以及不借助思维概念的直观感悟等。作为"意志出现为现象"，看到的现象和本质都是直观的鲜活的信息，完全不同于借助思维概念形成的形式化的"表象"。

由于眼睛是主体（叔本华称之为"完整的、未分裂的"）的有机组成部分，"睁眼"和主体的五识感知功能，被主体感应"关系"的先天的本能（心境、意志、情绪等）所启动，从而生成佛家谓之"色"的"现象"。叔本华认为"现象世界"是"只对认识、只在认识中存在的"，其隐含的前提是现象"可认识"。但何谓"可认识"？叔本华将它归于根据律这一先天形式的逻辑视野，可认识即可解释，并不涉及可感知、可领会却无法言述的"不可说"部分。因此，现象不是表象，表象指的是逻辑化的对象表述；现象指的是关联性的信息映现。

在信息时代，当信息越来越完整、深刻地映现现象的特征时，信息作为关系的表征，必然会以多种形态更显现地关联于主体，如中医、佛教等其他语言形式，直观综合的象形文字，或声、像、肢体语言，以及心灵默契等多种交流方式，终将突破单一形式化的逻辑囚笼。

3. 逻辑与信息的本质差异

逻辑讲的重点是形式，信息讲的重点是内容（信息到了心里面才有内容，在心外也只有形式）；逻辑指向确定性，信息指向不确定性；逻辑是死的，信息是活的；逻辑形式化处理的是没有生命的客体，信息是主体关联的活的映现；逻辑表象是将多元的、充满生机的关联世界外在化为单一的、无生命的相互独立的形式化世界，信息是将所有主体发生的关联行为，包括本能的、原生的、心灵感应的以及被诠释过的认知，映现为活的现象世界；逻辑表象处在二元哲学的形而下领域，信息产生于"道生一"的源头，它是认知形而上"道法自然"的媒介，信息在“一生二”的演化中与逻辑表象共存于形而下领域。

（三）现代科学思维的困境

表象世界是对存在现象的表述，人类总要探求现象背后世界的本源和基质（本体），逻辑表象世界是立足于“工具理性”构建的模拟世界，它背后的“宇宙图景”是对象化的无生命、无关联的形式本体，将此看作世界的终极本质是难以说服人的。

如果将未知世界看作一个有机的关联本体（我们的假设），那么在逻辑表象和关联本体之间似乎不存在认知的通道：因为从一个“死”的人为形式化世界认知一个活的充满生机的世界是难以想象的；从形而下的抽象化的形式出发推演出超越生命的“先天智慧”的内容，是难以想象的。对关联本体的认识论不可能建立在形而下逻辑的基础之上。

对于一个充满生机、充满因缘关联、不断生灭交替的未知世界，维特根斯坦所说的“与实在的世界所共有”的“形式”，肯定不是无生命的二元论的、工具化的逻辑形式，而是能映现“活”的内容的信息形式。信息将主体感知的多元化的关联，包括直觉的、反思的乃至信仰的关联内容映现出来，信息与充满生机的关联本体是天然连接在一起的，信息是“与实在的世界所共有”的唯一形式。

三、关联律、主体和信息

通过对现代科学观念的哲学基础的讨论，我们对形式化的逻辑工具的局限提出质疑，提出对关联本体的猜想，认为逻辑不能建立通往未知本体“生命意义”的桥梁。在这一认知的基础上，我们提出一个惊天大问：信息能作为通往未来的认知纽带吗？

在东西方哲学史上，人们从未将信息作为一个独立的哲学范畴进行研究。现如今我们要追索信息的本源这个天大的难题，天然地将“信息产生于主体、映现于关联”作为一个整体来思考：“关联”是主体化立场，区别于叔本华关于客体化表象世界的概念；“关联律”是超越逻辑的，不同于叔本华（包括笛卡儿）的根据律；而信息则是与主体和关联三位一体的枢纽环节。关联律、主体和信息是“信息哲学”（亦可用唯关联论、唯人论、唯信息论等表述，三者等价，“不一不异”）的理性基础。

由于对关联、主体、信息的领会是一件十分困难的事情，本节试图归纳初始的领会，在“领会信息——当代的认识论革命”和“信息大树的随想”两节中，再次从不同的角度展开认知的探索。

（一）关联的意义

我们的理解是，如果信息能构成一个哲学范畴，这个哲学的理论基点是关联。

（1）海德格尔说：“‘存在’是自明的概念”[1]。我们的信仰是，“存在”的本源是关联，关联是存在的意义所在。作为认知的桥梁，尽管从形而下到形而上“关联的形态”有所不同，关联律成为连接从信息映象到关联本体、跨越二元分离论到一元统一论范畴的认知脉络。

（2）之所以用“关联律”来表述“信息哲学”，是为了区别于叔本华以“根据律”来表述客体化的逻辑哲学。我们理解的关联律同样是一种先验形式，意指世界（宇宙）万物之间关联的普遍存在，特别是超越形式化逻辑的主体关联的存在，以及这种关联对求索未知世界的重大意义；“律”意指关联的先天法则，它出自“造物的智慧”；如同“存在”的概念，关联律是不可定义的，它是所有一般现象的先天形式条件。类同时间：“是先天被给予的……不是什么从经验中抽引出来的经验性的概念。”[2]

（3）由于对关联和信息的表达涉及对语言的选择，西方的语言以逻辑为基础，其思维方式是对客体进行外在的分解和独立解析，和以关联、统一为出发点的一元观背道而驰。故不得不尝试借用东方佛家、道家对一些可能相近的意思

---

1 马丁·海德格尔. 存在与时间[M]. 王庆节，陈嘉映，译. 北京：商务印书馆，2016: 4-5.

2 康德. 纯粹理性批判[M]. 邓晓芒，译. 北京：人民出版社，2017:49.

的表述，看看能否把心中说不清楚的难题隐喻地表达出来，找到交流的办法，进而审查“说出来”的是否是自己的“真意”，探讨解决难题的方向和路径。

（二）关联律、主体和信息

由于信息是将主体感知的多元化的关联——包括直觉的、反思的乃至信仰的关联内容映现出来，信息与充满生机的关联本体是天然相连的。

关联律、主体、信息三位一体、密不可分。由于关联是“想象世界”的本质属性，对关联的认知不能终极穷尽，其认识进程只能在主体与信息的互动中被映现，因此，探讨主体和信息的互动关系是信息哲学的基本脉络。

1. 对关联的领会

关联是什么？这是一个难以回答的问题。从哲学意义上领会关联，至少有以下几个要点。

1）关联、主体、信息三位一体、“不一不异”

就关联和存在的关系而言，关联是存在的意义所在。没有关联的存在，或者说没有关联的主体认知是没有意义的；就关联和主体的关系看，关联的意义源于主体的认知，而不是被客体化的对象，换句话说，关联来自主体（心）的要求，没有心灵和精神的追求就没有关联的意义；反之心灵的演化是由关联的意义导向的；就关联和信息的关系而言，信息是关联的映现，是连接主体和关联互动的纽带。从上述关系中领会到，关联、主体、信息是三位一体、同步生长的。

2）关联是先天的，其本质是跨边界的生灭变换

我们在狭义上谈的关联，指的是二元世界里主客体的关联，其本质是主体关联。如果没有主体，就没有主客体关联，也谈不上客体与客体的关联；如果在广义上谈关联，那万物都可以有关联，关联跨越了形而下和形而上领域。

自古希腊开始，西方哲学就执着于存在、本质（柏拉图）等问题。到现代科学观察客体对象、德国唯心论返观主体、海德格尔沉思存在，都是以持存为基本

思维方式的表现，不管是存在者还是存在本身。持存（古希腊用语，阿那克西米尼提出）的哲学涵义是“不变不动，永恒存在”。持存限定了二元世界的静态边界，但关联的本质是跨越边界的，它恰恰是倾向于“变动”和生灭变换的。

3）持存立足于无生命的客体对象，关联立足于活的对生命的感悟

从主体、心灵、意义世界、生灭转换的信息映现来领会关联，我们对关联的感悟是生命。将信息与主体看作生命的统一体，建立以信息为媒介破解当代哲学之谜的新的路径。

“我认为生命哲学的价值在于它包括的思维形式要比形式逻辑的思维形式更丰富、更灵活。我越来越怀疑，那些时髦的公式，如‘进化理性’‘理性的先决条件’在说明体验的不可置疑问题上会比生命哲学更进步。”[1]

2. 主体

主体和客体是二元哲学的分离概念：在二元语境里，主体指实践活动和认识活动的承担者，客体指实践活动和认识活动的对象。

1）叔本华、尼采、海德格尔的主体概念

叔本华：“作为表象的世界，也就是这儿我们仅在这一方面考察的世界，它有着本质的、必然的、不可分的两个半面。一个半面是客体，它的形式是空间和时间，杂多性就是通过这些而来的。另一个半面是主体，这半面却不在空间和时间中，因为主体在任何一个进行表象的生物中都是完整的、未分裂的……这两个半面是不可分的。”[2]

尼采：有权力意志的那个东西。（从批判叔本华的生命意志而来。）

海德格尔：作为主体，一是此在（Dasein，我们自己向来所是的存在者）；二是思执，开始领会、沉沦、操心的那个东西。

---

1 费迪南·费尔曼. 生命哲学[M]. 李健鸣，译. 北京：华夏出版社，2000:2.

2 叔本华. 作为意志和表象的世界[M]. 石冲白，译. 北京：商务印书馆，2018:29.

2）东方哲学对主体的认知超越了形而下的视野

东方哲学中没有二元论中相对于客体而言的主体概念。像佛家说到的“此岸”，过去世、现在世、未来世三世轮回中的生命，在某种意义上与“主体”有关。东方哲学突出生命是活着的，具有感知、悟知能力的存在。而不是相对客体的形而下的“理性存在”。如佛家有一些说法和“主体”的意思相关：

一是常住、永不离开的主人（能离开的是客人）；二是产生八识（眼耳鼻舌身意六识、第七识末那识、第八识阿赖耶识）的那个东西；三是一念无明妄动、生了念头的那个东西；四是应无所住而生其心的心；五是妙觉圆明真心、佛性等。

主体的意义（存在的本质）源于生命，源于有生有灭的“活着”的事物，源于人类对“生机”的感悟。

3. 信息

1）信息即主体关系的映现

它包含主体和映现两个互为存在的内涵：其一是“显示出”“映现出”“潜在的被映现”，没有“映现”的主体关联是潜存的；其二是映现的关联被主体感知。如未被“感知”则“映现”不存在（如一千年前“暗物质”这个词是不存在的，约一百年前随着现代科学的发展才出现这个词。那么，暗物质这种东西而非这个词真的存在吗？并且，如果存在，那它是一百年前才出现的，还是很久以前就存在或者潜在的？）因此，当人们说某个词的时候，是否意味着这种东西此前只是潜在地被“映现”？

在形而下“具象”的领域，主体和信息的交互渗透、交互完善是关联律的外部映现；在形而上的“以空为体”的“抽象”领域不存在主体和信息的形式，或者说主体和信息是“无形的”“潜存的”“同构的”；在“诸法空相，不生不灭，不垢不净，不增不减”（《心经》）的视野里，孕育着主体和信息存在——“有”的渊源；精神、心灵与潜在的信息（“潜在的信息场”）融为一体，构造了形而下有形的主体和信息的源头。

2）信息是主体感悟关联的载体（纽带）

主体（心灵）是如何通过信息感悟未知世界的？感悟的源头是什么？这是信息哲学存在的根本问题。

（1）我们的初步意向是：心灵是通过对跨领域的（如“一生二”的）“初始形式”的“选择”来感悟未知世界的。其中初始形式指第一次被看成事物的形式，佛家眼耳鼻舌身之后的第六识“意”为形式认识的起点；语言学的“指称”即第一次形式的出现（它可以是符号，也可以是直接指向内容的象形文字）；而“选择”不是指主体的意识行为，而是无意识的情感、情绪机缘（先天的）。对初始形式的“选择”是思维的第一次启动，如对一个苹果的“命名”（“指称”形式，含内容），是指将眼耳鼻舌身所感应的（苹果的）色声香味触第一次标识为事物——称苹果。这一进程被看作人和动物的根本区别，因为它启动了以人的形式为起点的思维活动。从这个意义上看，对于眼耳鼻舌身的前五识而言，人和动物没有本质的区别，都是对外部世界的客体感应；但是从第六识——人对初始形式的第一次启动（命名）开始，人和动物产生了根本差别。人开始具有了思维（心的感悟、反思）能力，开始由主体主导对信息的选择和认知。

至于形式的选取（和内容的关系），中文的“苹果”含内容（草字头、田、木均有隐喻），英语的 apple 仅是符号。为什么选择不同的形式？也许可以说是不同主体的与客观世界关联的机缘不同，或者说他们感应的信息（如环境、气候、食物种类等）环境不同。

（2）形式之“形”是认知的起点，不管是什么样的“神”（内容），都只有被赋予“有形之载”才可能被认知。如老子所云：“名可名也，非恒名也。无名万物之始也；有名万物之母也。”

主体（心灵）通过信息感悟关联世界，是通过形式（“名”）的显现开始的。由于感官感受到的对象是需要解释的，认识就是解释，解释就是就看到的结果给自己提供一个原因，以使自己心安（以疏解、摆脱最初的畏的情绪）。解释就是解释信息。“形式”就是解释的起点；形式信息的“机缘”决定了“感知”“理知”“悟知”“本质直观”的认知路径，形式的演化（非恒名）信息反过来激活、调整、引领主体（心灵）的感悟方向。如通过逻辑推理的理知是对象化的，确定性的（恒定的）“机缘”，在形式化空间几乎是万能的工具理性[1]，但逻辑的“恒定”天然地导致理知的固化，这些恒定的“形式信息”远离初始选择的“活的心灵”，它引领和放大主体思维的形式化领域，挤压乃至湮没人的活生生的情感机缘；而通过“本质直观”对形式的主体化、不确定性（非恒名）机缘，先天地缺乏科学的基因，选择的形式信息的感知是个性化的（如中医中寒热虚实等说法并不是物理意义上的说法，而是用以表达个体体验的隐喻说法），但力求与主体的感应相沟通；这种不确定的“形式信息”的交流，提供了主体（思维）的激活、调整、优化的巨大空间。

（3）思维、形式与信息的关系是领会信息的主题之一，特别是在思维的信息基础中，信息对思维的导向作用的思考，本质上是一个哲学问题。导向作用背后的问题是：哪些信息是“活”的，能产生对思维的反作用机制？其中有先天的吗？如果对初始形式的“选择”出于主体情绪、情感的机缘，那么这些机缘又是由什么引发的？就此还能继续追问下去吗？

至于有没有来自先天的信息启示，迄今为止只能是一种猜想。

四、信息革命——形式与内容的转换

如上所述，我们讨论信息革命，在理论上不得不重新审视“如何领会信息”这一颠覆性的哲学命题；在实践上绕不过语言——迄今为止最重要的信息形态。人们对语言学，特别是语言哲学的研究已逾百年，但研究的思路始终未能超越逻辑空间，未能使用信息的理念和方法考察语言逻辑的局限，未能在逻辑的边界寻求突破，语言逻辑已为人们根深蒂固地接受为固化的、难以替代的鉴别真理的形式（用逻辑命题推理真假来识别“真理”）。

---

1 工具理性和价值理性是马克斯·韦伯对合理性概念进行划分时用的两个词。——编者注

维特根斯坦第一个对逻辑的完备性提出质疑，自此越来越多的人感受到语言哲学的局限，感受到对信息内容（我们相信它的哲学体系终会形成）感悟的重要性，开始思考语言学中形式逻辑导向与语义信息导向的差别；这一探索天然地向命题的逻辑和非逻辑的结合部、语言的形式与内容的交汇点集中，进一步探讨语言形式是怎样生成的？在形成语言体系的过程中，哪些文化动力促进语言形式与内容的交互演变？从中浮现出对信息的哲学思考。

（一）语言哲学

语言哲学是一门什么样的学问？“它是一门对语言进行分析的学问。或者可以说它是试图回答关于语言的疑问的一种工作……从研究语言学的学问中除去科学的部分，剩下的就是语言哲学。”[1]所谓“语言学的学问中除去科学的部分”，应该是指语言学中“非逻辑”的部分。

我们从信息的角度观察语言哲学，它涉及两个要点：一是主体如何通过语言沟通、交流信息；二是主体如何通过语言求真，即如维特根斯坦所说，如何通过“想象的世界”逼近“实在的世界”，或者说主体如何通过语言认识未知世界。

1. 主体通过语言沟通信息

语言的本质是什么？是个很难说清楚的问题（海德格尔曾说，语言是存在之家，也只是某种说法，谈不上是什么本质）。语言的主要功用之一是主体间的沟通（有明确的交流目的）；语言的形式是什么？是系统表达：不管文字语言、音乐语言还是肢体语言，都是采用一套共同处理规则（如文字语言中的语词、语法、语义等）来沟通的系统。由于沟通是语言产生的需要之一，语言沟通的稳定性、共同性、确定性、可理解性要求，天然地对表达内容的对象化、形式化处理具有倾向性和依赖性，即多数的交流是面向物化对象的，形式化的方法是最简明、最具有共性的，这应该是语言逻辑出现的原因。也是西方语言被广泛接受，

---

1 服部裕幸. 语言哲学入门[M]. 许宗华，陈琳，译. 北京：商务印书馆，2020:4.

西语得以快速传播的重要原因。

2. 寻找通过信息求真（识别真实、真理）的路径

迄今为止的“语言学转向”被看作一次哲学革命，其主题是考察通过语言逻辑确定命题的真实性（真理性）的可能。如罗素在《逻辑哲学论》的导言所述：语言哲学“首先涉及的是命题的逻辑结构和逻辑推论的性质，然后我们依次经由知识论、物理学原则和伦理学，最后达到神秘之物（das Mystische）”。

我以为这次革命的最大成果是识别了语言逻辑的局限性，即维特根斯坦所说的“对于不能谈论的东西必须保持沉默”的边界。

我们关注的问题是，“信息哲学”能突破语言哲学的局限吗？如果能，那么突破的理性基础是什么？

（二）语言学转向

“语言学转向”被看作自康德理性主义启蒙以来最重要的哲学革命。我们的理解是，语言学的“求真”革命在性质上并未突破逻辑的边界，它仅是信息哲学的序曲，而不应理解为，信息哲学是语言学革命的余波。

按照西方哲学的看法，康德的《纯粹理性批判》提出了认识论转向，拥有了通过自己的理性来认识世界的合法性，开启了主体性哲学的时代。语言学转向是继认识论转向后的又一次哲学革命，是通过语言的逻辑化来探求真理，即所有关于真理的陈述不过是我们的语言，了解真理就是了解陈述的语言。“哲学家们提出的大多数问题和命题，都是因为我们不懂得我们语言的逻辑而产生的”（《逻辑哲学论》导言）。为此，什么样的语言逻辑能“求真”成为语言学转向的基本问题。

（三）语言哲学与求真

语言学能否求真的问题，本质上是逻辑的思维模式和方法能否通往未知世

界的哲学问题。而语言是信息的表达方式，是思维的信息形态，维特根斯坦说“我的语言的界限意味我的世界的界限”[1]。什么样的语言（信息）能沟通未知世界？不仅是求真——表达客体的真相（的逻辑），还包括审美——表达主体的价值（的感悟）。从这个意义上看，语言在完成交流、沟通的使命时蕴含着深刻的哲学涵义，或者说信息在主体认知时映现着深刻意义。语言哲学是信息哲学的有机组成部分。

1. 语言学求真的逻辑基础

语言求真的问题是，求索语言描述的命题是“真”的还是“假”的。其中，“真”指真实或“真理”，即“语言的基本职能是断言或者否认事实”（《逻辑哲学论》导言），而“‘真理的问题’归结到命题如何证实这个问题”[2]，这样来看，“语言求真”其实可以看作“语言求实”，简言之，语言求实即寻找通过语言考察“真实”的逻辑条件，或者说将“事实”变成用语言可以界定、叙述的条件。语言学求实是用逻辑理性寻找、确认“真实”的尝试。

语言学求实涉及的是命题的逻辑结构和逻辑推论的性质，继而将语言逻辑化，即建立一套逻辑上完善的语言所必须满足的条件，以评价、判断命题的真实性。维特根斯坦在《逻辑哲学论》一书中严谨地阐述了这一思想和方法，提出以下七大命题：

（1）世界是一切发生的事情。

（2）发生的事情，即事实，就是诸事态的存在。

（3）事实的逻辑图像是思想。

（4）思想是有意义的命题。

（5）命题是基本命题的真值函项。

（6）真值函项的一般形式也是命题的一般形式。

（7）对于不可说的东西，我们必须保持沉默。

---

1 维特根斯坦. 逻辑哲学论[M]. 贺绍甲，译. 北京：商务印书馆，1996:88.

2 A·J·艾耶尔. 语言、真理与逻辑[M]. 尹大贻，译. 上海：上海译文出版社，2015:64.

通过环环相扣的命题（命题就是从原子命题的总体所得到的全部东西）解析，维特根斯坦建立的公理架构排除了由目的论、意志论等主体因素带来的不确定性，使得在逻辑空间“凡是可以说的东西都可以说得清楚”。证实对客体化的对象——“发生的事情”，语言逻辑可以检验和表述“真实”。维特根斯坦的结论是：“这里所传达的思想的真理性，在我看来是无可辩驳的和确定的。因此我认为，问题从根本上已获致最终的解决。”

需要强调的是，维特根斯坦在前言中明确提出了逻辑求实的局限性。他说：“本书想要为思想划一个界限，或者毋宁说，不是为思想而是为思想的表达划一个界限。”因为“不能想的东西”是无法（用逻辑）表达的：“对于不能谈论的东西必须保持沉默。”用我们的语言来诠释的话，结论是：凡是逻辑空间被客体化的对象，语言（西语）是可以检验、评价、叙述命题的真实性的；而超越逻辑边界的主体性内容或者说并非逻辑能够完全覆盖的内容（如伦理、情感、意志等），是“不能想的”，或者说是不能用逻辑命题去想的，因此也不是可以用逻辑的语言去表达的，对这些东西必须保持沉默（如维特根斯坦在《逻辑哲学论》里说过：“伦理是不可说的。伦理主体的意志是不可说的。”）。

2. 西方哲学——从形而上学到拒斥形而上学

亚里士多德在《物理学》一书中的“形而上学篇”被视为西方以形而上学为主的哲学思想开端（尽管在他之前的不少古希腊思想家思考的也是形而上的问题）。到了近代科学思潮和现代形式逻辑、数理逻辑、存在学等哲学思潮兴起后，西方哲学似乎开始拒斥形而上学，典型代表是以逻辑主导的形而下的（语言）分析哲学、追求不同于形而上学第一开端的另一开端的海德格尔存在学。

（语言）分析哲学是形而下的哲学。语言学求真的哲学基础是对真伪的“可证实性原则”。可证实性原则是以逻辑（包含经验）分析为基础的。而任何形而上的超验事物的属性和存在是不能用逻辑推演证实的。因此，哲学分析活动是“拒斥形而上学”的：“许多形而上学的言辞与其说是发表这些言辞的人为了有意识地企图超过经验界限，不如说是他犯了逻辑错误”，“从我们的意义来说，哲学是完全不依赖形而上学的”。

对真伪的可证实，本质上是对“有形的”对象（命题）的“是”与“否”的判定。确定对象的“形”（形式）是二元论哲学（逻辑分析）的起点。

海德格尔似乎走上了另一种形而上学之路，他拒斥的只是亚里士多德开端的形而上学，同时他也在（无意识地）拒斥逻辑确定的哲学。在某种意义上，他和我们的思考有类似之处，但他可能比我们缺少了一个明确认识，即他可能没有认识到，我们所有人的思考，都只能是逻辑的思考，拒斥逻辑可能是一种徒劳。

3. 维特根斯坦的突破

维特根斯坦在后期《哲学研究》的前言中写下了这样一段话：“我曾几次企图将自己的成果连接为一个整体，然而都没有成功。此后我认识到我永远也不会成功……自从我于16年前重新开始研究哲学以来，我不得不认识到我写的第一本著作（《逻辑哲学论》）中有严重错误。”

对于这种“错误”，维特根斯坦的反思结论是：“那种词语自身具有确定意义、语句（命题）中各词语之间具有确定关系且该关系决定语句意义、各语句间具有确定逻辑关系的终极系统，是不存在的。”[1]

维特根斯坦揭示了人和世界的“原始”状态，不存在臆想中完善的“逻辑世界”，逻辑和非逻辑是纠缠并存的。从这个意义上说，维特根斯坦是西方哲学的解放者。

（四）语言哲学及其文化背景

1. 语言学的哲学范畴

语言是连接形而上与形而下的东西。在形而下一侧，因为语言的主要功用之一是主体交流、沟通的“形式”，所以是“有形的”命题。

---

1 楼巍. 维特根斯坦“哲学研究”注解[M]. 上海：上海人民出版社，2019.

形式是指向命题内容的，命题作为形式和内容的统一体，形式的确定性（西方哲学）建立了清晰、严谨的逻辑哲学，但同时导致了对内容认知的壁垒（如“对于不能谈论的东西必须保持沉默”）；而形式的不确定性（东方智慧）建立了聚合多样性创意的构架，但导致内容“不可证实”。

2. 语言形式的文化背景

主体间的交流是语言产生和发展的基本条件。就交流而言，越是形式化、标准化的语言越容易沟通，越容易被广泛接受。以形式为起点的语言在传播上具有天然的优势，但在形而下设定了牢固的壁垒，使得人的猜想和感应能力受到限制；而非逻辑化（和直觉与感悟关联）的语言形式，其命题往往是不分明、不确定的，对不同的主体“意义”不同，没有统一的结构化的范式。这种语言交流往往靠交互双方的“心领神会”，难以标准化推广，但为个性化、多样化的创意开辟了广阔的空间。

金岳霖先生在《论中国哲学》一书中是这样描述东西方文化差异的：“希腊文化是十足的理智文化；这种文化的理智特色表现为发展各种观念，把这些观念冷漠无情地搬到种种崇高伟大的事情上去，或者搬到荒诞不经的事情上去，归谬法本身就是一种理智手段。这条原理推动了逻辑的早期发展，一方面给早期的科学提供了工具，另一方面使希腊哲学得到了那种使后世思想家羡慕不已的惊人明确……中国哲学中没有打扮出理智的款式，也没有受到这种款式的累赘和闷气……中国哲学非常简洁，很不分明，观念彼此联结，因此它的暗示性几乎无边无涯。结果是千百年来人们不断地加以注解，加以解释。很多独创的思想，为了掩饰，披上古代哲学的外衣；这些古代哲学是从来没有被击破的，由于外观奇特，也从来没有得到全盘接受的……不管出于什么现实的原因，这样的中国哲学是特别适宜于独创的思想家加以利用的，因为它可以毫不费力地把独创的思想纳入它的框子。”

例如，东西方语言背后的文化差异，在语言学中我的主、宾（如 I 和 me）

表达上是明显的。

西方语言是主、宾分离的——旨在二元对立中明确“是”的确定性，而将 I 和 me 的关联性（同一性、统一性）置于第二位——用主、宾（逻辑）关系表达。语言表述以二元对立的主客分离为基础。其逻辑的源头来自“以物见理”的外部世界（二元论的外证体系）。

中国文化中的主体关系——认为关联性是世界存在的基本形态。中国文化从来就把主体间的关联置于伦理的首要位置，产生“己欲立而立人，己欲达而达人”“己所不欲，勿施于人”“等差之爱，推己及人”的思想谱系。在 I 和 me 的关系上无论主、宾都是“我”——一元论思维“有”的不确定性。中国文化将同一性、统一性的“我”置于首位，不强调主、宾地位“是”的分离和确定，而突出“人己互变”（关联）：通过作为宾语的 me 倾听、考虑外部世界对“我”（me）的期望和要求，再回到“我”（主语 I）该做什么和怎样做的思虑和行为。在中国传统文化中没有像“外证体系”那样对 I 和 me 的逻辑独立和分化，这种东方智慧既约束了单纯的 I 的个人意志膨胀，也弱化了单纯的 me 的依附性。中文的表达以一元的关联与协同为基础，其源头来自“以心见物”的“心”的世界（一元论的内证体系）。

由于文化背景不同，语言形式一定是多样的。纯形式（逻辑化）的语言易传播，但难以与精神沟通，不能问津“必须保持沉默”的领域；用类比、参照表述的非形式化语言提供心理交流的个性化空间，但一定“不普适”，即使面对“可以说得清楚”的领域，亦缺少严谨的理性方法。

（五）语言的形式与内容

正如本文开始所说，之所以讨论语言形式与内容的关联性，是因为在当代多种信息的交互冲击下，人们往往能感受到语言哲学的局限，感受到对信息内容感悟的重要性，开始思考语言学中逻辑导向与信息导向的差别；这一思考逐步向命题的逻辑和非逻辑的结合部、语言的形式与内容的交汇点集中，开始探讨语言形式是怎样生成的，从中领会信息对认知未来的重要地位。

1. 形式是先天的吗

亚里士多德在《形而上学》和《工具论》的“范畴篇”中谈到了实体由形式和质料组成。我们说的信息的形式和内容与之并不完全对应。我们说的内容（在语义、意义的含义上）是无形的、无实体的、无物质成分的，它只有“可感受的意味、可领会的意思”的意思。而亚里士多德说的质料含有物质组分、质地的意思。

柏拉图认为形式和本质是先天存在的，形式和理念（本质）可以离开感性事物而独立存在。“柏拉图理论中的主要论点之一是，他必须把形式或本质或始基（先父）看成是先天存在的，因而是与感性事物分离的。”[1]亚里士多德亦认为本质与形式是同一的。他在《形而上学》中写道：“人的形式是什么？是他的本质。”源自古希腊的理念，形式和本质同一，以形式为起点，形式决定内容的公理化逻辑是亘古不变的。

如果从信息关联的角度领会形式，对形式的认知不是来自先天理念，而是来自人类对世界的感悟，对此，佛家给出了主体化的认知模式。佛家说的“八识”——眼耳鼻舌身意、末那识、阿赖耶识，其中前五识是对外部事物的发现，如一个苹果，前五识只有色声香味触，没有名称（形式）及感官综合感受的内容，到第六识“意”起作用才能看成一个事物（苹果）。末那识是小我，阿赖耶识是含藏万法的种子识。

由此可见，第六识“意”是形式和内容的第一次综合，是形式的起点。思维是从“意”开始的，前五识的“感觉”不能启动“思维”，只有“意”给出了形式，才有可能对看到的结果（信息）做出解释，形成“认识”。“直观的认识就是由感觉接受信息到知性解释信息（知觉），反思的认识就是逻辑计算的解释”。我以为“意”可以和维特根斯坦称的“指称”相对应。他说：“学习语言就是给对象命名。命名就如同给一样东西贴上标签……一个词如果没有东西与它对应，

---

1 卡尔·波普尔. 开放社会及其敌人（第二卷）：预言的高潮[M]. 郑一明，译. 北京：中国社会科学出版社，1999:15.

它就没有意义。”

综上所述，如果不以理念为基础，而从信息关联（主体的“感应”和“悟出”的关联）的角度理解，初始形式（指称）是主体感悟的结果，不是先天的本质。

2. 指称——语言形式和内容的结合部

佛家的第六识“意”是形成事物认识的起点，或者说是主体认知事物的起点，即主体对事物的“形”和“神”生成的第一次感悟。这种感悟用语言表述就是指称。维特根斯坦在《哲学研究》中提出的“语言游戏”，就是指称：“教师指着对象，把孩子的注意力引向这些对象，同时说出一个词来”，“指”和“说出”就是指称。

指称是《哲学研究》一书的主题。“因为配得上成为逻辑的起点的东西，只有、也只能是最初始的那个简单的‘名’，或者叫作指称的符号，它自然也就成为理解人类如何进行思想（逻辑）思考的界石，维特根斯坦所说的思想或思想表达的界限自然也就由它划出。”[1]

指称是语言形式和内容的结合部。其中，“形式”——“形”的确定性指向公理化的逻辑，指向客体化的“死的”物，指向形而下的“有形”存在；而“内容”——“神”的不确定性指向非逻辑，指向主体化的“活的”生命，指向形而上的“无形”存在。海德格尔的一个贡献可能是，他认识到了“形式可以被认识，而内容只可能得到领会”。形式可以被认识，是因为形式可以对象化。领会不是认识。领会不是解释，领会不需要给自己提供一个原因，而是要让自己接受一个事实，这个事实就是“自己看到了那个它，它就是如其所是，没有什么值得追问的了。”

“形”与“神”在交叉点结合，“指称”是应运而生的“胎儿”，是语言体系的起点。

---

1 杨志刚. 分析信息：香农、维特根斯坦、图灵和乔姆斯基对信息的两次分离[M]. 北京：人民邮电出版社，2021:93.

3. 由形式到内容的信息形态

对于形而下的信息形态而言，语言可以“显示”出来。正如维特根斯坦所说“我们先给事物命名，然后才能谈论它们”。如果指称是“道生一”，形式和内容就是指称的“一生二”。在形而下的范畴，“形”是“神”的存在条件，必然首先“命名”，才能“指向”谈论对象。我们研究指称，自然遵循由形式到内容的思维脉络。

由于各民族背后的文化渊源不同，所以“名”作为形式的起点（如老子所说，有名万物之母），命名后导向出完全不同的语言体系。如维特根斯坦所说“想象一种语言意味着想象一种生活方式”。在西语的文化背景里，事物的形式和本质是统一的。在西方视野里，形式先天地决定了内容，从形式出发，终将能归纳、整合、挖掘出与形式关联的内容。西方事物的“名”往往用符号表达，通过对客体化对象的分类标识，适应逻辑化语言的确定性、公理性和普适性；但东方语言（汉语）的文化机缘完全不同：东方的“天人相与”“天人合一”，从来就把生命和事物的本质看作统一体。“这‘天人合一’说确是一种无所不包的学说；最高、最广意义的‘天人合一’，就是主体融入客体，或者客体融入主体，坚持根本同一，泯除一切显著差别，从而达到个人与宇宙不二的状态。”（金岳霖《论中国哲学》）在中国语言中，事物的形式（名）只是随生命流转而变动的外形。诚如老子所说：“名可名也，非恒名也。无名万物之始也；有名万物之母也。”其中，“非恒名也”即“名”并非不变的常态。在东方，事物的“名”往往用象形文字或隐喻的方式表达，名不是实质性所在，而是主体感悟对象（“主体融入客体”）的媒介。如，“中医学基于五行（金木水火土）的基本属性与作用原理，运用取象类比的隐喻认知方式，将五行学说发挥得淋漓尽致”，“阴阳学说贯穿中医学整个理论体系之中，隐喻建构阴阳在中医学中的作用”。[1]每个中医对中医语言的理解都是个体化的。但这些隐喻表达是综合主体和对象直观感应的中介，其中积累了大量的经验（用隐喻表述的感悟——“暗默知识”），它变成一

1 陈战.《黄帝内经素问》隐喻研究[M]. 北京：人民卫生出版社，2021.

种专用（感应）语言，即到一定的修为层次才能交流，才能达到某种理解，但说不清楚，专用语言是外行无法问津的语言。需要强调的是，在数字化时代，尽管这种主体化的语言得不到“严谨的”理性支持，但它可能开辟一条通往“不可说”的前所未有的通道。

（六）信息哲学的曙光

我们讨论信息哲学的初衷在于认识到逻辑工具的先天局限，期望找到跨越逻辑边界的思路和方法。由于人类的思维（理念）方式和表达（语言）方式已经逻辑化了，我们在逻辑的语境里难以表达非逻辑的创意，只能用隐喻（如佛家的语言）刻画思维脉络。但信息哲学中有两个基本命题是绕不过去的：其一是什么是信息；其二是语言和信息的关系。因为迄今为止语言是表达信息最基本的方式。

1. 语言与信息的差异

把语言和信息的概念说清楚是件困难的事情。特别是信息，由于对信息概念的理解超越了用逻辑诠释的范畴，所以至今还没有被普遍认同和接受的“概念”。为了表达语言与信息的不同，我们力求从“本质直观”的角度感知差异。

如上所述，语言的主要功用之一是主体间沟通与交流的媒介，语言形式的本质是逻辑的，是形而下的。

信息的本质是什么？是主体感知的映现，是“心灵感应”（情绪/情感的产生）的表达。这种表达与（对关联的）“思”“识”同构。源头不是“沟通”，而是“映现”；信息的形式是什么？不是为沟通产生的“系统”，而是主体映现的“状态”，是主体的直观本能；这种本能是对“关联”的响应，其核心是神，不是形；是内容，不是形式。信息的“魂”来自心灵，是非逻辑的映现。

2. 信息哲学的曙光

如上所述，我们从语言与信息的属性差别，逻辑与非逻辑的结构差别，主体关联与客体对象的视野差别，形与神、身与心的导向差别的探讨，可以粗略地感知到信息不同于语言的哲学内涵。我以为这一内涵可归纳为，在语言逻辑锁定的形而下的终点，语义信息开辟了连接形而上领域的新起点，或者说开辟了跨越维特根斯坦“不可说”界石的新起点。

斯蒂芬·格奥尔格的一句诗“词语破碎处，无物可存在”曾被海德格尔借用，可以理解为一旦跨过语言（逻辑）的界石，就从逻辑世界进入非逻辑世界。从对信息的认知出发，语言应该是由主体（“心灵”）引导被客体化的“形式”出现和演化，是非逻辑的认知拓宽逻辑结构的边界，是信息的生灭主导语言体系的完善。

应该说，语言学转向是信息哲学革命的序曲。语言学求真是一场不充分、不完全的革命，因为它始终没有，也不可能跨越逻辑边界。突破逻辑禁锢只能从信息（迄今为止还未看到任何其他可能性）开始，我们依稀感受到信息哲学的革命曙光。

如果说语言学革命是以弗雷格为起点、以“前期的”维特根斯坦为顶峰的话，那么，信息哲学革命可以将“后期的”维特根斯坦看作起点，是后期的维特根斯坦而不是别人奏响了信息哲学革命的序曲，这个序曲与语言学革命的曲子已不再是一个基调，它远比语言学革命的曲子宏大和深远，某种意义上它已向不可知的“神域”进发（就像罗素说维特根斯坦搞神秘主义）。它与语言学革命只是共用一些词，但对这些词的理解已完全不同，因此曲子的韵味也完全不同。语言学革命不过是逻辑的进一步精确化（从形式逻辑到数理逻辑），增强逻辑工具的力量而已，其典型产物就是人工智能（AI）；信息哲学革命则将尝试越过逻辑边界，进入非逻辑的未知之域。

五、领会信息——当代的认识论革命

（一）认识论的时代困境

梳理上文，认识论的时代困境，来自西方哲学所依托的逻辑基础的不完备性受到挑战。建立在逻辑哲学基础上的现代科学思维观念，一方面在公理化的理论和方法的强势推动下，不知不觉地成为超越哲学和宗教影响的“普适”观念；另一方面，这种源于竞争中“强者欲望”的人文价值塑造的权力哲学与协同共存的时代要求的冲突，导致了当下认识论的时代困境。人们开始质疑以下诸点。

1. 逻辑是通往未知世界的理论支点吗

引导人类认知的是主体还是客体，是依据活着的心灵的感悟，还是依据人为客体化的没有生命的模拟世界？是立足于关联的开放思维，还是独立、分离的封闭思维？是将所有主体发生的关联行为，包括本能的、原生的、心灵感应的以及被诠释过的认知，映现为活的现象世界，还是将多元的、充满生机的关联世界外在封闭为单一的、无生命的相互独立的形式化世界？

2. 逻辑的价值是工具价值还是人文价值

随着信息时代形式化、数字化步伐的不断加速，人们对数字化形态的网络和智能工具的依赖性越来越强，不知人们是否意识到，人的思维可能逐渐被这个原本只是作为辅助工具，但现实中却越来越具象、越来越精密的理性囚笼所禁锢[1]。人类思维退化似乎是一种可以感知到的压力，它正不知不觉地映现于我们的生活方式，人们欣赏逻辑工具的便捷，致力于对工具的使用乃至对工具理性的学习，使得思维不知不觉地被逻辑同化——用逻辑想问题，用逻辑处理问题。哪怕语言、文章、音乐、电视剧中，处处留下“逻辑文化”的痕迹。

现在说的认识论革命，已经不是康德时代的认识论转向，而是指当代对未知世界的认知求索，人类可能不得不冲破，甚至颠覆由逻辑工具不断编织的理性囚笼，寻找跨越逻辑的新的认知路径。

---

1 此处借用马克斯·韦伯的“理性囚笼”的说法，但与韦伯说的场景并不相同。韦伯在《新教伦理与资本主义精神》中说到，按照理性观念，原本对于身外财富的关注只应如同“披在圣徒肩膀上的一件轻薄斗篷”，但命运注定这个斗篷将成为一座铁的牢笼。也就是说，韦伯认为，理性原本应有的节制作用在此过程中被固化和长期化了。——编者注

3. 传统认识论的僵化思维

在现代哲学中，认识论（Epistemology）被定义为“关于知识的理论”（关于认知活动的理论）。认识论指个体的知识观，即个体对知识和知识获得所持有的信念；有人将知识定义为对某个主题确信的认识（有争议）。不管知识是先验的（先于经验观察）还是后验的（经验观察之后），知识具有真实的（True）、被证实的（Justified）和被相信的（Believed）特征。因此，逻辑和数学在知识领域里占有基础地位。

正如上文谈到的，不管是思维方式还是语言表达方式，对于客体化的对象而言，逻辑思维的清晰、精准以及理性结构的严密是不言而喻的，以逻辑为基础的“知识论”从根本上改变了人类的生产方式和生活方式。

如果把认识论看作“关于知识的理论”，它始终潜藏着两个易被人忽略的特征：其一是逻辑被认同的普适性；其二是逻辑的理性僵化。普适指逻辑是被“普适化”的，而不是“个性化”的。逻辑作为严密的理性工具可以形成普适的标准，易于广泛传播，易于在沟通中被证实、认同和完善，形成占据当代主导地位的逻辑思维；其二是工具理性的僵化。因为工具理性是形式化处理的结果，是建立在客体对象上固化的观念，其理性结构是确定的、牢固的、不能被质疑的；而在工具理性地基上建立的真实、可信、确切的知识论体系，往往作为一种“被证实的真理”存入世人的脑海，形成固化的思维惯性，换句话说，逻辑像病毒一样植入思维的本性，成为泯灭发自情绪、情感的不确定的创意冲动的“硬构架”，挤压甚至消解“活的”心灵活动。

正像阿尔贝·加缪所说：“我反驳的不是逻辑方法，我反驳的是那种以理性的逻辑方法来取代活生生的现实的思维逻辑。”[1]我们对逻辑也是同样的态度。在人类将征服自然时，无所不能的逻辑工具不知不觉地扩展到“心”里的时候，在遇到悟知、直觉等与意识直接相关的问题时，开始遭遇一个似乎无法逾越的

1 阿尔贝·加缪. 致一位德国友人的信[M]. 杨荣甲，王殿忠，译. 上海：译林出版社，2017.

屏障，即从某种意义上说，逻辑似乎成了“心”的敌人而不是“心”的助手：逻辑硬要把原本外在的、对象化的、检验过的标本置于活生生的“心”里面，不知不觉阻塞了生命的血流，“窒息”心的活力。逻辑修为越高，被禁锢在高墙内的眼界就越小、越僵化。为了使“心”获得自由，必须领会逻辑是置于“心”之外的工具，本应受“心”的驱使而不是成为“心”的束缚。从这个意义上看，知识作为认识论唯一的信仰原则是有欠缺的，逻辑的思维方式和表达方式的哲学局限是明显的，在“心”和逻辑的关联上重构信息哲学，应该是信息时代的历史使命。

（二）信息哲学的视野——从关联说起

1. 哲学上信息的缺位

在哲学史上，无论是西方的二元论，还是东方佛、道、儒一元的思想谱系，都未将信息作为一个独立的哲学概念来理解。西方将信息归并为客体的分类；东方则把信息作为主体的组成部分。在哲学上信息是缺位的。

在西方逻辑哲学的强势主导下，直至今天，多数人把信息看作消息、情报、指令、数据等决策的基础工具和手段。在西方哲学里，信息被独立为物化的无生命的对象，在把信息理解为资源时，将信息与物质、能量作为等价的客体看待，即使是作为知识（被证实的、确定的认知）的信息，也只是被客体化处理的对象，或者说逻辑表述的对象，与主体因素无关。在人们的潜意识里规定了信息的客体性，而不是关联性。离开了主体关联的眼界，信息没有独立的哲学含义。

在东方的文化谱系里，信息与主体是两位一体的。以佛家为例，佛家没有独立于主体的信息称谓，认为万事万物作为境、物，即被称为“色”。全部现象即是色的映现（大体是现在所说的信息）。色是从哪里来的？现象（信息）是从哪里来的？佛家说“三界唯心，万法唯识”“境由心生”，是说这个世界是因我们的八识而起的。显然，在东方的文化谱系里，信息和“心”相连，没有独立的信息概念。

2. 东西方哲学的巨大鸿沟

（1）西方哲学主要源自古希腊文明，在形而下领域建立了独立、严谨的理性思维体系，为现代科学铺设了道路；中国哲学包括儒、释、道三家：“儒家和道家是中国固有的，是地道的国货。释家则是从印度传入的，不知能不能算中国哲学”。中国哲学的“入世”说，指“中国哲学是紧扣主题的核心的，从来不被一些思维的手段推上系统思辨的眩目云霄，或者推入精心雕琢的迷宫深处……而在理智方面，中国哲学向来是通达的”（金岳霖《论中国哲学》）。

（2）需要强调的是，无论西方哲学还是中国哲学，在数千年的实践积累中都铸就了各自独立的领域和体系，不仅是由文化积淀形成的各自独立的思维结构，还包括表述思维的难以相互沟通的语言（信息）结构，形成了东西方哲学在思维方式和表达方式上的巨大鸿沟。

（3）东西方哲学在认识论上的这一差别，源于观察未知世界的视角不同。西方哲学的视角是主体面对的外部世界——猜外部世界“是什么”，确立了以“外证体系”为基点的认知路线；而中国哲学的视角是主体内部的个体或族群——猜人心“有什么”，从人心（“万物与我为一”——庄子《齐物论》）领悟世界，走出了一条与西方完全不同的“自证之路”。

“外证体系”充分发展了科学认知的“制度文明”，完善了以逻辑为基础的分析哲学，推动了以确定性、可描述性、可重复性为前提（知识论）的科学发展，直至近代数码科学的出现，大大强化了科学“形而下”的工具价值；而中华文明的“自证体系”充分发展了理解、共融的精神文明，凡俗的人文主义产生了伦理学。伦理和审美是面对不确定的、不可描述的、不可重复的对象，通过生活和体悟创造的形而上的范畴，它超出了知识论的边界。

东西方哲学的差异源于视角的不同。视角是什么？视角是主体感知现象——感知信息，以及感悟信息背后渊源的眼界（表象）。基于不同的文化机缘，东西方观测世界的方位、朝向不同，感知的信息不同，故而形成的认知体系（外证体系和自证体系）不同。

3. 信息哲学的归位——关联哲学

正如上面所提到的，信息是主体的映现，是主体的“有”，但不等同于主体；信息是客体状态的显现，是客体的“是”的影像，但不属于客体。“有”的本意是“无形的”存在，“是”则意指“有形的”差异。如果把主客体独立出来，信息分别是被“有形”和“无形”所肢解的主体与客体的影子。说到底，这都是用逻辑的（对象化的）眼光来看信息、肢解信息的结果。信息丧失了其本质的哲学内涵。

信息的哲学内涵是什么？不是单纯地分离显现，而是“关联”的存在形式。信息存在于主体与客体的关联之中；“关联”的意义是什么？是人（“心灵”）对未知世界的追求。

如果着重说明世界的物质性、客观性的是唯物论，以心为万物本体的是唯心论，那么以万物之间的关联为视野的哲学应该是“唯信息论”。唯信息论是连接“有”与“是”、虚与实、生与灭、“空”与“色”、形式与内容、形而上与形而下、外证体系与自证体系、东方文化与西方文化的关联哲学。它包含且超越唯物与唯心各自独立的哲学视野。

（三）关联——唯信息论的锚点

我们在尝试用主体、信息、关联三位一体的方式来表述关于信息哲学的想法时，“关联”是以往受到关注最少的一个词，但它可能却是对改变认识最重要的一个词。

1. 认识和领会

由于关联、主体、信息内涵的复杂性，它们无法用概念、定义等逻辑语言来描述，我们只能用“领会”来表达意向（意会）。领会不是由此及彼的推理，更像是启发和联想。在展开信息哲学的讨论之前，我们先从“领会”探索认知的思路。

海德格尔的一个贡献可能是，他认识到了“形式可以被认识，而内容只可能得到领会”。形式可以被认识，是因为形式可以对象化。领会不是认识。领会不是解释，领会不需要给自己提供一个原因，而是要让自己接受一个事实——这个事实就是“自己看到了那个它，它就如其所是，没有什么值得追问的了”。

领会是解释的锚点。海德格尔说：“领会总是带有情绪的领会。”“我们把领会使自己成形的活动称为解释。领会在解释中有所领会地占有它所领会的东西。领会在解释中并不成为别的东西，而是成为它自身。在生存论上，解释植根于领会，而不是领会生自解释。”[1]

领会就是“你懂的”“you got it”。海德格尔说：“严格地说，我们领会的不是意义，而是存在者和存在。意义是某某东西的可领会性的栖身之所。在领会的展开活动中，可以加以分环勾连的东西，我们称之为意义。”

2. 关联、主体、信息三位一体、“不一不异”

信息哲学与东西方传统哲学的最大差别在于“关联”，在于主体、信息和关联的三位一体。在东西方的思维体系中，不管是唯物论还是唯心论，都是以对象（物或“心”）为起点建立的思想体系，构成了各自独立的哲学分野；而“唯信息论”的起点不是独立的体系，而是将主体和信息渗透、融合于关联的不一不异（佛家语）的统一体。三者共存一体、不能独立，离开了任何一方，其他两方则丧失存在的基础；而三者朝向不同，存在于“统一体”的意义不同，在差异中协同演化。

3. 领会“关联”

关联的概念最先被系统科学所强调，“一般系统论”的创始人冯•贝塔朗菲认为：传统的系统分析方法过于强调微观的系统分解，在方法论上期望从微观结构的分解中识别系统的性质。而大量的事实证明，分解的颗粒越细，往往人们

1 马丁•海德格尔. 存在与时间[M]. 王庆节，陈嘉映，译. 北京：商务印书馆，2016:173.

的认识离真理越远。为此，冯·贝塔朗菲首次提出在系统分析的方法上，应首先在宏观上将系统和系统所处的环境作为一个整体来研究，突出系统的整体性、相关性、有序性和动态性四原则。首次归纳出用全局性、关联性的视角分析系统的思路和方法。关联的思想对推动系统科学的产生和发展发挥了重要作用，但并未跨越公理化的边界，所表述的始终是逻辑化的关联。

“关联”是什么？从字面上说，关联是指“相关”和“联系”两个密不可分的命题。“相关”指主体（心）对差异的感应；“联系”指信息，即主体感应的映现。狭义的关联应该指“有形的”差异领域；广义的关联则跨越形而上与形而下，其哲学含义应领会为存在的意义。这一意义被认为只能在主体（心灵）意向和信息的互动中生成和展现。

1）存在的意义

什么是“存在”？海德格尔称“‘存在’这个概念是不可定义的”……“存在〔是〕自明的概念”（《存在与时间》导论）[1]。斯宾诺莎认为：“我们习惯于将自然中的一切个体事物，归在一个总类之下，这个总类便被叫作最一般的东西，换言之，即归在‘存在’这一概念之下。这个‘存在’的概念一般地包括自然中所有一切个体事物在内。”[2]

为了将讨论集中于对关联的理解，本文将“存在”简化为“主体（心）感知的边界”。将“关联”理解为“存在”的意义。之所以这样说，意指不是主体感知到的“存在”都有意义，只有在心灵和信息发生关联感应时才有意义。即“意义”因主体与信息的关联而生。例如，我们感知他山之石的存在，在主体与他山之石不发生关系时，这一存在对主体没有意义。只有主体与石发生关联，如用石铺路、搞建筑工程等，他山之石对主体才有意义。“关联”是“意义”存在的条件，而这一条件寓于、生成于主体与信息的交互之中。

---

1 存在问题是海德格尔存在主义哲学的主题，其中一个说法是 Being 问题，可译为“是”，因此这里写为“存在〔是〕”。——编者注

2 巴鲁赫·德·斯宾诺莎. 伦理学[M]. 云汀，张媛昕，译. 北京：中国华侨出版社，2022:168.

2）主体（心）的意志

正如上文提到的，我们理解的关联律同样是一种先验形式，意指世界（宇宙）万物之间关联的普遍存在，特别是超越形式化逻辑的主体关联的存在，以及这种关联对求索未知世界的重大意义；“律”意指关联的先天法则，它出自“造物的智慧”；关联的先验存在，意味着心灵对关联的领会、认识是不能穷尽的。而心灵的认知意志——对关联（存在意义）的追求永远不会终止。心灵的认知意志是通过对“差异”的信息“贯连”（指互相贯连，出自《尉缭子·将理》）展开的。

南宋陆象山说：“宇宙便是吾心，吾心便是宇宙”。我的理解是，心中的宇宙是“关联”的宇宙，是“意义”的宇宙。

（四）领会信息

信息是什么？综上所述，我们将信息领会为发乎于心，映现于关联，暗示于未来的形态。

1. 发乎于心

发乎于心指信息的出现源自心灵自我表达的意志。如同人与生俱来要吃饭、要运动的本能，信息是心灵的影子，是生命的组成部分。如果借用佛家的语言，可以说，信息（作为可识别的信号）由主体的五根（眼耳鼻舌身）与外境的五尘交连接触成五识所生，但若要说到有意义的信息（非仅作为信号），则还要由意识（在心灵而非感官中）处理才行。

2. 映现于关联

映现于关联其一是指信息是心对关联的映象，心指向关联；其二是指在不同领域关联的交连处、结合部，心对映现的差异信息的贯连，其中映现的差异是信息的客体特征，而贯连大体可以看作“心”对“色不异空”“诸法空相”的本质直观。

例如，语言的起点处在形式与内容、逻辑与非逻辑、客体与主体、形而下与形而上的交叉点，心（某些时候表现为一种文化）在交叉点的“指称”环节对跨领域的差异贯连，结合成不同的语言体系。信息哲学的出发点和落脚点都在关联的结合部，心灵和信息的互动都指向对差异间产生的影响和牵连，寻找差异背后的相互依赖、共存的“高阶形态”。

信息映现于关联，实质是信息映现出关联运动的生灭流转信号，以“心”的意愿追求关联的意义。

3. 暗示于未来

暗示于未来指信息除了表达心灵的显现和感悟差异，还映现心灵对未知世界的猜想，这种基于情感、情绪的用语言难以表述的信息，正是“主体心中的宇宙”感应天人相与、天人合一的“探头”或“天线”，它随“心”的意向而转动，捕捉上天的灵光（用物理学的话说，大致可以理解为努力从本无意义的宇宙白噪声里分辨出有意义的信息），不断丰富、完善心的世界。

（五）当代认识论革命

以上的讨论涉及以下三个哲学命题。一是未知世界，即存在的终极本质，我们称其为“关联本体”。对关联本体的猜想蕴含了我们对生命的信仰。二是如何认识未知世界，即认识论问题，它包含认识的出发点——信仰，以及认知路径的选择。在当代，传统的认识论正遭遇前所未有的严峻挑战。三是信息，只有回到信息这个“不一不异”的概念，才能打破唯心论与唯物论二分的哲学认识。信息既不是物（不能纯粹用物理学方法来研究，甚至在一定条件下不能用纯粹逻辑、纯粹数学的方法来研究），也不是心（也不能纯粹用心理学方法来研究），但信息既可表现为物（语法符号、语法信号），也可表现为心（语义内涵、表达心理感受）。罗素写过《物的分析》，也写过《心的分析》，但从没关注过《信息的分析》。

信息正在开辟一个新的认识未知世界的渠道，针对当代认识论的难题，信息可能成为认识论革命——颠覆传统哲学的主题。

1. 什么是认识论革命

现在所谓的认识论革命，其发生的直接原因是以确定性的逻辑和经验为基础的知识论遇到了前所未有的挑战，这种挑战表现在逻辑能否作为通往未知世界的认知支点上，自维特根斯坦之后受到越来越广泛的质疑，而对逻辑局限性的质疑本质上是对知识论和认识论哲学的质疑，也就是说，人们开始质疑认识论的哲学基础，寻找新的认知路径。

2. 信息颠覆了认识论哲学

信息哲学超越了“唯物”和“唯心”对世界终极本质的猜想，首次将“关联”看作覆盖唯物、唯心的世界本性，首次将主体（心灵）、信息、关联看作向未知世界演化的统一体。

从哲学上看，“关联”讲的是生灭变换，讲的是由“有形”的“是”向“无形”的“有”（“自性本空”）演化，是由客体化的对象分离向主体化的心灵融合演化，是由形式差异向内容感悟演化。“关联”朝向一元论的视野，它没有主客体、没有“物”和“心”的确定性形态表述，信息哲学（或称“关联哲学”）跨越了形而下的认识论范畴，它仅仅在面向客体化对象时与认识论有狭窄的理性交集，而当进入“不可说”的“禁区”时必须冲破知识论的禁锢，无情地抛弃那些得心应手的逻辑工具。

从某种意义上说，“唯信息论”就是“唯关联论”“唯人论”“唯心灵论”“唯生命论”，它超越了传统的哲学视野。

六、信息大树的随想

作为对上文理性阐述的归纳，本部分试图用隐喻和类比来表达信息激活关联的生命（意义）世界。或者说用“信息大树”来隐喻我们的看法。

（一）关联观念的形成

1. 关联的信息视野

梳理以上的讨论，我们从批判逻辑决定论出发，试图打开一个新的认识空间——从逻辑走向非逻辑，从死的形式化对象走向活的情感、活的心灵，从形式走向内容的空间。也就是说，从封闭的逻辑空间转向开放的信息空间。之所以称“信息空间”，是因为“信息映现于关联”。这个信息空间的难题是对关联（意义）的表述，即需要建立起关联的信息视野。由于以往的信息是被主客体分割的附属物，信息旨在回答主客体各自“是什么”，而与主客体的关联会“有什么”无缘，从某种意义上说，心中的意义世界是被逻辑分割的。为此，我们以信息存在于主客体关系为起点，从生灭流转的演化动力开辟关联的视野，重新考察意识和物质的关系、意识及其生物学基础的关系、内容和形式的关系、确定性和不确定性的关系等重大哲学问题。

需要说明的是，我们至今仅仅是提出问题，仅仅是通过猜想艰难地提出问题，仅仅把想说的话“说出来”（尽管“想说的”可能是难以表述的“一闪念”），从这个意义上说，我们的工作性质仅仅是交互碰撞、收集灵感、提出问题。

2. 将关联确立为思维基点

在上述问题远未找到答案之前，有一点可以确定，即我们选择将关联作为思维基点。

既然唯物论、唯心论把世界划分为“物”和“心”两个独立的命题，唯物的“以物见理”可以越来越精确地解析“物”的微观世界，但不能问津维特根斯坦“不可说”的精神世界；唯心的“以心悟物”积聚了“心”的灵感和本能，但除经验和实用以外，“心”无法建立落地于物的“科学原则”。从批判的眼光看，二者都受范畴的制约，那么突破口一定在领域的交汇处的关联形式——信息上。

“关联”是我们的思维基点。

什么是关联？如上文所述：关联即信息；关联即心对意义的追求；关联既非来自“物”，也非来自“神”，唯物和唯心的关联是人。人的“身体（感官）”承载关联的形式（载体），人的“心神”承载关联的内容。

有形的身体从何而来？“人者，先化身（天地演化出‘身’），后形身（后有形体）。化身者，天地为父母；形身者，父母为天地”（清初王垠）；无形的“心神”从何而来？“心神”指内在的意义世界，它来自“心”的意志映现（信息）。南宋陆象山主“心即理”说，尝言“宇宙便是吾心，吾心即是宇宙”，又谓“六经注我，我注六经”，即六经是我智慧的源泉，我用我的感悟和生命丰富六经。这一“感悟宇宙”的血脉是信息交互与心的映现，是人心中的“关联世界”与未知本体的交互连接。

如果归结到一种新的观念，可以叫作：唯信息论、唯人论、唯关联论、唯心灵论、唯生命论。它们的交互本质是共同的，映现的形态是多样的，但都指向心灵所关联的信息空间。

（二）信息大树的隐喻

1. 信息大树隐喻生命

我们用信息大树隐喻心中的意义世界。所谓意义产生于“心”对关联的本能追求。在我们的信仰里，“心”就是无形的、非物化的意义世界，心是生命，心是通灵的，心在不停地演化、追逐着我们称为关联本体的未知世界。我们的猜想是，未知世界（本体世界）的本质同样是生命世界，而不是“荒芜”的物质世界。基于生命的连结，“心”能“通灵”。用大树隐喻心中的世界，是突出唯信息论与唯生命论的本质同一。

2. 信息大树隐喻关联

如果将大树看作一个有机的关联整体，它不同于多种植物组合的“百花园”。

类比东西方哲学：西方的文化渊源类同于百花园的形成，百花园追求发挥每个品种独立的特征，而不关注品种之间的关联性；中国哲学的特征是整体性、包容性、模糊性、直观性。李泽厚先生在《试谈中国的智慧》一书中说：“中国哲学正是这样在感性世界、日常生活和人际关系中去寻求道德的本体、理性的把握和精神的超越”。我以为用“大树”隐喻东方的感性世界是恰当的。我们试图构建一棵包容、直观的“信息大树”，将外部分离的品种有机地“嫁接”在“大树”的不同部位，使大树成为统一的生命体，从总体上（关联的尺度）感知大树的生命气息。这是用“大树”作为我们“心中的世界”（意义世界）与“实在的世界”（关联本体）所“共有的一种形式”。

这个“信息大树”的主干体现一元论的关联属性，“关联”具有强大的综合、承续力量，一方面为相互碰撞、相互渗透、相互改造的差异化的多元文化提供了交流发展的空间；另一方面，“主干”通过“关联”主导，将“百花园”多样化的“属”“种差”结构“同化”或“异化”到“大树”的特定部位（枝干、枝叶）上，使其成为“佛心”“道”（主干）下层次的有机组成部分。

（三）信息大树的演化动力

1. 什么是“大树的演化”

演化通常指自然界的演变、蜕变过程。用演化这个词，一是和固化相对，指系统始终在运动变化之中；二是指运动变化的动力源于系统内部的自组织。关于自组织，“协同学”创始人哈肯（H. Haken）给出的概念是：“如果一个体系在获得空间、时间或功能的结构过程中，没有外界的特定干涉，我们便说该体系是自组织的。这里‘特定’一词是指，那种结构或功能并非外界强加给体系的，而是外界以非特定的方式作用于体系的。”“开放系统自组织”对讨论信息大树的关联纽带和信息动力有着重要的参考意义。

“大树的演化”指心中的“意义世界”向未知“实在的世界”（本体世界）演化的“自组织”过程。这一过程包含同化、异化、渐变、突变、生灭、轮回的各种形态，但永远不能穷尽“实在的世界”的终极本质。其中，关联是连接“意义”的纽带，而发乎于心的信息，是疏通关联的血脉和促使“潜在意义”发芽的种子。

2. 演化的信息动力

演化的原动力来自生命，来自身体形式所承载的“心的世界”。如果将吃饭、运动、睡觉看作人的生理需求，那么对存在的意义（关联世界）的探求，对通灵的渴望则是人的心灵本能，是生命的意识本能。这一本能的实现寄托于信息，寄托于生命对信息的感知和互动：是生命感知到的信息激活主体追逐“意义”的欲望，诱发信息疏通关联的血脉，将信息触角深入潜在的意义领域，不断丰富、完善心中的意义世界。信息不仅是主体的影子，感知关联的探头，融合主体与关联的纽带，而且是引导心灵挖掘“意义世界”的风向标。

二元自然观将生命看作一个“功能系统”，信息是功能运转的需求。例如，对生命的认识，二元自然观认为，“生命的经典和必要条件是：自复制（在不断的干扰下以保存生物物种）；变异和选择（以扩大和改善某一物种——偏重于一定的价值标准）；新陈代谢（以平衡不断产生的熵）”[1]。其中没有信息，所有认识都被锁定在逻辑构架中，无疑是不全面的。

立足于“大树”的演化动力，我们将心中的关联世界隐喻为“信息大树”。其中信息的意义远远超出了传统的认识。

（四）信息大树的演化形态

关于信息大树的演化形态，我们用老子的“道生一，一生二，二生三，三生万物”类比。

由于老子讲的是宇宙的生灭流转，而不是生长的时间模型，信息大树映射的关联世界在“一、二、三”的交互演化中，同时并存于“大树”的机体；我们

1 童天湘，林夏水. 新自然观[M]. 北京：中共中央党校出版社，1998:172.

对“大树”的观察“不一不异”，只是讨论不同主题时朝向不同。

讨论重点围绕“一生二”——统一体的分离、独立，和“二生三”——差异的协同与融合两个演化形态，从中领会信息纽带的特殊意义。

1. 大树的分枝——“一生二”的演化形态

用信息大树隐喻，“一生二”指大树分枝、出叶的生长过程。“分枝”意味着新生枝头相互分离，出现差异，各自趋向于独立的枝叶体系。“树之体”（形式）经分枝映现“树之魂”——生命（内容）的存在。而启动“分枝生长”的是大树的血脉——信息。

1）对“一生二”的认知

老子曰：“万物负阴而抱阳”（万物依托大地，仰承蓝天）。隐喻混沌初开、天地初分，万物皆分阴阳。“一生二”意指一元向二元的转化，“有”（存在）向“是”（差异）的转化，无形向有形的转化，形而上向形而下的转化，内容向形式的转化……“二”指“形”（形式）的生成，“体”（结构）的出现。结构是以二元（上下、左右、前后、大小、轻重等）的对立统一为基础的。二元对立是逻辑的哲学基础。

2）信息的独立

在“一生二”的演化中，主客体相互分离，相对客体而言，主体为形神合一、“身心合一”的独立形态。相对主体而言，信息与主体分离，信息的存在同样是相对独立的。信息存在于主客体的关系之中，而在二元论的“色”的层次，“关系”可以映现为表现的形式（包括可识别的内容），信息即这一形式的标记。如语言、数据及互联网运行中的各种信息形态。迄今为止，信息独立有两个典型的过程。

（1）信息的形式独立

“香农把信息中语法的符号表达独立出来，可以看作信息的形式独立。”[1]

---

1 杨志刚. 分析信息：香农、维特根斯坦、图灵和乔姆斯基对信息的两次分离[M]. 北京：人民邮电出版社，2021:3.

这种“形式独立”毫无疑问是信息的主体成分与客体成分的分离。它通过信息的“指称”在工程技术方面重构了数字化世界的新形态，特别是当语义信息能被清晰解析的情势下（如消费互联网、滴滴打车等案例），明显地提升了社会运行的质量。

（2）信息的结构独立

“图灵把信息中的（谓词）逻辑成分独立出来，可以看作信息的结构独立。”[1]这种“结构独立”在工程技术方面开启了人工智能的新时代。关于这次分离是主体与客体之间的分离，还是完全在主体范围内发生的分离，不同学者尚有不同的认识。“指称”无疑是主体性内容，分歧焦点是对逻辑主体性的判断。即数字计算机能够思考（思维）吗？这是信息哲学的基础问题。

在形而下“具象”的领域，主体和信息的交互渗透、交互完善是关联的外部映现；信息是主客体关联的形式。

3）形式是“一生二”的起点

“一生二”的本质是分离、独立，是“大树”在分枝生长中各自“成形”。在“形”和“神”（生命）的关系上，是混沌中的“无形”孕育着“有形”，“神”（生命）存在于“形”（树之体），“有形”方“有神”，“成形”是形式和内容的结合，但首先显现的是形式。如语言学的起点是“指称”，“指称”的首要意义是形式标记，只有以“指称”为起点才能构建语言逻辑，而内容（语义）是按语言逻辑的指向逐步显现的。

为什么在“一生二”的演化中，逻辑工具会对重构世界产生如此巨大的作用？因为在人们的“想象的世界”和“实在的世界”之间存在一种形式，为“想象的世界”和“实在的世界”所共有。[2]这种“共有形式”就是逻辑图像，就是“我们给我们自己建造事实的图像”。

按照这样的理解，“逻辑图像”是连接主体与“事实”的纽带，而公理化的

---

1 杨志刚. 分析信息：香农、维特根斯坦、图灵和乔姆斯基对信息的两次分离[M]. 北京：人民邮电出版社，2021:3.

2 维特根斯坦. 逻辑哲学论[M]. 贺绍甲，译. 北京：商务印书馆，1996:27.

方法论，不管是演绎、归纳、还原，还是用大数据消除不确定性来替代因果关系的方法，都是来自主体的工具理性的尝试。由于“诸事实”是与非逻辑结构纠缠在一起的，形式化的逻辑法则仅仅是主体的视野中力求与客体对象同构的信息映现。逻辑是一个不断被识别但永远不能穷尽的基础存在。

“共有形式”的起点是形式，“有形”的出现为人们展开了逻辑的链条，构筑了由一整套逻辑工具武装的形式化空间——客体化的表象世界，使每次进入形式化空间的分离、独立都成为确定性知识、科学的不朽功绩，影响人类的命运。

4）形式化空间有边界吗

逻辑模拟是确定性的死结构，是以“对象化”的形式为起点的逻辑链条。由于被客体化的对象是“死的”（通常以符号、标记表示），启动“一生二”的起点是以“死”的、确定的形式为主的，内容的映现是第二位的。

确定的形式便于无障碍地展开逻辑空间，便于用公理化的方法分离、解释对象，它提供人们沟通的严谨的理性基础，形成人们认识、改造自然（外部世界）前所未有的动力。形式化的方法将心中的客体对象独立，“逻辑革命”不仅引发了机械化、电气化，实现了对人类的“体力替代”，改变人类的生产结构，而且引发了智能化，正在替代人类的结构化思维（逻辑思维），开始改变人类的社会结构。

我们的问题是：形式化空间有边界吗？逻辑作为一种确定性的因果构架会“触顶”吗？或者说是否存在形式空间转换的“拐点”？

上文已花费大量的笔墨讨论这些问题。初步的结论是：如维特根斯坦所说，“不能谈论的东西”就是逻辑空间的边界；“顶”就是人的通灵感应，人的情感、情绪等精神世界（内部世界）的天性，这些生命现象是不能用“死的形式”来表述和处理的；至于形式化空间的“拐点”，应该指由形式决定内容向内容决定形式的转换；由死的逻辑工具向活的“心的需求”的转换；由形而下向形而上的转换。而转换的纽带是信息，是由信息分割向信息关联的转换。

2. 大树开花结果——“二生三”的演化形态

1）对“二生三”的理解

隐喻信息大树，“二生三”指大树开花、结果的再生过程。开花孕育着差异的融合，结果指大树的繁衍与演化，意味着新形态的出现。启动开花、结果的是多元交互的信息血脉。“二生三”的核心不是生长，而是交互演化出新事物。“二”指万物存在于二元对立；“三”指由“二”演化的“生命”（指新事物）。

对于“二生三”还可以做一种解释，即“有形”向“无形”的转化；是“是”向“有”转化；是“色”向“空”转化；是形式（差异的标记）向内容（属性）转化。

2）内容是“二生三”的起点

“一”到“二”的起点是形式，是死的起点；由“二”到“三”的起点是内容，是活的起点。

之所以说是“活”的起点，是指“二”到“三”的初始形式不是给客体化的对象做标记，不是为展开确定性的逻辑链条，不是旨在建立沟通、交流的公理化体系；而是多元的聚合。这种“聚合”旨在为主体——心的感悟寻找形式：寻找心感知对象以及与对象共鸣的中介形式，寻找不借助思维概念的“活”的本质直观，建立心和内容的同构关系。

沟通内容起点的是信息，这种信息映现为“心”为了追求意义世界所选择的中介表达形式，这种形式往往是多样的、不确定的，主体的理解是个性化的，但映射的价值（潜在的目标）是明确的。

（五）“不确定形式”的主体意义

隐喻信息大树。以上的讨论归纳了两个过程：其一是“分枝生长”，指差异的显现；其二是“开花结果”，指差异的融合。差异的显现是“死的”确定的形式起点，差异的融合是“活的”不确定的形式起点。

逻辑是确定的形式起点，它指向“可以说得清楚”的可以说的东西，但不能回答“不可说”的东西(超越逻辑空间的东西)。我们的问题是，有没有“活的”不确定的形式探头？这种“不确定形式”能进入“不可说”的无人区吗？如果能，它有哪些特征？该如何理解这种形式与信息的关系？

1. 初始形式的差异

形式起点是决定思维方向的指南，是理性大厦的基石。前文已经谈过东西方语言文字的差异，从中可以看到，东西方在初始形式上的明显差异。像中西医在表达方式上也有明显差异。西医的语言是物理式(或卡尔纳普所说物理语言)的、形式化的，属于科学范畴；而中医的语言很多是隐喻式的，中医讲“医者，意也”，注重精神性的事物，多属于哲学范畴。贾春华等人认为，隐喻大量存在于中医基础理论当中，而且这些隐喻恰恰成为构建中医学基本理论的基础。屠金莉分析了《黄帝内经》中的隐喻，将其分为八种类型：阴阳隐喻、五行隐喻、气隐喻、自然隐喻、政治隐喻、战争隐喻、建筑隐喻和物体隐喻。运用隐喻可以帮助人们认识和理解人体、疾病、诊疗等目标领域中的抽象认知概念[1]。这与西医以生理、物理等科学化的现代医学概念为基础的表达方式有显著差异。

如金岳霖先生所言：“中国哲学家没有发达的逻辑意识，也能轻易自如地安排得合乎逻辑；他们的哲学虽然缺少发达的逻辑意识，也能建立在已往取得的认识上。意识到逻辑和认识论，就是意识到思维的手段。中国哲学家没有一种发达的认识论意识和逻辑意识，所以在表达思想时显得芜杂不连贯，这种情况会使习惯于系统思维的人产生一种哲学上意想不到的不确定感……中国哲学非常简洁，很不分明，观念彼此联结，因此它的暗示性几乎无边无涯。”(金岳霖《论中国哲学》)

2. 形式差异及其指向

如上所述，在形式向内容转化的过程中，有两种对形式的选择：一种是确定

1 陈战.《黄帝内经素问》隐喻研究[M]. 北京：人民卫生出版社，2021.

性的形式，如西方的语言，在确定“指称”后直接展开逻辑空间，形成严谨的体系；另一种是不确定的形式，如东方的象形文字，它的起点不以符号标记的形式，而是直指内容的暗示。不确定形式选择便于心灵沟通的表达方式，它指向要点，但仅是意念的个性化表述，难以生成普适的认知体系。

当“不确定形式”面对问题时，其出发点是从协同、融合的立足点谈分离和独立，而不是从分离的角度谈协同；不确定形式的终极指向是“无形”的领域。如西医的思维和方法是科学的，而中医讲“上医医国，中医医人，下医医病”，其意味是哲学的。

不确定形式是触发心灵感悟的落脚点，是心灵沟通的纽带；提供不确定的形式体系，则能激活主体对意义世界的认知动力，沿着不确定形式的指向，在多元交互聚集的思想漫游中，发挥个体“心”的活力；其争论的过程，是通过不确定地张开眼界的感悟交流，在演化中向体系伸展。如金岳霖先生所说：“不管出于什么现实的原因，这样的中国哲学是特别适宜于独创的思想家加以利用的，因为它可以毫不费力地把独创的思想纳入它的框架。”（金岳霖《论中国哲学》）

3. 连接形而上的语言学革命

如果形式化空间不能进入“不可说”领域，那么可能跨越逻辑边界的“活的”信息形式是不确定的，表述这种信息形式的语言应该是不确定的。语言的不确定意指没有共同的因果逻辑（语法）规则，它提供的直观意念的语言形式是不确定的，往往理解各异。

当我们意识到封闭的逻辑空间对精神的禁锢，感受到人的心神退化时，要重获精神的自由，不得不从两个方向挣脱窒息灵魂的逻辑枷锁。其一是认识论革命，其二是信息革命。

关于认识论革命，我们认为，当代的哲学主题不应该再是物质与精神何者为先的争论，而应当考虑科技至上与以人为本何者为先的问题，即主导世界的理念，是追求以科学工具为助力，以增强役使自然和他人的强势地位（“动物性天性”），追求“科学统治人”，还是应该追求人与人、人与环境共存的均衡价值。当代的认识论革命，应该指用唯人论（唯关联、唯信息）的世界观认识世界，核心是人的解放，特别是突破逻辑哲学局限的人的思维方式的解放。

关于信息革命，迄今为止定义的仅仅是信息技术革命。不管数字技术、智能技术、网络与虚拟空间技术的发展多么颠覆认知，不管在人们的脑海里植入了多少“数字时代”“智能时代”等不断翻新的概念，这种“信息革命”在性质上是技术工具的革命，它没有超越维特根斯坦所说的“逻辑空间”，没有触及和心灵相关的“不可说”的内容，这种信息的“形式革命”（如数字化）是不能替代“心灵相通”的。但它可能会导致人们的思维方式和行为方式不知不觉地被逻辑语言湮没和同化，进而导致“灵魂危机”。

我们说的“信息革命”指的是连接形而上的语言革命。或者说为了突破逻辑语言的藩篱，发展不确定的形式语言的革命。这种“革命”旨在为心的感悟寻找形式：寻找心感知对象以及与对象共鸣的中介形式，寻找不借助思维概念的“活”的本质直观。语言是信息表达的基本形式，语言学革命即信息内容的求真革命。

语言学革命的突破点是哲学，面对当代哲学的贫困，这个世界需要更多“仰望星空”的人。在人们对“意义”的追索中，首先映现的是对形式（如指称）的创意。在讨论连接形而上的语言革命时，首要的是恢复文化遗产的本来面貌。

我以为语言学革命的突破点在艺术领域，音乐、舞蹈、戏剧及各种文艺创意里，语言的归纳与升华是极端重要的（略）。

信息哲学导言[1]

（2022 年 8 月 29 日）

信息哲学的提出，面临几个老、大、难的问题。其一，为什么提出信息哲学？它面对哪些传统哲学的盲区？其二，什么是信息哲学？信息能作为一个独立的哲学范畴被讨论吗？信息的源头有哪些关联要素，它们的认知依据是什么？或者说如何建立一个以信息为媒介的主体关联视野？其三，信息哲学面对哪些来自传统思维的挑战？如何理解信息哲学在当代思维革命和语言革命中的特定价值？其四，如何表述信息哲学？或者说如何摆脱逻辑语言固化的羁绊，把我们领会的信息哲学的“真意”表达出来。

我们思考以上四个问题，期望将零散的疑问、困惑、猜想，乃至跳跃的思想火花收集起来，梳理出一个“收敛”的信息哲学的思维脉络。这个“思维构架”——如果称得上“构架”的话，它将狂妄地质疑历史上许多的哲学命题，从新的观测点重新审视认识论的求真路径。从这个意义上说，本篇文稿可以看作以语义信息为纽带，对许多哲学问题的序列梳理和求索的结果。这种求索旨在提出问题，转换视野，尝试睁开眼睛看未来——尽管看到的多数内容是不确定的，至今找不到答案。

专题一　信息哲学的提出

信息哲学的提出有两个背景：一是随着当代信息技术革命所导致的社会行

1 本文完成于 2022 年 8 月 29 日，是作者对信息哲学问题探索路径的一些思考。——编者注为方式的颠覆性变化，在我们内心总会唤醒一种潜藏的、无名的恐惧，开始怀疑当新技术越来越深刻地支配人的行为乃至思维方式时，人的主体地位还存在吗？这是科学技术给人类提出的挑战，也使当今哲学面临存在意义的危机。一是这个问题带来时代性的人之所以为人的“灵魂危机”（如果有灵魂，在思维异化中灵魂何以自持）；二是人们（尤其是走到科学和逻辑边界处的一些人）开始反思科学至上观念本身，也开始审视作为科学观念基础的逻辑的局限性。

信息作为主体认知的中介，除逻辑语言（文字）以外，还包括音乐、图形、形体等多样化的表达方式，眼、耳、鼻、舌、身的直接感知，乃至心灵默契等难以用语言表达的内容。语言只是逻辑化的信息形式，或者说只是一种与主体关联的理性工具。逻辑语言是科学思维的形式基础，要突破科学至上观念的思维限制，必然要超越逻辑语言的边界，触及维特根斯坦所说的“必须保持沉默”的那些东西。

逻辑的存在形式是笛卡儿、叔本华等人定义的“表象世界”，而表象世界的运行媒介是逻辑化的语言（文字）。逻辑有两个互为依托的组成部分：其一是逻辑思维方式（包含公理化的所有形式和方法），这种思维方式是面向对象世界、以世界的“客体化”为前提的；其二是逻辑思维的表达方式——语言，即思维的信息表达形态。科学思维是通过信息对客体的映像看世界的，其中逻辑化的语言是科学思维的信息基础。如果我们试图超越逻辑，触及维特根斯坦所说“不能谈论的东西”，我们只能通过信息与主体的关联看世界，即将关联看作未知世界的本质，将主体和信息的互动看作映现、识别关联的生态进程，应以此作为信息哲学的思维脉络。

专题二　信息哲学的思维脉络

信息哲学的思维脉络由以下几个部分构成。

其一，对未知世界的基础假设。信息哲学的提出起因于对逻辑化的思维能否通往未知世界的质疑。这一质疑的起点是对“未知本体”（世界的终极本质）

的基础假设（信仰）不同，即世界的本质应该是外在化的、相互独立的、无生机的对象，还是自古以来宇宙间相互关联的、充满活力的、有机的本体？对此做出基础假设后，才有可能进一步讨论从“逻辑表象”出发，能找到通往未知世界的路径吗？如果这一路径不存在，那么作为认知的起点，在信息时代是否可能由“非形式化的信息”替代“逻辑表象”？

其二，信息哲学视野的锚点是关联。传统哲学视野的锚点是“持存”。“持存”一词源于古希腊米利都学派的哲学家阿那克希米尼提出的“什么东西是持存的？”意指持续存在，永恒不变。在哲学史上，无论是西方的二元论，还是东方佛、道、儒的一元论，都是在确定的起点上（外在的物或内在的心）建立的“持续存在”的思想谱系。这种思想谱系源于人类在潜意识中信仰这种“持续存在”的永恒不变，来自人们对确定性、稳定性天然的心理依赖；尽管人们在现实中感受到世界的变化，不断通过理性工具探求变化的原因，但思维的起点是“持续存在”，或者说对永恒不变的期望是生命的本能。

随着信息被广泛识别并融入社会生活的各个角落，已有人开始质疑确定性的思维方式。信息发乎于心，映现于关联。由情绪、情感影响的“心情”是不稳定的，而主客体的关联互动是动态的、不确定的。从哲学的视野看，持存限定了二元世界的静态边界，而关联的本质是跨越边界的，它恰恰是倾向“变动”和非永恒的生灭变换；持存立足于无生命的客体对象，关联立足于活的对生命的感悟。关联是信息哲学的观测点。

以“持存”的稳定性为潜在心理依赖的哲学（无论是唯物还是唯心）看世界，其终极指向是未知世界的“确定性”。而以关联的视野看世界，其基点是以不确定性的哲学思维领会世界，将确定性融于不确定之中认知世界，这应该是一次不容忽视的认识论革命。

其三，主体、信息、关联三位一体。哲学史上，人们从未将信息作为一个独立的哲学概念来理解。西方将信息归并为客体的分类；东方则把信息作为主体的组成部分。以“持存”为起点看信息，信息仅仅是主体或客体的附属物。

信息哲学与东西方传统哲学的最大差别在于“关联”的视野，认为信息存在于主客体的关系之中。“关联”的意义是什么？是人（“心灵”）对未知世界的追求。

如果信息哲学能够建立一个相对独立的哲学范畴，那么这个范畴是由主体、信息和关联三位一体构成的“独立的哲学范畴”。我们说，在这个范畴中，“唯关联论”“唯信息论”与“唯人论”是“等价”的。其中“唯关联”讲的是动态的观察视野；“唯信息”讲的是认知的形式和路径；而“唯人”讲的是“关联”与“信息”发生的源头是人的“心神”，它包含人的意志、情感、思维、精神等超越二元哲学主体概念的内涵。“唯人”探求人的意识是从哪儿来的，它与未知世界的关系是怎样发生和存在的终极难题。

在东西方的思维体系中，不管是唯物论还是唯心论，都是以对象（物或“心”）为起点建立的思想体系，构成了各自独立的哲学分野；而“唯人论”的起点不是独立的（持存）体系，它是将主体和信息相互渗透、融合于关联之中的统一体。三者共存一体、不能独立，离开了任何一方，其他两方则丧失存在的基础；而三者朝向不同、存在于“统一体”的意义不同，在差异中协同演化。

专题三　认识论与语言学的变革

当我们意识到封闭的逻辑空间对精神的禁锢，感受到人的心神退化时，要重获精神的自由，不得不从两个方向挣脱逻辑枷锁。其一是认识论革命，其二是语言学革命。其中，认识论革命指超越传统的对未知世界的认知路径；而语言学革命指对思维表达方式的重构，寻求主体化指称和语义信息的变革。

关于认识论革命，我们认为，当代的哲学主题不应该再是物质与精神何者为先的争论，而是应当考虑科技至上与以人为本何者为先的问题，即主导世界的理念，是追求以科学工具助力以增强役使自然和他人的强势地位（“动物性天性”），追求“科学统治人”，还是应该追求人与人、人与环境共存的均衡价值。当代的认识论革命，应该指用唯人论（唯关联、唯信息）的世界观认识世界，核心是人的解放，特别是突破逻辑哲学局限的人的思维方式的解放。

关于当代的语言学革命，也不再是100年前开始的以语言逻辑分析为主题的语言学转向，而应当是连接形而上的“语言求真”革命，或者说突破逻辑语言藩篱，发展不确定的形式语言的尝试。这种尝试旨在为心的感悟寻找形式：寻找心感知对象及与对象共鸣的中介形式，寻找不借助思维概念的“活”的本质直观。当代的语言学革命也可以说是信息内容求真的革命（需要注意，这里的“真”不是逻辑真假意义上的真）。

专题四　信息大树的随想

由于信息哲学颠覆了传统的认知方式，试图挣脱逻辑思维的枷锁，用逻辑语言表达非逻辑的思维方式无疑是困难的。语言是哲学和文化的聚焦点，往往在一种语言现象的背后蕴含着深刻的哲理和文化内容。我们用带有融通特征的思维定式表述唯人论，提出“信息大树的随想”。其中：

“思维定式”指《论语》等先秦经典中的“取譬”现象。“譬，谕也。”（许慎《说文解字》）“取譬”意指“以什么作比喻”。如孔子言：“为政以德，譬如北辰，居其所而众星共之。”（论语《为政》）“取譬”面对的是不能下定义的、不能分析的思想对象，用隐喻、类比的方法自成体系，形成哲学思维，周春生先生称之为“取譬”思维定式。“‘取譬’思维定式的核心是任何概念都黏附着一个具体事物。从思维形式看，‘取譬’直接与古汉语的判断系动词有关；而从思想内容分析，‘取譬’是宗法社会思想文化的衍生物。在数千年的中华文明历程中，‘取譬’思维定式已成为文明结构的重要组成部分。”[1]

本专题用“信息大树”来隐喻“心中的世界”，隐喻关联，隐喻生命，隐喻“道生一，一生二，二生三，三生万物”的演化进程。

1 周春生. 直觉与东西方文化[M]. 上海：上海人民出版社，2001:39.

信息求真与语言哲学[1]

（2023 年 6 月 27 日）

前言

本文试图讨论两个相关的哲学主题。其一是信息求真，指通过突破对象化的信息概念，用取譬（隐喻、类比）形式探讨直觉感知的可能性。这种用“心”感应关联的信息映现是难以捕捉的，因为取譬只能是一种不确定的表达方式，对直觉的隐喻将不断地遭遇逻辑思维的纠缠；其二是探讨语言（形式化信息）求真的局限性，也就是逻辑思维的局限性，从而提出语言哲学转向（革命）的问题。

本文旨在寻找直觉与逻辑思维的关系，这无疑是一次重大的挑战，因为它不得不超越“二元论”的哲学视野，从源头建立“信息哲学”的猜想。

我们将“信息哲学”视为“生命”的哲学。从生命出现的那一刻开始，生命的存在（主体）、生命的感知（信息）、生命的意义（关联）是同时发生的。上述三个要素共生于一体、同步演化。如果信息能够建立一个哲学范畴，那么这个范畴是由主体、信息、关联构成的“独立的哲学范畴”。这个哲学范畴的起点是以一元的“关联”看世界，或者说以关联看存在；而不是以二元的“主客关系”看世界。这个哲学范畴将关联看作生命的源头。生命的映现（信息）出现在主客关系之前。在这个范畴中，任何一个要素的变化都能映射出其他两个要素的“关联响应”。在信息哲学里，“唯关联论”“唯信息论”与“唯人论”是“等价”的，它们都建立在“不确定”的认知基础上。

1 本文完成于 2023 年 6 月 27 日，是作者对信息哲学问题进行系统性思考的再次尝试，形式上接近一部书稿。——编者注严格地说，这篇文章属于读书笔记：初步建立了一个“唯人论”（“唯信息论”“唯关联论”）的猜想，进而寻找相关的理论著作，考察有没有类同的思考，从类比、批判的角度判别“猜想”的可能性。因此，这篇文章可以说是在对上述思维线索的探讨中完成的“读书笔记”。

我认为，这一读书笔记的价值在于摸索出一种探索性的读书方法。它的起点不是学习，而是“魂游太虚”的想象。通过读书，展开自身和作者在哲学层次的对话，在对话中不断厘清思想冲突的交汇点，从而推进交流的广度和深度。

读书使自身获得一种睁开眼睛的快感！有一种“伟人们之所以看起来伟大，只是因为我们自己在跪着。站起来吧！”（马克思引自1789年路斯达洛编辑的报纸）的自信，这种感觉真好！

如何完善和发展这一读书方法，并把思维探索的过程记录下来，是令人兴奋的挑战。

一、语言与信息

讨论信息革命，在理论上不得不重新审视“如何领会信息”这一颠覆性的哲学命题；在实践上绕不过对语言——迄今为止最重要的信息形态的认知。人们对语言学，特别是语言哲学的研究已逾百年，但研究的思路始终未能超越逻辑空间，研究中未曾使用信息的理念和方法来考察语言以及逻辑的局限，未能在逻辑的边界找到突破点，长此以往，语言以及逻辑已成为固化的、难以替代的“真理形式”。

为了展开探讨，我们从信息与语言的关系说起。

（一）信息与语言

讨论信息与语言的关系，我们不得不回答“什么是信息”及“什么是语言”两大难题。由于对信息和语言的认知超越了逻辑的概念，因此我们仅能粗略地从感知的角度领会信息与语言，以此作为讨论的起点。

什么是信息？粗略的领会是，信息即主体关系的映现。它包含主体关联和映现两个互为存在的内涵：其一是指主体关联“表达出”“显示出”“映现出”的东西（形式和内容），其中尚未“映现”的主体关联是潜存的；其二是关联的存在被主体感知，如未被“感知”，则信息不存在。如一千年前人们不知道什么是暗物质，或者说暗物质这个词当时还不存在，那么在今天说起一千年前的暗物质时，（假如现在认为真的有暗物质这种东西）也只能说当时它对人而言只是潜存的有可能被映现（的信息）。

“映现”不仅仅是“显示出”的直观含义，同时包括主体直觉感悟到的，但无法表述和显示的东西，“映现”隐含关联信息与主体互动的“心灵感应”之意；信息是主体感悟关联的纽带，信息不是一个能独立表述的命题：信息发乎于心，映现于关联，感应、求索于主体（生命）的未知。从这个意义上说，信息是生命的关联存在。

什么是语言？语言是可以表述的信息，或者说形式化的信息表达。语言的主要功用之一是主体间的沟通（有明确的交流目的）工具（形式）。迄今为止，语言的主要方式是逻辑化的形式表达：不管是文字语言、音乐语言，还是肢体语言，都是采用一套共同处理规则（如文字语言中的语词、语法、语义等）来实现主体间的沟通的。

从信息看语言，指从信息——“主体关系的映现”视角思考语言的意义。它包含两个基本组成部分：其一是语言沟通，指向连接主体关系的“形式化映现”的信息；其二是直觉求真，指心灵以“非形式化感应”追索未知世界的信息。

（二）语言与直觉

1. 语言是脑的逻辑思维形式

如果我们接受了图灵构想的能够思维的机器（图灵《计算机器与智能》），思维被视为一种符号的逻辑运算，那么人的思维就是用语言符号进行逻辑的运算。脑的思维活动是通过语言实现的，不存在超出语言的其他思维方式。维特根斯坦说："我的语言的界限意味着我的世界的界限……我们不能思考我们所不能思考的东西，因此我们也不能说我们不能思考的东西。"[1]而"思考的东西"是逻辑的东西，"逻辑充满世界"。由此可以说语言是脑的逻辑思维的表象；或者说思维是脑通过语言进行的逻辑活动。

逻辑的基础是确定性，其分析路径是对象化、形式化。笛卡儿要为知识的确定性寻找一个基础，提出"我思故我在"的现代哲学观点。这个哲学观点以任何一个思维着的主体为出发点构造一切知识。认为"思想"是一种意志，其基本功能就是将"被思者"构造为表象，换句话说，就是将"被思者"客体化、形式化，构造成思想（意志）能逻辑处理的确定性对象，这样的思维定式主导着现代科学的基本观念。

对于客体化的对象而言，在逻辑边界内的脑的思维活动都可以"说清楚"。

2. 直觉是心灵的情感、情绪的响应

什么是直觉？我认为无论从哲学、心理学的研究结果看，直觉是至今尚未解开的谜团。在西方，"哲学家们既发展了柏拉图、笛卡儿的直觉认识论体系，又对此体系提出了不少诘难。而以叔本华、尼采、柏格森等人为代表的生命意志直觉认识论体系则将直觉引向人的本能世界。"[2]

近代，哲学家将直觉问题当作认识论研究的核心。荣格（1875—1961），瑞士心理学家，后弗洛伊德学派的著名代表，是一位从人的深层心理结构来探索哲学本体论奥秘的思想家。"原型"（Archetype）理论就是他整个心理学体系的核心内容。荣格的"原型"理论为研究直觉提供了一种独特的心理学分析方法："认为'原型'以'最初形式'的功能存在于人的心理结构之中，它本身不是具体的某种心理内容和心理现象，而是这种心理内容和心理现象得以产生的

1 维特根斯坦. 逻辑哲学论[M]. 贺绍甲，译. 北京：商务印书馆，1996:88.
2 周春生. 直觉与东西方文化[M]. 上海：上海人民出版社，2001:3.

可能性。”他说：“一个用原始意象说话的人，是在同时用千万个人的声音说话。他吸引、压倒并且与此同时提升了他正在寻找表现的观念，使得这些观念超出偶然的暂时的意义，进入永恒的王国。”[1]

直觉不是思考推理得到的知识认知，而是一种直观感悟。这种不借助思维推理对真相的直接感知的心灵能力叫做本质直观或直觉。就像《心经》说“观自在菩萨，行深般若波罗蜜多时，照见五蕴皆空”，是说观世音菩萨修习般若到了极深妙时，观照彻见五蕴皆空，这里的“照见”就可以理解为直观感悟。“照见”即有如阳光照射万物，万物必现。

直觉是生命的情感本能，它不是脑的推理判断，而是唤醒全身心的——从神经系统、血液循环直至每一个毛孔的本能响应去感知事物。可能通过直觉得到的东西是维特根斯坦说的“我们所不能思考的东西”。它是不能用逻辑语言表述的，但“直观感悟的”东西同样是信息，是主体关联的映现，这种“映现”不是逻辑推理，而是依赖直观感应的；它的宗旨不是共性的“沟通”规则，而是旨在个性的“求真”感悟；它不是来自脑的概念思维活动，而是来自心的情绪、情感扰动；它不指向确定性的归宿，而是指向不确定的未知世界，是在不确定的未知世界中忘我（五蕴皆空）地漫游；它不是形式化地处理没有生命的客体，而是主体化的、本能的、原生的和未知世界互动的“活的”信息映现。

（三）从信息看语言的思维脉络

1. 信息存在于主体关联之中

在哲学史上，无论是西方的二元论，还是东方佛、道、儒一元的思想谱系，都未将信息作为一个独立的哲学范畴来理解。西方将信息归为客体的分类；东方则把信息作为主体的组成部分，在哲学上信息是缺位的。我理解，缺位的根本

1 卡尔·古斯塔夫·荣格. 心理学与文学[M]. 冯川，苏克，译. 南京：译林出版社，2011:122.

原因在于东西方的哲学谱系都建立在“持存”的确定性认知基础上，这种认知是静态分离的；而信息的范畴是和主体关联不可分割的“道法自然”，“道法自然”的基点是变动的、不确定的、非永恒的。

自古希腊开始，西方哲学就执着于存在的本质（柏拉图），苏格拉底认为“知识并不只是接近‘事实’，而是接近事实中含有‘永恒’要素的东西”。[1]到现代科学观察客体对象、德国唯心论返观主体、海德格尔沉思存在，都是以“持存”为基本思维方式的表现。

“持存”的哲学涵义是“不变不动，永恒存在”。持存的“永恒”与“道法自然”的不确定，主客体分割的对象化存在与生命关联的存在对立，是物质、精神二元世界背后更深刻的哲学内涵。持存限定了唯心和唯物二元世界的边界，否定了跨越边界的关联本质，使得信息被分割为“持存”限定的主客体相互独立的认知，信息仅存在于客体化的逻辑表象之中，主体、信息与关联共生的依存基础被肢解。

讨论从信息看语言的思维脉络，其实是重新梳理信息来自主体，存在于主体关联之中的认知视野，让人们从“持存”视野的禁锢中解放出来。

2. 维特根斯坦的视角

前期维特根斯坦是立足于确定性的持存立场来看待语言的。在这个视角里，逻辑语言和直觉（可能不只直觉）是相互独立的。语言是“可以说得清楚”的东西，而直觉是“不能谈论的……必须保持沉默”的东西。他认为，《逻辑哲学论》一书“不是为思想而是为思想的表达划一个界限，因为要为思想划一个界限，我们就必须能够想到这界限的两边（这样我们就必须能够想那不能想的东西）”。维特根斯坦也曾多次尝试问津“那不能想的东西”，但在“持存”的视野里均无果而终。

1 吴国盛. 什么是科学[M]. 广东：广东人民出版社，2016:45.

3. 从信息看语言的思维脉络

如果我们将信息与主体关联，看作一个不可分割的统一体，以此为起点看待语言和直觉，是否有可能迈入“那不能想的”禁区？如果能见到一缕曙光，应该具有重大意义！

“从信息看语言”是突破维特根斯坦“不可说”（《逻辑哲学论》前言所说“凡是可以说的东西都可以说得清楚；对于不能谈论的东西必须保持沉默”）的出发点。即从信息的视野考察，是否存在超越形式化语言逻辑的认知手段？是否存在提升艺术语言等非形式化的信息交流形式？如果用隐喻的语言表达直觉的体验，是否可能以这种方式积聚个性化的心灵感应，使多种生命的感悟相互冲击、相互渗透、相互补充、相互完善，形成问津“不可说”禁区的路径？

如果上述路径存在，那么将有可能通过信息回答语言逻辑的“沟通”与直觉“求真”的关联。这就是试图突破逻辑思维囚笼的“从信息看语言”的猜想。

二、语言——生命的信息本能

“如何领会语言”是一个没有终极结论的命题。和信息一样，语言的概念是难以定义的，它跨越了逻辑的二元结构，包含了“非逻辑”的内容。我们用“领会”来表述对语言的认知，可以从两个侧面展开：一是将语言中共有的、规则的、逻辑的关系结构作为其基本内容；另一个侧面是对语言中非逻辑部分的领会，即从唯信息论的视野来领会语言。需要注意，这样的划分和以往的语言学与语言哲学的划分不尽一致。如服部裕幸说：“从研究语言学的学问中除去科学的部分，剩下的就是语言哲学。”他认为语言哲学“是一门对语言进行分析的学问。或者可以说它是试图回答关于语言的疑问的一种工作”。当今的趋势是“科学和哲学事实上渐行渐远并最终区分开……普遍性问题通常由科学哲学来解释，语言哲学与语言学的差异这一特殊问题通常由语言哲学来解释”。[1]

1 服部裕幸. 语言哲学入门[M]. 许宗华，陈琳，译. 北京：商务印书馆，2020:5.

我们尝试摆脱逻辑哲学的条条框框，从信息的角度（主体关联的角度）讨论语言哲学。重点考察生命感知、生命的源头，以及指称——语言沟通的形式起点等三个基础问题。

（一）从生命感知说起

在讨论“从信息看语言”的哲学脉络时，可以预见下一步的难题是如何回答信息与语言的关系，即“沟通”与“求真”的内在关联。要回答这个问题，我们不得不返回生命感知的源头去猜想“语言是如何生成的”，进而领会“语言是什么”等难题。

1. 什么是生命

童天湘主编的《新自然观》一书中认为：“生物信息的创生和生命的起源”是“蛋鸡悖论”，提出：“生命的经典和必要条件是：自复制（在不断的干扰下以保存生物物种）；变异和选择（以扩大和改善某一物种——偏重于一定的价值标准）；新陈代谢（以平衡不断产生的熵）。”

我对生命起源的理解是：生物信息创生于生命的源头，所谓“生物信息的创生”指的是生命的感知，如果感知是生命的一种能力的话，它指的是生命的信息本能。

2. 生命的信息本能

语言产生的源头是主体间的“沟通”吗？我认为不是。语言产生的源头是“沟通”之前就存在的、更原始的生命本能，是生命自我感知的本能，即这种“本能”首先是生命对自我存在的本能感知，可以称之为“信息本能”。换句话说，生命的自我感知，是依赖认识世界“先天的媒介”存在的，这种“媒介”就是信息。

叔本华说：“……从而那原始的混沌团必需经过好长一系列的变化，才得到有最初的一只眼睛张开的时候。然而，这整个世界的实际存在都有赖于这第一只张开的眼睛，即使这只是属于一只昆虫的眼睛；因为有赖于眼睛即有赖于认识所必需的媒介，而世界是只对认识、只在认识中存在的。”[1]

我的理解是：“睁开眼睛”对生命的第一感应不是认识世界，而是“我是活的，我存在！”然后才是叔本华所说的“认识世界的存在”。可以确认的是，最原始的生命本能是对自我存在的感知，其后才是对外部世界的认知。

基于以上的认识，或许可以把信息本能看作生命的“第一天性”，是生命的存在“天性”；把信息本能生成的“沟通”和“求真”本能看作生命的“第二天性”，是生命的“认知”天性。

对于“第一天性”和“第二天性”边界的理解，也可比照禅宗公案中所讲的第一义和第二义（《景德传灯录》：有人向禅宗法眼宗清凉文益禅师问：“如何是第一义？”师曰：“我向汝道是第二义。”）。清凉文益禅师的言外之意是“第一义不可说”。如上所述，第一义是主体对如其所是的世界的个体性领会，不可说；第二义是主体对领会到的内容进行形式化的图像构造及表达，可以说。关于第一义，佛家还有一种说法，即“第一义空”。

对于“沟通”“求真”的认知天性（第二天性）而言，它应该是针对确定对象的主体关系映现（信息映现）。它包括“求真实”和“求实用”两种不同的视野。它不仅指向“存在”，同时指向存在的“意义”，即关联对主体的意义。

（二）信息哲学是生命的哲学

1. 信息哲学的基本问题

概括起来，信息哲学（唯人论）有待研究两个重大问题：其一是在什么条件下，信息可以作为一个独立的哲学领域进行研究？信息的哲学基础是什么？其二是信息哲学的“求真”脉络，即通过“语言”和“直觉”可能寻找的求真路径，

1 叔本华. 作为意志和表象的世界[M]. 石冲白，译. 北京：商务印书馆，2017:61-62.

指向维特根斯坦所说的“必须保持沉默”的区域。

2. 信息的哲学范畴

关于信息作为一个独立的哲学范畴的基本条件，上文已进行了较详细的阐述：立足于“持存”的、静态的、确定性视野，信息被主客体肢解，只能被理解为逻辑化的数学范畴（或被称为科学范畴，其实说科学范畴并不准确），进而被理解为工具范畴，无法被理解为独立的哲学范畴；只有在变动的、不确定的关联视野中，信息才成为独立的哲学领域。在这一领域信息不是独立的概念，信息和主体、关联、变异同为一体、不一不异。

信息哲学是有关“生命”的哲学。从生命出现的那一刻开始，生命的存在（主体）、生命的感知（信息）、生命的意义（关联）是同时发生的。上述三个要素共生于一体、同步演化。如果信息能够建立一个哲学范畴，那么这个范畴是由主体、信息、关联构成的“独立的哲学范畴”。在这个范畴中，任何一个要素的变化都能映射出其他三要素的“关联响应”。“唯关联论”“唯信息论”与“唯人论”是“等价”的，它们都建立在存在的“不确定”的认知基础上：“唯关联”讲的是动态的不确定的观察起点；“唯信息”讲的是认知的形式和路径；而“唯人”讲的是“关联”与“信息”产生的源头是人的“心神”，它包含人的意志、情感、思维、精神等超越二元哲学主体概念的内涵。“唯人”探求人的精神解放，探求人面对未知世界的心灵解放，以及意识是从哪儿来的终极难题。

上述认知建立的哲学视野，使我们有可能将信息作为综合三要素内涵的整体标记，提出哲学的思路，尝试进入“必须保持沉默”的无人区。

（三）指称——语言沟通的形式起点

主体（心灵）是如何通过信息“悟知”世界的？感悟的初始形式是什么？它是如何导向主体的思维定式的？这是信息哲学探索的重要内容。

1．什么是指称

1）指称——主体认知的起点

作为生命的普遍特征，直觉的信息不是人类所独有的。人和其他生命体的区别在于具备超越感知的思维能力，而“思维”的起点是“形式”，是老子《道德经》里所说的“名”。即“名（形式）可名（建立）也，非恒名（永恒不变的形式）也。无名天地之始也；有名万物之母也。”

佛家的第六识“意识”是形成事物认识的起点，或者说是主体认知事物的起点，“意识”是主体对事物的“形”和“神”生成的第一次感悟。如对一个苹果的“命名”，是将眼耳鼻舌身所感应的（苹果的）色声香味触第一次标识为事物——称苹果。这种感悟是人和动物的根本区别，因为它超越了生命对外部世界的感知，启动了人的以形式为起点的思维活动（至于某些动物是否也具有形式思维的能力，似乎尚未见到充分的证据）。至此，人开始具有了思维（脑的分析、反思）能力，开始了主体主导的对信息的选择和认知。

2）指称——感悟的语言表述

维特根斯坦在《哲学研究》中提出的“语言游戏”，就是为了把“指称”说清楚。他说：“教师指着对象，把孩子的注意力引向这些对象，同时说出一个词来”，“指”和“说出”就是指称。“指称”是维特根斯坦《哲学研究》一书的主题。“因为配得上成为逻辑的起点的东西，只有、也只能是最初始的那个简单的‘名’，或者叫作‘指称’的符号，它自然也就成为理解人类如何进行思想（逻辑）思考的界石，维特根斯坦所说的思想或思想表达的界限自然也就由它划出。”[1]

3）指称发生在语言的形式和内容的结合部

“指称”作为初始的形式和内容的结合体，其中“形式”——“形”的确定性指向公理化的逻辑，指向客体化的“死的”对象，指向形而下的“有形”存在；而“内容”——“神”的不确定性指向非逻辑，指向主体化的“活的”生命，指

---

1 杨志刚. 分析信息：香农、维特根斯坦、图灵和乔姆斯基对信息的两次分离[M]. 北京：人民邮电出版社，2021:93.

向形而上的“无形”存在。海德格尔认识到了“形式可以被认识，而内容只可能得到领会”。领会不需要给自己提供一个原因，而是要让自己接受一个事实——这个事实就是“自己看到了那个它，它就是如其所是，没有什么值得追问的了”。这就意味着，领会之后就不必再继续向后对原因做逻辑追问了，否则逻辑追问会进入无限回退的困境。

“形”与“神”在交叉点结合，由此产生了“指称”这个词，它是语言思维的起点。

2. 指称——理解人类思想的界石

1）形式之“形”是认知的起点

不管是什么样的“神”（内容），只有被赋予“有形之载”才可能被认知。主体（心灵）通过信息感悟关联世界，是通过形式（“名”）的显现开始的。因此说，“有名万物之母”。

语言学的“指称”作为第一次形式的出现，它可以是符号，也可以是直接指向内容的象形文字；而对“指称”的形式选择，不是主体的有意识行为，而是无意识的情感、情绪和机缘。形式的选取（和内容的关系）有明显区别，如中文“苹果”的“果”字含有内容的意味（这个字中文繁体的草字头、田、木均有隐喻），英语的“apple”仅是符号，在这一点上象形的汉字可能比西文字母更有优势。为什么会选择不同的指称形式？只能说不同种族的历史机缘不同，或者说他们感应到的信息（如环境、气候、食物种类等）机缘不同。

2）指称是逻辑思维和取譬思维的界石

由于各民族背后的文化渊源不同，作为形式的起点，命名后导向出完全不同的语言体系。

（1）在西语的文化背景里，事物的形式和本质是统一的。亚里士多德在《形而上学》中写道：“人的形式因是什么？是他的本质。”在西方视野里，形式先天地决定了内容，从形式出发，终将能归纳、整合、挖掘出与形式关联的内容。

西方事物的“名”往往用符号表达，通过对客体化对象的分类标识，适应逻辑化语言的确定性、公理性和普适性。

符号标示的“指称”是逻辑思维的起点。它直接展开的是形式化的逻辑链条，逻辑在这个确定性的因果结构空间里，其工具理性几乎是万能的。逻辑思维——无论是演绎的、归纳的，乃至通过大数据寻找确定性解的方法论都如鱼得水；但“恒定”的逻辑天然地导致“理知”的固化，这些恒定的“形式信息”远离初始选择的“活的心灵”，它引领主体逻辑思维与情感机缘相分离，挤压乃至湮没人的情感机缘。

（2）在东方文化背景里，生命和事物的本质是统一的。东方的“天人相与”“天人合一”，即将生命和“天”看作一体。如金岳霖先生所说：“这‘天人合一’说确是一种无所不包的学说；最高、最广意义的‘天人合一’，就是主体融入客体，或者客体融入主体，坚持根本同一，泯除一切显著差别，从而达到个人与宇宙不二的状态。”[1]

在东方，事物的“名”往往用象形文字或隐喻的方式表达，名不是实质性所在，而是主体感悟对象（“主体融入客体”）的媒介。比如，《素问·生气通天论》云：“烦则喘喝，静则多言，体若燔炭，汗出而散。”“体若燔炭”形容病人发高热，像炭火烧灼一样。及至暑邪伤气，即使不烦喘时，也会多言多语，身体像烧炭一样发热，必须出汗，热才能退。本句谈及暑邪伤气时身体发热的感受，并以炭火烧灼的感觉加以隐喻。[2]这些“隐喻”表达是综合主体和对象直观感受的中介，隐含着大量的经验（用隐喻表述的感悟——“暗默知识”），它变成一种专用语言，即主体到一定的修为层次才能交流，或达到某种理解，但不能用理性的语言说清楚。专用语言是外行无法问津的语言。

1 金岳霖. 论道[M]. 北京：中国人民大学出版社，2010:190-192.

2 陈战.《黄帝内经素问》隐喻研究[M]. 北京：人民卫生出版社，2021:78.

三、语言哲学——从语言沟通到求真

（一）语言的沟通与求真

对语言的沟通与求真的理解，是讨论语言哲学的基础性问题。如前所述：自我意识的信息本能是生命的“第一天性”，是生命的“存在天性”；而由信息本能生成的“沟通”和“求真”的本能是生命的“第二天性”，是生命的“认知天性”。

1．信息沟通

什么是信息沟通？作为主体关联的映现，信息沟通属于社会化生命体的天性。除形式化的信息外，“心灵沟通”是一个难以用语言表述的“不可说”的命题。立足于“从信息看语言”的视角，沟通是生命体通过信息感应关联的本能。沟通是生命体感知同类及外部世界的天性，是生命族群共存和发展的本能需求。

语言沟通是信息沟通的演化形态。人类创造语言至少有数千年历史，它已成为人类沟通、交流的最基本的形式。语言囊括了人类的社会存在，如维特根斯坦所言：“我的语言的界限意味我的世界的界限。”语言沟通主要涉及语言学和社会学范畴，我们重点讨论逻辑语言的普适性、语言的思维定式，以及语言与社会学思维的关联等问题。

2．生命体的“求真”天性

什么是求真？求真在一般语境下可释义为追求“真实”（有人隐喻为“真理”）。但对于生命的本能而言，“求真”是追求在第一义的意义上的“真”，即主体对如其所是的世界的个体性领会；而一般语境下的“求真（求真实、或求真理）”是在已出现语言的意义上说的，即第二义以后的“真”。它通常有两个意思：一是所谓的主客观符合论；二是所谓的逻辑真值（逻辑上无矛盾）。两个意思都是在大脑中有了逻辑图像以后才能表述的。我们所说的第一义意义上的“真”，是在大脑形成逻辑图像之前的那个东西。

“什么是真实”类似于“什么是爱”，属于不能用因果逻辑来解释的命题。讨论命题的前提是观察的视角。用信息（生命感知）看“求真”，还是用因果逻辑看“求真”，视角不同，对求真（“知”）和“真实”的领会将完全不同。

“真实”存在吗？从笛卡儿的“我思故我在”开始，不少哲学家将“存在”领会为“主体感知的边界”，“存在”作为主体的感知是谈不上“真实”的。

我们将“知”的性质分两个步骤讨论：一是观察视角；二是语言的立场。从生命的本源看，求真是生命的信息本能。它类同于人要吃饭、喝水、睡觉等先天的本能，从第一次“睁开眼睛”开始，用“心感应”世界就成为生命体的信息本能，这种“感应”的性质是“求真”，而不是“求存”或“求实”。求存和求实是知识论的提法，即建立在知识的性质[真实的（True）、被证实的（Justified）、被相信的（Believed）]基础上的提法，是逻辑的确定性思维的提法。在这个意义上，知识确实不是为求真设定的。

需要指出的是，知识的求存、求实均在维特根斯坦所说的“可以说得清楚”的领域，这个领域是对象化的“求实”，不是“求真”；而我们试图进入的是他警告的“必须保持沉默”的领域。进入维特根斯坦的“不可说”领域不依赖知识，而是通过生命的存在（主体）、生命的感知（信息）、生命的意义（关联）乃至生命的演化（变异的不确定），探讨新的认知脉络。

从语言的立场看，逻辑化语言立足于确定性的语法规则，基于规则对语词、语义的严格约束，它的沟通具有明显的普适性优势；但随之而来的是逻辑成为思维定式，确定性思维不知不觉地成为禁锢认知解放的枷锁。“求真”是对形式化语言的严峻挑战，是信息革命的基本问题。

（二）逻辑语言与沟通

语言的逻辑化是西语的主要特征，易于沟通、推广是逻辑化语言的比较优势。

1. 逻辑语言的普适性

由于沟通是语言产生的需要之一，语言沟通的稳定性、共同性、确定性、可理解性要求，天然地对表达内容的对象化、形式化处理具有倾向性和依赖性，即多数的交流是面向物化对象的，形式化的方法是最简明、最具有共同性的，这应该是语言逻辑出现的原因。如果语言（文字）的“指称”选择侧重于形式，那么关注点就侧重于“形”的区别（如以字母、符号命名），而不是“形”（形式）和“神”（内容）的联系。这种形式化的指称将迅速展开构成语言的逻辑链条。这种逻辑语言是普适性更强的——易于沟通和传播，这是西语（逻辑语言）容易被广泛接受，得以快速传播的重要原因。

东方语言（文字）的指称往往映射内容，如象形文字中多有对内容的隐喻。这种指称形式往往是多义的、不确定的，理解起来因人而异；交流、沟通所展开的不是单一的逻辑规则，而经常是伴随隐喻的领会。这可能是中文（特别是文字）难以广泛传播的重要原因。

2. 逻辑语言与思维定式

不管逻辑工具的“全能”多么令人眼花缭乱，依据逻辑构想的图景化世界，是一个被人为对象化、形式化、公理化、数字化的世界，终究是一个被人为客体化的“模拟世界”；而信息是生命的本能，生命信息映现的“现象世界”，是主体感悟的“本质直观”。

归纳逻辑和信息的差异：逻辑讲的重点是形式，信息讲的重点是内容（信息到了心里面才有内容，在心外也只有形式）；逻辑指向确定性，信息指向不确定性；逻辑是死的，信息是活的；逻辑形式化处理的是没有生命的客体，信息是主体关联的活的映现；逻辑表象是将多元的、充满生机的关联世界外在化为单一的、无生命的相互独立的形式化世界，信息将所有主体发生的关联行为，包括本能的、原生的、心灵感应的以及被诠释过的认知，映现为活的现象世界。

语言作为信息表达的基本形态，决定人脑的思维方式。语言的逻辑化便于沟通和交流，但同时衍生出逻辑确定性的思维定式，反过来成为束缚人自身的理性囚笼，语言的逻辑化从而也成为冲决理性囚笼的根本性障碍（本质上是逻辑思维和逻辑表达的问题，非仅语言之过）。语言（特别是西语）强化的逻辑壁垒，使得维特根斯坦所说的“要为思想划一个界限，我们就必须能够想到这界限的两边（这样我们就必须能够想那不能想的东西）”困难重重。

（三）逻辑语言与“求实”

1. 语言沟通与直觉求真

上文中已初步讨论语言沟通与直觉求真的内涵。归纳起来，语言沟通是族群共存的天性，旨在实现主体之间的交流，是生成确定性思维的渊源所在；而直觉求真是生命体的信息本能，它是生命的感知（主体）、生命的意义（关联）、生命的流转（演化的不确定）的综合映现。语言与直觉的分离，将求真置于语言的形式化规则之外。换句话说，“求真”与语言沟通的规则相悖。

2. 逻辑语言仍具有不确定性

由于语言沟通的确定性要求，不仅要求形式（语法）的确定性，而且要求只有对内容（语义）有“确切”认知，才能实现语言交流的有效性。但人们对语义的理解（特别是含义复杂的内容）往往是多向的、不确切的，因而对内容（语义）的“确切”认知可能是一种奢望（尤其在对第一义的捕捉上）。如海德格尔所说：“形式可以被认识，而内容只可能得到领会。”领会不是认识，领会是解释的锚点。

因此尽管是逻辑语言，沟通亦具有不确定性，沟通中包含着求真的内容。在一般意义上所说的求真的意义在于判断真伪。如罗素所说：“语言的基本职能是断言或者否认某种事实……他（维特根斯坦）谈的是一种逻辑上完善的语言所必须满足的条件。”[1]

1 维特根斯坦. 逻辑哲学论[M]. 伯特兰·罗素，导言. 北京：商务印书馆，1996:3-4.

3. 求真与求实

在一般意义上即逻辑语言的“求真”（第二义）与主体“直觉感悟”的求真（第一义）有性质上的差别：逻辑“求真”追求语言沟通的真实性，“直觉感悟”追求意义的渊源；逻辑求真的源头是沟通，“直观”（感悟）的源头是生命本能的信息映现；逻辑求真的基础是对象化，通过对形式（逻辑语言必须满足的条件）的解析来“说清楚”事实的真、假，“直观”的基础是主体化，由主体的直觉来感应事实（内容）的存在；逻辑求真是由确定的形式转向内容的解析，而“直观”是由不确定的形式（名）感应存在的，在信息感应中促使形式的完善（非恒名）。

为了将两种指向的“求真”区分开（统一上文的提法），我们将逻辑语言的“求真”称为“求实”。它属于知识论求实的范畴。

（四）维特根斯坦的求实尝试

1. 语言学转向

“语言学转向”被看作自康德理性主义启蒙以来最重要的哲学革命。我们的理解是，语言学转向是通过语言的逻辑化来“求实”，语言学的“求实”革命在性质上并未突破逻辑的边界，即所有关于“真实”（维特根斯坦称为“事实”）的陈述不过是我们的语言，了解“真实”源于了解陈述的语言。“哲学家们提出的大多数问题和命题，都是因为我们不懂得我们语言的逻辑而产生的。”（罗素《逻辑哲学论》导言）为此，什么样的语言逻辑能“求实”成为语言学转向的基本问题。语言学转向可以看作信息哲学的序曲，而不应把信息哲学看作语言学转向的余波。

2. 前期维特根斯坦“求实”的逻辑基础

语言求实的问题是求索语言描述的命题是“真”的还是“假”的。其中，“真”指真实或“真理”，即“语言的基本职能是断言或者否认事实”（罗素《逻辑哲学论》导言），而“‘真理的问题’归结到命题如何证实这个问题”[1]，简言之，语言求实即寻找通过语言考察“真实”的逻辑条件，或者说将“事实”变成用语言可以界定、叙述的条件。语言学求实是用逻辑理性寻找、确认“真实”的尝试。

语言学求实涉及的是命题的逻辑结构和逻辑推论的性质，继而将语言逻辑化，即建立一套逻辑上完善的语言所必须满足的条件，以评价、判断命题的真实性。维特根斯坦在《逻辑哲学论》一书中严谨地阐述了这一思想和方法，提出以下七大命题：

①世界是一切发生的事情。

②发生的事情，即事实，就是指事态的存在。

③事实的逻辑图像是思想。

④思想是有意义的命题。

⑤命题是基本命题的真值函项。

⑥真值函项的一般形式也是命题的一般形式。

⑦对于不可说的东西，我们必须保持沉默。

通过环环相扣的命题（命题就是从原子命题的总体加上这就是它们的总体这个事实所得到的全部东西）解析，维特根斯坦建立的公理架构排除了由目的论、意志论等主体因素带来的不确定性，使得在逻辑空间“凡是可以说的东西都可以说得清楚”。证实对客体化的对象——“发生的事情”，语言逻辑可以检验和表述“真实”。维特根斯坦的结论是：“这里所传达的思想的真理性，在我看来是无可辩驳的和确定的。因此我认为，问题从根本上已获致最终的解决。”

需要强调的是，维特根斯坦在前言中明确提出了逻辑求实的局限性。他说：“本书想要为思想划一个界限，或者毋宁说，不是为思想而是为思想的表达划一个界限。”因为“不能想的东西”是无法（用逻辑）表达的，“对于不能谈论的东西必须保持沉默。”用我们的语言来诠释，结论是：凡是逻辑空间被客体化的

---

1 A•J•艾耶尔. 语言、真理与逻辑[M]. 尹大贻，译. 上海：上海译文出版社，2006:64.

对象，语言是可以检验、评价、叙述命题的真实性的；而超越逻辑边界的主体性内容（精神、伦理、情感、意志等），语言逻辑是“不能想的”——必须保持沉默。

3. 西方哲学——从形而上学到拒斥形而上学

亚里士多德的《形而上学》被视为西方以形而上学为主的哲学思想开端（尽管在他之前的不少古希腊思想家思考的也是形而上的问题），到了近代科学思潮和现代形式逻辑、数理逻辑、存在主义哲学思潮兴起后，西方哲学似乎开始拒斥形而上学，典型代表是逻辑主导的形而下的（语言）分析哲学，和追求不同于形而上学第一开端的另一开端的海德格尔存在主义。

语言学求实的哲学基础是对真伪的“可证实性原则”。可证实性原则是以逻辑（包含经验）分析为基础的，而任何形而上的超验事物的属性和存在是不能用逻辑推演证实的。因此，哲学分析活动是“拒斥形而上学”的，或者说西方的语言哲学不讨论那些不确定的、不可证实的“超验的”内容。诚如A·J·艾耶尔所说：“许多形而上学的言辞与其说是发表这些言辞的人为了有意识地企图超过经验界限，不如说是由于他犯了逻辑错误……从我们的意义来说，哲学是完全不依赖形而上学的。”

海德格尔似乎走上了另一种形而上学之路，他拒斥的只是亚里士多德开端的形而上学，同时他也在（无意识地）拒斥逻辑确定的哲学。但他可能没有意识到，我们所有人的思考，都只能是逻辑的思考，拒斥逻辑的确定可能是一种徒劳。

4. 维特根斯坦的突破

维特根斯坦在后期《哲学研究》的前言中写下了这样一段话：“我曾几次企图将自己的成果连接为一个整体，然而都没有成功。此后我认识到我永远也不会成功……自从我于16年前重新开始研究哲学以来，我不得不认识到我写的第一本著作（指《逻辑哲学论》）中有严重错误。”

对于这种“错误”，维特根斯坦反思的结论是：“那种词语自身具有确定意义、语句（命题）中各词语之间具有确定关系且该关系决定语句意义、各语句间具有确定逻辑关系的终极系统，是不存在的。”[1]

维特根斯坦揭示了在人和世界的“原始”状态中，不存在臆想中完善的“逻辑世界”，逻辑和非逻辑是纠缠并存的。从这个意义上说，维特根斯坦是西方哲学的解放者。

四、语言形式与求真

在讨论逻辑语言“求实”的基础上，我们思考语言“求真”的可能性，即什么样的语言形式有可能突破维特根斯坦“不可说”的禁区。这是信息哲学面临的重大难题。

面对“求真”的命题，在讨论是否存在“求真”的“语言形式”时，需要对“什么是语言形式”有一个说法。

（一）语言形式与信息

如上文所述：“信息是主体关系的映现……语言是形式化的信息表达。”值得强调的是，自从有了语言，“有形”的信息映现成为“可表述的存在”；而且脑的思维活动是通过语言实现的，没有超出语言的其他思维方式。正如海德格尔所说：“词语破碎处，无物可存在。”

信息的映现包含了两种“表达形式”：一种是形式化语言的表达方式，如西语和典型的逻辑语言，包含计算机语言等；另一种是非形式化语言的主体表达方式，如眼神、非语言的发声、手势信息等。非形式化语言的信息是不能用语言直观表述的，如节律信息（如音乐，我们说音乐语言时用的是比喻的说法）、肢体信息（如舞蹈）或其他艺术性形式的信息，对境界的感知都不借助语言的思维

---

1 楼巍. 维特根斯坦“哲学研究”注解[M]. 上海：上海人民出版社，2019.

概念，在很多情况下是通过“本质直观”。如听一曲音乐，对音乐意境的感受与年龄和知识多少没有必然联系，而是取决于对音乐的气韵和化境的感悟，“有如阳光照射万物，万物必现”（王德峰讲《心经》）。

讨论语言形式是为了寻找“信息求真”的路径，或者说厘清语言形式与“求真”的关系。什么是信息求真？“信息求真”是对应“逻辑求实”而言的，即不是用逻辑求实，而是用信息求真。这里的“信息”一词是排除逻辑的：它不是指被人为客体化的“表象信息”，而是指“发乎于心”的主体（生命）信息；它不着眼于因果关系，而着眼于关联感应的意义所在；它的基点不是确定的“实在”，而是变化中不确定的“真实”。

“信息求真”的本质，是寻找“不确定形式”的语言求真之路；或者说寻找“非恒名”的语言求真之路。我们立足于信息求真的视野（主体、信息、关联、演化的综合映现）来考察“非恒名”求真的可能性。

（二）语言的形式与内容

1. 形式是语言的起点

语言的形式指的是事物的“名”，或者说指的是初始的指称形式。语言的出现是以命名（形式）开始的；不同语言是由对命名的选择来区分的。

不管是逻辑语言还是看似非逻辑化的中医语言、音乐语言、舞蹈语言等，都具有逻辑的内涵。此处“逻辑”一词是指任何语言都是按某种顺序、或某种秩序表现出来的，而不是逻辑的因果关系，以及逻辑的演绎、归纳的方法论。

语言的产生过程，先出现的是“有形”的“记录”（命名），然后展开与“形”相连接的“神”，形式先于内容。从主体关联的视角看，万物的出现以“命名”为标志，“有名，万物之母也”。不管是什么样的“神”（内容），只有赋予“有形之载”才可能被认知。主体（心灵）通过信息感悟关联世界，是通过形式（“名”）的显现开始的。

关于不同语言的区分，其源头仍是对“命名”（语言形式）的选择。不同的语言形式展开了形式化和非形式化、确定和非确定、恒定和演化等不同指向。

2. 语言的形式与内容

语言由确定的“形式”和不确定的“内容”构成，使得语言自然成为连接有形与无形、确定与不确定、形而下与形而上的哲学纽带。

1）从确定形式指向内容的语言体系

对于“有形”的信息而言，语言可以“显示”出来。如果指称是“道生一”，形式和内容就是指称的“一生二”。在有形（形而下）的范畴，“形”是“神”的存在条件，必然首先被“命名”，才能“指向”谈论对象。如维特根斯坦所说：“我们先给事物命名，然后才能谈论它们。”我们研究指称，自然遵循由形式到内容的思维线索。

在西语的文化背景里，事物的形式和本质是统一的。认为形式先天地决定了内容，从形式出发，终将能归纳、整合、挖掘出与形式关联的内容。

2）不确定的语言形式

在东方，名不是实质性所在，而是主体感悟对象（“主体融入客体”）的媒介。其“形”往往是直观意念的外推，以隐喻的方式为主体的感悟开辟暗示和猜想的空间。如前文谈到的中医语言中使用的阴阳、寒热、气血、经络等带有隐喻意味的词语。这些隐喻是综合主体直观感应对象的中介，隐喻是积累大量经验的形式，用隐喻语言表述的感悟，往往是逻辑语言无法表达的“暗默知识”。

（三）语言形式的文化背景

如上文提到的，就交流而言，越是形式化、标准化的语言越容易沟通，越容易被广泛接受。语言的形式化为传播带来优势，但为思维设定了固化的壁垒，使得人的猜想和感应能力受到限制；而非逻辑化（和直觉与感悟关联）的语言形式，其命题往往是不分明、不确定的，对不同的主体“意义”不同，没有统一的结构化的范式。这种语言交流往往依靠交互双方的“心领神会”，难以标准化推广，但为个性化、多样化的创意开辟了广阔的空间。

1. 东西方文化差异

金岳霖先生在《论中国哲学》一文中是这样描述东西方文化差异的："希腊文化是十足的理智文化；这种文化的理智特色表现为发展各种观念，把这些观念冷漠无情地搬到种种崇高伟大的事情上去，或者搬到荒诞不经的事情上去，归谬法本身就是一种理智手段。这条原理推动了逻辑的早期发展，一方面给早期的科学提供了工具，另一方面使希腊哲学得到了那种使后世思想家羡慕不已的惊人明确……中国哲学中没有打扮出理智的款式，也没有受到这种款式的累赘和闷气……中国哲学非常简洁，很不分明，观念彼此联结，因此它的暗示性几乎无边无涯。结果是千百年来人们不断地加以注解，加以解释。很多独创的思想，为了掩饰，披上古代哲学的外衣；这些古代哲学是从来没有被击破的，由于外观奇特，也从来没有得到全盘接受的……不管出于什么现实的原因，这样的中国哲学是特别适宜于独创的思想家加以利用的，因为它可以毫不费力地把独创的思想纳入它的框子。"

例如，东西方语言文化上的差异，在语言学中"我"的主、宾（如 I 和 me）表达上是明显的。西方语言是主、宾分离的——旨在二元对立中明确"是"的确定性，而将 I 和 me 的关联性（同一性、统一性）置于第二位——用主、宾（逻辑）关系表达。这类语言表述以二元对立的主客分离为基础，其逻辑的源头来自"以物见理"的外部世界（即二元论的外证体系）。

中国文化中的主体关系——认为关联性是世界存在的基本形态。中国文化从来就把主体间的关联置于伦理建构的首要位置，产生"己欲立而立人，己欲达而达人""己所不欲，勿施于人""等差之爱，推己及人"的思想谱系。在 I 和 me 的关系上无论主、宾都是"我"——一元论思维"有"的不确定性。中国文化将同一性、统一性的"我"置于首位。不强调主、宾地位"是"的分离和确定，而突出"人己互变"（关联）：通过作为宾语的 me 倾听、考虑外部世界对"我"（me）的期望和要求，再回到"我"（主语 I）该做什么和怎样做的思虑和行为。在中国传统文化中，没有像"外证体系"那样对 I 和 me 的逻辑独立和分化，既约束了单纯的 I 的个人意志膨胀，也弱化了单纯的 me 的依附性。中文的表达以一元的关联与协同为基础，其源头来自“以心悟物”的“心”的世界（即一元论的内证体系）。

2. 东方语言形式的特点

是否存在“非恒名”的语言求真之路？从东方语言的文化背景，甚至从中医语言中，我们也许可以找到些灵感。

在《庄子·寓言》中，明确提出了《庄子》的写作方式（认为应该的表达方式），“寓言十九，重言十七，卮言日出，和以天倪”，即寓言表达有九成，重言（庄重之言）占七成，卮言[1]时不时就出现，这样才符合大道。

像中医学从整体观出发，讲究“天人合一”，所构建的语言体系描绘了一个有关人体生理、病理和疾病治疗的隐喻世界。[2]如《素问·阴阳应象大论》云：“六经为川，肠胃为海，九窍为水注之气。”其中以奔流不息的“河川”隐喻人体内的六条经脉，以容纳百川的“大海”隐喻可以容纳饮食水谷的肠胃。[3]像八纲辨证将病情归纳为阴、阳、表、里、寒、热、虚、实八类证候，也是隐喻式的表达方法。

如金岳霖先生所言：“中国哲学家没有发达的逻辑意识，也能轻易自如地安排得合乎逻辑；他们的哲学虽然缺少发达的逻辑意识，也能建立在以往取得的认识上。意识到逻辑和认识论，就是意识到思维的手段。中国哲学家没有一种发达的认识论意识和逻辑意识，所以在表达思想时显得芜杂不连贯，这种情况会

---

1 庄子注疏（[晋]郭象 注，[唐]成玄英 疏. 庄子注疏[M]. 北京：中华书局. 2011.）中疏为：无心之言，即卮言（同卮言）也，是以不言，言而无系倾仰，乃合于自然之分也。又解：卮，支也，支离其言，言无的当。故有人把卮言当作支离穿插的零星之言（曹础基. 庄子浅注[M]. 北京：中华书局，2018:494-495.），也有人将卮言解释为自然本身之言（《直觉与东西方文化》，第 42 页）

2 陈嘉文，马利军. 中医医学术语概念隐喻加工的心理现实性[J]. 中国社会科学报，2023.[系国家社科基金后期资助项目“中医医学语言概念隐喻理解的认知神经机制研究”（22FYYB034）阶段性成果]。

3 陈战.《黄帝内经素问》隐喻研究[M]. 北京：人民卫生出版社，2021:67.

使习惯于系统思维的人得到一种哲学上料想不到的不确定感……中国哲学非常简洁，很不分明，观念彼此联结，因此它的暗示性几乎无边无涯。”（金岳霖《论中国哲学》）

3. 语言形式的启发

需要探讨的是，既然逻辑语言能提供“求实”的路径，那么“非形式化”的指称是否能为“直觉求真”迎来一线曙光？或者说“非恒名”之“名”（信息）能否为生命开辟更大的直觉空间？除了由形式指向命题内容的思维路径，是否有可能建立其他语言形式，即由“非恒名”聚合多样性主体感应的求真之路？

五、信息求真的哲学视野

信息求真是连接形而上的语言革命（我们所称的信息革命）的出发点。它包含两个基本问题：其一，什么是“信息求真”？其二，用什么样的视野感知、领会信息求真？显然这两个问题互为条件，或者说可以归纳为一个命题，即信息求真是建立在信息哲学（亦可称主体哲学、关联哲学、演化哲学）基础上的求真思路，这一思路仅存在于信息哲学的视野之中。

信息哲学是有关“生命”的哲学。从生命出现的那一刻开始，生命的存在（主体）、生命的感知（信息）、生命的意义（关联）是同时发生的。上述三个要素共生于一体、同步演化。如果信息能够建立一个哲学范畴，那么这个范畴是由主体、信息、关联和变异构成的“独立的哲学范畴”。

本节就从主体、信息、关联三个角度归纳信息求真的哲学脉络。

（一）生命的感知——信息求真的语言形式

1）求真信息的边界

如上文提到的，信息求真是针对逻辑求实提出的，即不是用逻辑哲学求实，而是用“信息哲学”求真。为此，对“求真信息”一词需要做恰当的界定。

信息是主体关联的映现，它覆盖了存在的所有领域。其中求实信息与求真信息有性质上的区别。

西语中的“信息”，事实上是指“求实信息”，它是用逻辑语言能说清楚的形式化信息，即叔本华在《作为意志和表象的世界》一书中所界定的“表象世界”求实；海德格尔在《世界图像的时代》一书中提到，“存在者被规定为表象的对象性，真理被规定为表象的确定性”，世界被人的表象活动把握为世界图像。因此，“求实信息”等同于逻辑语言的表述；而这里提出的“求真信息”是排除逻辑含义的。它指发乎于心，互动于关联，隐喻于未知的生命映现；是一种不借助于思维判断，不能用语言直接表达（说不出来）的信息。如何领会这样的信息，或者说寻找什么样的语言形式（中介）来显现、领会其“语义”，是求真迈出的重要一步。

2）求真信息的语言形式

无论是依托客体知识的“求存”与“求实”，还是依托主体直觉的“求真”，都不可能超越语言形式，至少在人类历史上尚未出现过超越语言形式的其他认知路径。

我们所说的“求真信息”，是指寻找一种非逻辑化的语言中介，这种语言形式（指称）不仅是“有形”（成为“事物”）的客体信息映现，而且这种“有形”包含映射主体意念的内涵（如象形文字），是提供形式与内容在多方互动中演化的载体语言，是以隐喻的方式承载直觉的语言形式。

领会只可意会、不可言传的求真信息，需要一种语言形式，将潜在的感悟浮现为“有形”的表述，这种语言形式必然是“不确定”的；依托“不确定”营造围绕主体意志的交互感应和对话空间，这种感应方式必然是“非公理”的，其着眼点是关联的意义，而不是逻辑的因果；这种语言表述不是逻辑思辨的归因解释，而是道法自然的“取譬”思维，用类比、隐喻表达的思维。

3）取譬——类比、隐喻的思维方式

关于隐喻和类比的思维方式，“侯世达在《表象和本质：类比，思考之源和思维之火》一书中列举大量人类通过类比进行思考的例子，提出类比是人类认知的核心……并将隐喻（Metaphor）称为类比的表兄。”西方学者也认识到：“对指称语义及其背后的意义（从心理和本能感受到词语的意义）的形成还是以举例方式来说明，还没有形成理论性的解释，也没有什么新的发现。”[1]结论是明显的，用逻辑语言寻找指称语义的理论性解释，是很难行得通的。

相对逻辑语言的求实，隐喻、类比是更贴近于信息求真的语言形式。“取譬思维”即用隐喻表达的思维。“取譬”是非形式化指称引出的思维定式。这种“思维定式”指《论语》等先秦经典中的“取譬”现象。“譬，谕也。”（许慎《说文解字》）“取譬”意指“以什么作比喻”。“取譬”面对的是不能下定义的、不能分析的思想对象，用隐喻、类比的方法自成体系，形成哲学思维。

“‘取譬’思维定式的核心是任何概念都黏附着一个具体事物。从思维形式看，‘取譬’直接与古汉语的判断系动词有关；而从思想内容分析，‘取譬’是宗法社会思想文化的衍生物。在数千年的中华文明历程中，‘取譬’思维定式已成为文明结构的重要组成部分。”[2]

能否从主体、关联、演化的视角归纳取譬的语言（信息）形式，发展包括艺术语言在内的语言形态，是我们思考进入“不可说”领域的路径选择。

（二）生命的存在——主体的求真本能

求真的主体（生命）动力是什么？它不仅仅来自脑思维的因果追求，更重要的是“发乎于心”的生命欲望。

1）信息求真是生命现象

如上文提到的，生命的本能首先是对自我存在的感知，这种自我感知是生命的欲望，是“求真实”的源头；而自我感知是依赖认识世界“所必须的媒介”存在的，这种“媒介”就是信息。感知世界的自我意识是生命的信息本能。因此，信息求真是类似于吃饭、喝水、睡觉一样的先天的生命本能。

1 杨志刚. 分析信息：香农、维特根斯坦、图灵和乔姆斯基对信息的两次分离[M]. 北京：人民邮电出版社，2021:146-147.

2 周春生. 直觉与东西方文化[M]. 上海：上海人民出版社，2001:39.

第一义意义上的信息求真与动物本能可能要看作两个不同层次的东西。动物本能仍是物理意义、生物意义上的东西，在这个层次上处理的信息是物理或化学信号刺激（或称生物信号）。第一义意义上的信息求真则是主体有了关于“意义”的意识后的东西，在这个层次上处理的信息是有了“意义”的信息。两者之间隔着永远无法跨越的“空的意义世界[1]”（或海德格尔说的“离基深渊”），即生物结构与意识之间的鸿沟。即，由“信号刺激”到“意义领会”要经过这个“不可说”的“空的意义世界”。

如果说信息求真是一种本能，也不是这种物理意义上的动物本能、无意识（或意识形成前）的本能，而是有了意识后的本能。

但信息求真又没有到逻辑意义上（求）真的地步，即没有到逻辑链条展开的地步，而是作为逻辑链条起点、开端处的东西。因此谈不上推理，只能悟。

因此，信息求真可能是在（眼耳鼻舌身的）感觉之后，（但在大脑皮层展开）逻辑之前的东西。

2）求真信息的不确定性

主体对存在的感知是“以心感物”，感应的信息是不确定的。它来自直觉认知的多样性、不确定性，只能借助类比、隐喻来表达；而客体化的因果逻辑“以物见理”，形式化的信息是确定的，可以借助逻辑语言来推理。

我们将用类比、隐喻等表述的语言形式称为“取譬形式”。取譬形式是主体意念的直观外推，例如，阴、阳、金、木、水、火、土等意念形态。它仅是主体意念的指向，是整体可意会的，但不能确定的形式。类比是映现生命意向的初始

1“空的意义世界”是杨志刚在和作者讨论时用的一种比喻说法，想用这个说法来表达几个意思：一是借用佛家的空、无自性的意思；二是它是意义产生之处；三是它在心内，而不在心外；四是它是非逻辑的、不可说的部分。空的意义世界，是康德用时间、空间、因果律三个坐标轴建立的纯粹理性坐标系之外的世界。此处用“世界”二字也只是个比喻，并不合适，汉语中世界的意思就是时间和空间（界为方位，即空间，世为迁流，即时间），时间和空间之外的部分自然不宜再以时间和空间来指称，只不过大家习惯了世界这个说法，故只是暂且用这两个字来比喻之。用“空的意义世界”也可以比较方便地理解维特根斯坦的那句话：“世界的意义必定在世界之外。”——编者注

形式，取譬形式是心灵感知世界（直觉）的信息载体。

取譬形式提供“关联”和“演化”的感悟空间，即提供“活的”、整体的、平衡的心灵沟通纽带；其出发点是从“活的”、整体视角看分离和独立，而不是从分离的、“死的”视角看生命体；取譬形式的终极指向是“无形”的领域，如中医从阴阳和五行的生命隐喻，到八纲辨证的病情隐喻，再到“上医医国，中医医人，下医医病”，其意向超越了物理意义上的有形“器官”“病理”，始终隐喻指向“无形”的精神追求。借鉴中医的思想，或许可以尝试寻找接触“不可说”领域的一些办法。

取譬形式是心灵感悟的触发点，它所提供的不确定的语言形式，将潜在的感悟浮现为“有形”的表述，沿着类比、隐喻的方向，激活主体对意义世界的认知天性，在多元聚集的思想漫游中，激发个体“心”的活力；取譬思维直指要点，为个性化的意念表述提供了创意的空间。较之逻辑语言，取譬形式更具开放性，更具不同的感悟在演化中自成体系的主体优势。如金岳霖先生所说：“不管出于什么现实的原因，这样的中国哲学是特别适宜于独创的思想家加以利用的，因为它可以毫不费力地把独创的思想纳入它的框子。”

取譬的语言形式是必须重视的。因为在数字化时代，当人们对数字形态的网络和智能工具的依赖性越来越强，以致人们的思维方式逐渐被越来越具象的逻辑囚笼所禁锢时，正在不知不觉中丧失活泼的灵性创意能力，不少人已经感知到灵性被挤压、思维在退化的压力。尽管取譬形式的语言和思维得不到“严谨的”理性支持，但是它（也许只有它）可能开辟一条通往“不可说”的前所未有的通道；它是“人的解放”不可或缺的语言形式。

（三）生命的意义——从关联看取譬思维

1. 关联——生命的意义

什么是“关联”？从字面上说，关联是指“相关”和“联系”两个密不可分的命题。“相关”指主体（生命）对差异的感应；“联系”指信息，即主体感应的映现。因此，关联不是一个独立的命题，它和主体、信息是同构的。

按照上述认知，狭义的关联应该指“有形的”差异领域；广义的关联则跨越形而上与形而下，其哲学含义应领会为生命的存在，认为生命的意义在于感悟关联。

海德格尔说：“‘存在’是自明的概念”。如果我们将“存在”领会为主体认知的边界，那么对主体而言，关联是存在（认知）的意义所在。换言之，关联是生命体感知世界的价值所在。如上文提到过的，“对于‘沟通’‘求真’的认知天性而言，应该是针对确定对象的主体关系映现（信息映现），它包括‘求真实’和‘求实用’两种不同的视野。它不仅仅指向‘存在’，同时指向存在的‘意义’，即主体关联”。

关联是一元哲学的基础。西方的“二元”和东方的“一元”是并存的，但二者观察世界的视角不同：二元哲学以主体为观察的起点讨论主客关系；一元哲学以关联（不关注主/客）为起点看世界，如阴阳、天人关系等。唯人论是一元论，是以“心的关联”（生命的意义）为起点观察世界的。

2. 关联的确定性

关联的确定性问题，是指在确定性的基础上理解关联，还是在不确定性的基础上领会关联。这两种不同的认知基础，将映现完全不同的视野和领域。在逻辑求实的领域中，因果“关联”是指向确定性的；而在信息求真的领域中，“关联”意味着“未知”和“不确定”。

1）“持存”与“道法自然”

对关联的认知源于不同的心理寄托：一种是“持存”的潜意识。即信仰世界的“持续存在，永恒不变”，这种潜意识来自人们对确定性、稳定性天然的心理依赖；尽管人们在现实中感受到世界的变化，不断通过理性工具探求变化的原因，但思维的起点是“持续存在”，或者说对永恒不变的期望是生命稳定的本能。

另一种是对未知世界“不确定”的潜意识，如老子所说：“道可道也，非恒道也。名可名也，非恒名也。”认为万物是相互关联的、变化的，其演化过程是

“道法自然”，没有恒定的归宿。这种思维定式源于人类对“不确定”的好奇和探求本能。

2）逻辑思维与取譬思维

（1）逻辑化的思维定式

“持存”的潜意识经由逻辑和知识论的介入，逐渐形成逻辑化的思维定式，指向封闭体系的确定性求实。

“持存”意识是注重关联的，但这种关联是逻辑化的因果关联，在“持存”的视野里，“关联”是形式化的名——指称与指称之间的连接关系，是在逻辑图像这个单一世界内的东西，而不是我们谈信息主客体关联意义上的跨界转换和领会。

逻辑化的因果关联在科学求实中不断被延伸。这种关联的概念特别被系统科学所强调。“一般系统论”的创始人冯·贝塔朗菲认为，传统的系统分析方法过于强调微观的系统分解，在方法论上期望从微观结构的分解中识别系统的性质。而大量的事实证明，分解的颗粒越细，往往人们的认识离真理越远。为此，冯·贝塔朗菲首次提出在系统分析的方法上，应首先在宏观上将系统和系统所处的环境作为一个整体来研究，突出系统的整体性、相关性、有序性和动态性四原则。首次归纳出用全局性、关联性的视角分析系统的思路和方法。关联的思想对推动系统科学的产生和发展发挥了重要作用，但并未跨越公理化的边界，所表述的始终是逻辑化的关联。

（2）“道法自然”与“空的意义世界”

在和杨志刚交流的过程中，我们认为：“主客体关联是客体信号跨越‘空的意义世界’联系于有灵主体的东西，是跨越两个完全隔绝的世界的东西，或者说是连接这两个完全隔绝的世界的唯一纽带。”

“道法自然”的潜意识经由直觉、类比、隐喻的积累，逐渐形成“取譬”的思维倾向，指向开放体系的直觉感悟，这种感悟直奔主题，但其本身是不确定的。因为对于“不可说”的领域而言，关联意味着复杂性，意味着“未知”和不确定，因此，信息求真的关联意义在于未知和不确定。

以“持存”的稳定性为潜在心理依赖的哲学看世界，其终极指向是未知世界的“确定性”；而以关联的视野看世界，其基点是以不确定性的哲学思维领会世界，将确定性融于不确定之中认知世界，这应该是一次不容忽视的认识论革命。

3. 指称与语义

1）关联即“有意义”

如上文提到的，指称（名）是语言形式的起点；而语义（内容）是语言的意义所在。海德格尔说“形式可以被认识，而内容只可能得到领会”，他的诠释是：“严格地说，我们领会的不是意义，而是存在者和存在。意义是某某东西的可领会性的栖身之所。在领会着的展开活动中可以加以分环勾连的东西，我们称之为意义。”[1]

我认为，关联是生命体感知世界的价值所在，关联即存在的意义。换句话说，存在的本质是“关联”。从这个角度理解海德格尔“我们领会的不是意义，而是存在者和存在”是成立的；但“意义”不是“某某东西的可领会的栖身之所”，而是在栖身之所有着某某东西的可领会的“关联”。

如果用关联来领会指称和语义，指称包含所指（命名）和意指（心对所指的感悟）。而所指（Denotation）和指谓（Meaning）间的关联即指称的完整含义。而“于‘指谓’而言，指称联系于语义，以及语义背后的意义，这种联系才是神秘的根本问题。”[2]

2）指称联系语义的路径

指称联系语义是由指称——初始的名称或记号，寻找指称（名称或记号）的内涵（语义）的过程。这里的语义由两部分构成：一是能够被认识的部分，可以称之为“逻辑语义”；另一部分是只能在心里感知（得到领会）的语义，我们称

---

1 马丁·海德格尔. 存在与时间[M]. 王庆节，陈嘉映，译. 北京：商务印书馆，2016:177.

2 杨志刚. 分析信息：香农、维特根斯坦、图灵和乔姆斯基对信息的两次分离[M]. 北京：人民邮电出版社，2021:103.

之为意义。

就逻辑语义而言，是指由名称或记号向所指（Denotation）对象的命名解析，是在预设语境（由人来判断语境并选择指称后）的前提下，通过谓词逻辑算法学习反推得到（指称）语义的。这种从名称指向对象的“命名”，是“可以被认识的语义”。这种“语义”仅仅指在逻辑上被“语境”共识的内容，我们称之为逻辑语义，它是在语言逻辑与指称分离的前提下实现的。“图灵把信息中的（谓词）逻辑成分独立出来，可以看作信息的结构独立。它在工程技术方面开启了人工智能的新时代，在某种意义上也为维特根斯坦所说的‘逻辑是先天的’做了注释。”

就心里感知的语义而言，是“心中意指”的语义。它是指由名称或记号意指（Meaning）心里的东西。“心中的意义”直接指向关联，只能直观感知，在感知中被领会。“心中感知”的意义，映现于心灵与对象之间的关联。

逻辑语义是确定的、可识别的内涵；而“心中的意义”是个性化的、不确定的，是只能寻求领会的内涵。

4. 汉字的关联演化

讨论语言的演化进程，汉字是通过关联表达语义的典型范例。中文最小不可分割单位是“字”“字”再组合成“词”，建立了以关联为纽带的造词方法。这种指称形式重在语义的关联，不仅简化了“词汇”的难度，而且为不确定的隐喻留下了语言演化的空间。汉字的数量并没有准确的统计数据，大约 10 万个。清朝的《康熙字典》收字 47,035 个，《汉语大字典》收字 54,678 个。中文的 3500 个常用汉字，理论上能组合成“天文数量”的“词汇”。

而英文（包括多数西语体系）的指称形式重在对差异的区分，或者说西语命名的起点重在分离和独立。想表达新的内容，就要创造新的“单词”和“词组”。据牛津大学统计，英文每年新增“单词”（含词组）8500 个。在过去的 100 年，英语词汇量翻了足足 5 倍，从 1900 年的 20 多万个增长到今天的 100 多万个。

从汉字的关联演化和英文词组的逻辑展开，可以感悟到取譬和逻辑两种思维定式在语言上的差异。

（四）生命的演化——从命名说起

由于以关联为认知起点的哲学视野发生在“演化”之前，在这个视野里，关联、主体、信息是三位一体的；而演化是生命出现后发生的下一个层次的事情，它是主体、信息、关联在“心”中变动的影像，因此作为相对独立的命题，在第六章集中讨论。

在信息哲学的视野里，“演化”是生命的变异，“变异”讨论的问题是：生命的生灭演化有确定的路径吗？这一路径是因果逻辑天然设定的步骤吗？如果不是，该如何寻找认知的线索。

这里关注的要点是指称形式。

1. 寻找承载直觉的指称形式

按照以上结论，形式化（符号、记号）的名称天然地与逻辑相连接，在预设语境的前提下，能够迅速展开因果逻辑步骤，挖掘出指向对象的深层次的语义内涵。逻辑语义的内涵延伸是AI得到广泛应用的重要原因，但这种以逻辑替代直觉的思维方式存在重大的趋势风险：一是它是在“持存”的认知基础上建立的“恒名”，使得确定的、可证实的、得到共识的，并且不断被逻辑工具精细化的逻辑语义，不知不觉被固化为一种僵化的思维方式，隔离在“心中的意向”之外；二是被“真理化”的逻辑语义潜在地扼杀着“心的活力”，使得人的直觉感应能力趋向退化和死亡；三是这种“恒名”建立在人为判断语境的基础上，不管是人为的“共识”还是以乔姆斯基的“词库”为准绳[1]，逻辑的起点都是非逻辑的；即使面对客体化对象，逻辑语义的真理性仍依赖预设条件的合理性。

---

1 杨志刚. 分析信息：香农、维特根斯坦、图灵和乔姆斯基对信息的两次分离[M]. 北京：人民邮电出版社，2021:110.

为了寻找心与对象的关联，挖掘“心中的意义”，需要寻找一种能够承载直觉的指称形式。它是不确定的、“非恒名”的指称形式；需要开发出表达“心”的语言形式，它是类比、隐喻的取譬形式。从信息哲学的角度观察“非恒名”的尝试，它应该是以生灭流转的演化动力开辟的关联视野，重新考察心和对象的关系、形式（指称）和内容（语义）的关系、确定性和不确定性的关系等重大哲学问题。

2.“非恒名”的指称形式

1）从命名说起

“命题中使用的简单记号称为名称”，“名称是一种初始记号……名称意指对象，对象是名称的指谓”“对象只能被命名，记号是对象的代表”“记号是一个符号中可以被感官感知到的东西……要求简单记号的可能性，就是要求意义的确定性，初始记号的指谓可以通过解释来说明。”

关于名称意指的“对象”，维特根斯坦说“对象包含一切状况的可能性。对象出现在诸事态中的可能性就是对象的形式……对象构成世界的实体。”[1]

简单梳理，名称是意指对象的初始记号，而“对象包含着一切状况的可能性”；指称是隐含内容“可以被感官感知到的”的对象形式，对象形式（初始记号的指谓）“可以通过解释来说明”。

维特根斯坦将对象看作独立的“客体”，这是他认知的起点。他说：“事物就其能够出现在一切可能的状况中而言是独立的，但是这种独立性的形式是一种与事态相联系的形式。” 维特根斯坦的这一认知规范了指称的形式和内容，由此展开了他对语言进行逻辑解析的全过程。

2）“非恒名”——不确定的指称形式

“非恒名”出自老子《道德经》第一篇：“道可道也，非恒道也。名可名也，非恒名也。”有人译为：“‘道学’（哲学）可以弄懂、弄通，但它绝非什么固

1 维特根斯坦. 逻辑哲学论[M]. 伯特兰•罗素，导言. 北京：商务印书馆，2013:27.

定的程式。（哲学的）观念可以建立、形成，但它亦非不变的常形。”（魏玉昆《老子道德通译》）简言之，如果用“名”来表达指称形式，“非恒名”是不确定的指称形式。

所谓“不确定”形式，指“名称”联系的语义不确定，对语义的理解仁者见仁、智者见智。如中医“寒、热、虚、实”的指称语义是隐喻的，而不是直陈的、确定的，认知是个性化的、多义的。

3）“非恒名”——心的表达

“非恒名”不是承载维特根斯坦所说的“客体对象”的形式，而是承载主体意向的指称形式，是“心的意指”。中文中的“金、木、水、火、土”（名称）都不是指具象化的客体，而是主体的感知意念的直观外推。心的表达自然是一种意向表达，必然是不确定的“指称形式”。

值得追索的是，因为“只有、也只能是最初始的那个简单的‘名’，或者叫作指称的符号，它自然也就成为理解人类如何进行思想（逻辑）思考的界石”[1]，那么，人类产生指称（名）最原始的认知天性是什么？为什么“最初始的那个‘名’”会成为“思考的界石”？

（1）当人们把外部世界看作供役使的无生命的客体对象时，如维特根斯坦所说，“事物就其能够出现在一切可能的状况中而言是独立的”形式。这种“独立的”形式构造了逻辑起点，或者说人为设定了确定性的起点，这是语言逻辑化的渊源所在。维特根斯坦的思想或思想表达的界限自然也就由它划出。

（2）当人们把主体的关联映现看作“有生命”的存在时，它不是“独立于主体的”对象，而是主体鲜活的关联对象，这种“关联对象”没有确定的起点形式，自然是“名可名也，非恒名也”的“指称形态”。

如西医的“肾脏”，是指具有某（些）种生理功能的组织结构。比如，肾脏的结构可分为肾实质和肾盂。肾实质分为外层的皮质和内层的髓质。肾皮质由肾小球和肾小管所构成，部分皮质伸展至髓质锥体间，成为肾柱。在肾窦内有肾

1 杨志刚. 分析信息：香农、维特根斯坦、图灵和乔姆斯基对信息的两次分离[M]. 北京：人民邮电出版社，2021:94.

小盏，相邻 2～3 个肾小盏合成一个肾大盏，每肾有 2～3 个肾大盏，肾大盏汇合成扁漏斗状的肾盂，等等。这些术语和语言用来表示某种确定的生理结构。肾脏的功能包括排泄代谢产物，调节水、电解质浓度和酸碱平衡，分泌内分泌激素，以维持体内环境稳定，使新陈代谢正常进行等。在这些语言里，肾脏这个名称的形式（组织结构）和内容（生理/物理功能）的指向是确定的，其中的术语如维特根斯坦所说“出现在一切可能的状况中而言是独立的”，是“恒名”的形式。

而中医说的“肾”则完全不同，几乎都是隐喻的表达。比如，《素问·脉要精微论》云，“腰者，肾之府”。“府”过去指官吏办公的地方，高官和贵族的住宅或官方收藏文书或财物的地方。中医将五脏六腑（肾为五脏之一）隐喻成容器，脏同“藏”，为储存东西的地方，五脏之气藏于其中。在功能作用方面，肾被隐喻为作强之官，《素问·灵兰秘典论》云：“肾者，作强之官，伎巧出焉。”[1]《黄帝内经》将肾与水进行了类比，《素问·阴阳应象大论》云：“其在天为寒，在地为水，在体为骨，在脏为肾。”肾藏精，主生殖、生长发育与脏腑变化。《素问·六节藏象论》云：“肾者，主蛰，封藏之本，精之处也。”肾通过“精”温煦和滋养脏腑，使精气盈满，人体生机旺盛。肾的这一功能与水对万物之滋润作用相似，故中医有“肾水”之说。[2]显然，中医的“肾”并非指一个具象的内脏器官，不是指客体化的、物理的“对象”，而是隐喻指向生命之源。中医深受“天人合一”整体思想的影响，往往从生命的整体出发，关注“关联的”演化，而不着眼于“独立的”状况判断可能性。

确定性的形式（维特根斯坦“凡是可以说的东西”）最终能获得精准的认知；而不确定的形式（维特根斯坦“不能谈论的东西”）是不能获得理性（逻辑）认知的（维特根斯坦“必须保持沉默”）。“非恒名”——心的表达，立足于活的、整体的、关联的感悟，在生命和对象的对话积累中，是否能找到指向“不可说”的新路径？这是我们追索的哲学难题。

---

1 陈战.《黄帝内经素问》隐喻研究[M]. 北京：人民卫生出版社，2021:161.

2 陈战.《黄帝内经素问》隐喻研究[M]. 北京：人民卫生出版社，2021:123.

六、思维的演化与开放条件

本节试图从生命演化的视野展开对语言及思维方式的观察。

与主体、信息、关联类同，演化是信息哲学的认知基础，与演化密切关联的是开放条件，而开放条件与意识（包括精神、意志、情感、直觉、思维等）的演化的关系，是信息哲学探索意识蜕变的基础性课题之一，它指向与“唯信息论”同构的“唯人论”关于“人的解放”的终极期望。

为了厘清思维脉络，我们从演化的传统提法开始，回顾逻辑思维的演化进程，进而提取信息哲学关于演化的主体性、确定性、关联性、开放性等关注点，重点探索演化中信息与直觉、意识开放的互动关系，初步归纳主体（思维）开放可能的路径。

（一）演化的传统提法

讨论演化，关注的是主体（生命）的关联演化，这种演化的不确定性，以及开放（演化）条件。

1. 演化的概念

什么是演化？迄今为止没有唯一的、被普遍接受的说法。有人将“演化”类比“运动”，将其定义为“某指定时空内所有事件之和”，但这样的哲学表述过于抽象，将演化概念神秘化，难以诠释演化的属性。我以为演化（包括运动）是没有定义的，或者说它不能被定义，只能意会；只能在确定命题的条件下，领会这一词汇的涵义。

依据英文 evolution（演化）的释义，传统的“演化”指以下特征。

1）演化指生态的群落和自然群落的逐渐变迁

从整体进程看，演化是指自然的、渐变的形态，而不是突变的形态。从“渐变”的角度观察，演化与“道法自然”在语义上隐含内在关联。

2）演化没有方向，可以是进化，也可以是退化

进化与退化是演化的基本形态，但同样是难以确切定义的词汇。英文的进化与演化均用 evolution 表示。

（1）在生物学中，进化指生命由简单到复杂、由低级到高级、种类由少到多的渐变过程；进化突出事物运动、发展过程中的量变（而不是突变）形态。

（2）在系统科学中，进化指事物在空间、时间上或功能上向有序结构的演变过程（从信息角度，也许可以用处理信息的复杂度来解释这个词）；退化是进化的反义词，按照热力学第二定律来诠释，就系统而言，退化指系统由有序向无序的解构过程。

2. 演化的逻辑解读

说到底，以上关于演化的传统说法，都是用逻辑的工具和方法来解读的。

1）特征之一是从客体化的角度看演化

从客体化的角度看演化即将演化的对象，无论是事件、事物、系统乃至生物（包括人）都看作客体对象，或者如叔本华所说，演化存在于独立于主体（意志）的“客体半面”，“它的形式是空间和时间，杂多性就是通过这些而来的”[1]。

2）特征之二是演化的确定性

演化是服从叔本华的表象世界中“根据律”约束（确定性）的演化。

为此，可将上述演化的说法理解为在维特根斯坦的“可以说清楚”的“逻辑空间”的演化。在这个空间里，上述演化的提法是成立（可证实）的。

（二）逻辑思维的演化

1. 思维革命

脑的思维活动是通过语言实现的，没有超出语言的其他思维方式。维特根斯坦说：“我的语言的界限意味我的世界的界限……我们不能思考我们所不能

1 叔本华. 作为意志和表象的世界[M]. 石冲白，译. 北京：商务印书馆，2018:29.

思考的东西，因此我们也不能说我们不能思考的东西。”[1]而“能（被）思考的东西”是逻辑的东西，“逻辑充满世界”。由此可以说，语言是脑的逻辑思维的表象；或者说思维是脑通过语言进行的逻辑活动。

1）思维革命是指逻辑思维方式的变革

迄今为止，逻辑思维经历了机械思维和智能思维两个演化阶段：传统的机械思维指在因果关系基础上建立的认知过程和方法论；而智能思维（大数据思维）指通过数据之间的相关性替代原有因果关系来寻求答案的思维方式。这种思维方式有创新意义，但本质上仍是基于因果律的逻辑思维。

人类历史上机械思维曾引发工业革命，而智能思维正在推进信息革命。思维革命即由机械思维向智能思维的转化（演化）进程。

2）由机械思维向智能思维进化，体系开放是变革的决定性环节

在开放的条件下，机械思维关于必然性、规律性、本质性、确定性、决定性的认知受到智能思维的挑战，开始转向偶然性、或然性、模糊性、复杂性、现象性的新视野[2]，我以为这一转变仍是在逻辑空间进行的，不是性质的转变。但它是一场伟大的变革，因为它开始触动“开放”的哲学意义，即开放与生命和信息的关联。

回顾逻辑思维的演化历程，目的是寻找人的精神、意志、直觉、情感开放的意义，即在维特根斯坦“不可说”的领域，探讨开放对意识进化的影响。

本节集中讨论机械思维的核心思想及局限，智能时代——熵的新自然观，大数据与智能思维三个基本部分。

2. 机械思维的核心思想及局限

1）思维方式的形成和发展

（1）古希腊的思辨和逻辑推理

欧几里得的《几何原本》——从五条相互独立、不证自明的公理基础上的演

1 维特根斯坦. 逻辑哲学论[M]. 伯特兰·罗素，导言. 北京：商务印书馆，2013:88.

2 童天湘，林夏水. 新自然观[M]. 北京：中共中央党校出版社，1998:1.

绎，建立起基于逻辑推理的公理化体系，为几何学、数学和自然科学奠定了基础，特别是推动了后人基于逻辑的演绎和归纳方法论的发展。

欧几里得的公理化体系对西方的思维方式产生了极大的影响。甚至在法学界，整个罗马法都是建立在欧几里得演绎思维的基础之上的，认为所有的法律都可以在“自然法”中演绎出来。

（2）确定性思维方式的提出

笛卡儿和牛顿是近代科学方法论的集大成者。他们开创了科学的时代、理性的时代和近代西方社会。牛顿在《自然哲学的数学原理》一书中，用几个简明的公式（力学三定律和万有引力定律）破解了宇宙中万物运动的规律，用微积分的概念把数学从静止的变量拓展为连续变化的函数。他告诉人们：世界万物是运动的，而且这些运动遵循着确定性的规律，这些规律是可以被认识的。

2）机械思维的核心思想

从欧几里得到牛顿一脉相承地发展了通过逻辑推理建立起来的科学体系，并将这一体系扩展到对世界任何规律的描述。后来人们把牛顿的方法论概括为机械思维。其核心思想如下。

第一，世界变化的规律是确定的。牛顿物理学理论建立在所谓“绝对时空”的确定性基础之上；爱因斯坦的狭义相对论也是建立在一种确定性——光速恒定的基础之上的。其认识论基础是“上帝不掷骰子”（爱因斯坦和玻尔争论时的名言）。

第二，因为有确定性做保障，因此规律不仅可以被认识，而且可以用简单的公式或者语言描述清楚（在此之前，人们把规律归结为神的作用）。

第三，这些规律应该是放之四海而皆准的。

简言之，机械思维是一种“确定性”思维，其方法论立足于逻辑推理（对连续事件因果关系的演绎和归纳），是公理化的思维方式。

3）机械思维的成就和局限性

（1）机械思维的成就

在过去的 3 个世纪里，机械思维是人类总结的最重要的思维方式，是人类文明的基础。机械思维引发了工业革命，马克思说："资产阶级在其不到 100 年的阶级统治中所创造的生产力，比过去一切时代创造的全部生产力还要多，还要大。"和工业革命相比，任何王侯将相的所谓的丰功伟绩都显得微不足道。

（2）机械思维的局限性

①机械思维与科学宿命论的局限。随着文明的发展，特别是近 300 年间越来越多的规则和定律被发现，这些定律的成功，使得法国的拉普拉斯勋爵在 19 世纪初主张科学的宿命论。他提议，只要给定宇宙在某一时刻的结构，有给定的一组定律即能精确地决定它的演化。他的预言被后来的量子理论彻底推翻。

提出了"不确定性原理"的德国科学家维纳•海森堡说："只有当一个人认识到此时物理学的基础开始动摇时，才能理解近代物理学最新发展的强烈影响；这个变动所引起的感觉是，科学失去了依据。"爱因斯坦说："就像是从一个人的脚下抽走了地基，他在任何地方也找不到可以立论的坚实基础了。"玻尔说："近年来我们经验的显著扩展，暴露了我们简单的机械论概念的不足之处，其结果是动摇了对观察结果的惯常解释所依据的基础。"[1]

②逻辑空间的不确定性。在逻辑空间中，世界的不确定性来自两个方面：

其一是当我们对这个世界了解得越细致，发现影响世界的变量越多，多到无法用简单的办法或者公式算出结果，尤其是社会大系统的动态性，同样的"因"导出的"果"可能是多重的、概率的、时变的时，运用逻辑思维可能根本找不到答案。我们不得不将它们归为不确定的一类。

其二是"不确定"是宇宙的微观特性。海森堡的"不确定性原理"是说："为了预言一个粒子未来的位置和速度，人们必须准确地测量它现在的位置和速度。然而你对粒子的位置测量得越准确，你对速度的测量就越不准确，反之亦然。"[2]

如果超越逻辑空间，不存在因果逻辑的法则，确定性的认知基础将不存在。

如果换个角度来讨论确定性问题，像把地心说换成日心说那样，把客体对

---

1 卡普拉. 物理学之道[M]. 朱润生，译. 北京：中央编译出版社，2022:40-41。

2 史蒂芬•霍金. 时间简史[M]. 许明贤，吴忠超，译. 长沙：湖南科学技术出版社，2010.

象化的观察角度转换为主体内省的角度。比如，不确定性可能只是来自一个方面，就是来自人的心里。

按照佛家所说的不生不灭，这个世界本来是不需要（逻辑）解释的，本就“如其所是”地在那里，谈不上什么确定性或不确定性。那怎么就有了不确定性呢？就是因为人的心动了（一念无明妄动）。正由于心动了，才开始了对这个如其所是的世界的（逻辑）解释。正因为无明妄动的心本身是不确定的，所以心才有了对世界的不确定的印象，好像（只是好像、其实是错觉）世界是不确定的。

客体对象化的角度，是把心看作不动的太阳，把世界看作围绕心转动的地球，由不动的心来环顾这个变动、运动的世界。

而主体内省的角度，则是把如其所是的世界看作不动的太阳，而无明妄动的心则是绕着太阳转动的地球，心在围绕世界转动的过程中不是自身不动地环顾扫视，而是前后相继地（时间地）、广延地（空间地）观测、测量着这个如其所是的世界。

就像科学家在观察量子现象时已经意识到的那样，必须把观察主体作为一个组成要素考虑在对现象的解释当中，“海森堡将观察者的这一决定性作用引入了量子物理学，海森堡指出，我们在谈论自然界时一定会涉及我们自己”[1]，而非传统物理学的观察那样，从客体对象化的视角进行观察和解释，否则解释不了量子现象。“在原子物理学中，科学家无法作为独立的客观观察者而存在，而是自己被卷入自己所观察的世界中，以至于他影响着被观察对象的性质，惠勒（J. Wheeler）认为，观察者的这种介入是量子力学最重要的特点。我们不得不抛弃‘观察者’这个旧词，代之以‘参与者’这个新词。”这其实可能也暗示了我们说的日心说角度的意味。海森堡还说过：“在量子论中出现的最大困难……是有关语言运用的问题。首先，我们在使数学符号与用普通语言表达的概念相联系方面无例可循；我们从一开始就知道的只是不能把日常的概念用到原子结构上去。”卡普拉说到，铃木大拙的一段话和海森堡说的一段话几乎完全

1 F. 卡普拉. 物理学之道[M]. 朱润生，译. 北京：北京出版社，1999:322。

相同。[1]可见，走在前沿的科学家已经注意到了甚至不自觉地转向了东方智慧。

每一颗心对同一个如其所是的世界都会有不同的观测结果，在自己心里生成各自的逻辑图像。这大概就是从日心说看到的真相。

“确定”“不确定”是主体的认知，对“本体”而言只有“如其所是”是确定的。我以为对“不确定”可能有两个视角的认知：一是对“如其所是”是不能穷尽认知的，从这个意义上“本体”是“不确定”的；二是“确定、不确定”取决于主体的视野，不确定来自“无明妄动的心本身是不确定的”。“心不动、世界动”是将客体对象化的视角；“心动，世界不动（如其所是）”是主体内省的视角。如禅宗六祖惠能所说：“不是风动，不是幡动，仁者心动。”[2]

3. 智能时代——熵的新自然观

1）热力学第二定律——熵理论的提出

（1）热力学第二定律——“孤立系统的熵增原理”

由于热能和机械能之间存在着不完全守恒的可逆循环，这个事实与热力学第一定律（能量守恒定律）矛盾，使得“守恒”观念发生了重大突破，即明确了在封闭条件下机械能和热能是不守恒的。

在“孤立系统的熵增原理”（热力学第二定律）中：“孤立系统”指有限大的封闭系统，“熵”被定义为度量系统结构无序程度的量纲，“熵增”指系统的熵（无序程度）不断趋向于极大，最终将退化到热平衡态（系统结构处于完全无序的混乱状态），即系统解体和死亡。

“孤立系统的熵增原理”有两种表述形式：

---

1 铃木大拙说：“一般的思维方式对于这种矛盾感到困惑，是因为我们必须用语言来交流自己内在的经验，而这种经验就其本质来说是超越语言的。”海森堡说：“关于语言的问题在此确实很重要。我们想以某种方式讨论原子结构……但是却不能用平常的语言来谈论它。”（《物理学之道》，第 32 页）。——编者注

2《坛经》载，惠能至广州法性寺，值印宗法师讲《涅槃经》。时有风吹幡动，一僧曰风动，一僧曰幡动，议论不已。惠能进曰：“不是风动，不是幡动，仁者心动。”——编者注

克劳修斯形式——“热量绝不会自发地从一个温度低的物体流向一个温度高的物体。”

开尔文形式——“要从物体取出热量，并且将它完全转化成‘功’是不可能的。”

（2）熵理论的自然观

热力学第二定律的核心是证实系统封闭和退化的关系，有人称其为“退化原理”。熵理论的自然观本质，包括事物发展过程的不可逆（非循环性）观念、反均衡论观念、事物存在的非永恒性思想、非决定论性的因果论思想、非还原论思想以及时间发展的方向性等突破性的哲学认知。该原理对机械论自然观提出了重大的挑战，为开放系统的自组织提供了广义的理论基础。

2）开放系统——突破热力学第二定律的理论尝试

（1）普利高津的耗散结构

20 世纪中叶，人们开始思考如果突破系统的封闭条件，对于开放系统来说，是否可能遏制退化，实现体系从无序向有序地演化？普利高津（I. Prigogine）的耗散结构理论做出了具有时代意义的贡献。

普利高津的研究指出，对于开放系统，在远离平衡（非线性区）的条件下，能够形成一种相对稳定的结构，称之为耗散结构。钱学森对普利高津耗散结构的解读是：“如果系统是开放的（系统和外界有不断的物质、能量和信息的交换），则系统不断地产生熵值，同时也不断地向系统外输出熵值，输出大于生产，系统的总体即可形成（存在）活的有序结构。”

普利高津的实验和理论体系使得突破热力学第二定律的想法从议论变为科学。普利高津非常推崇中国传统的哲学思想，他说：“中国的思想对于那些想扩大西方科学的范围和意义的哲学家和科学家来说，始终是个启迪的源泉。”

（2）开放系统的自组织

在普利高津提出“耗散结构”之后，“协同学”的创始人哈肯（H.Haken）提出了“自组织”概念。自此，“开放系统的自组织”成为横跨各个学科的理论热点，先后形成着眼于环境、动力、初始结构和演化路径的理论体系。

着眼于环境条件研究的方法论，以普利高津提出的“耗散结构”理论为代表，重点讨论体系开放的必要条件。

着眼于动力机理研究的方法论，以哈肯提出的“协同学”理论为代表，重点讨论体系自身如何保持自组织活力的理论和方法。

着眼于结构研究的方法论，以曼德布罗特（B. B. Mandelbrot）提出的“分形”理论为代表，重点研究协同由简单走向复杂的空间状态及演化的方法。

着眼于演化途径研究的方法论，以托姆（Rene Thom）提出的“突变”理论为代表，重点研究系统可能的演化路径。

另外，以艾根为代表的“超循环”理论和以易诺曼·莫卡德为代表的“混沌”理论都从不同视角研究了开放系统自组织的思路和方法。

这些理论都在探究开放的哲学意义，探究由科学迈向哲学的桥梁，但至今未能成行，究其原因，我以为这里所谈的开放系统的自组织未跨越逻辑空间的边界，始终是分析哲学的性质。

3）香农（C. E. Shannon）的信息熵

在玻尔兹曼的热力学函数里，提出熵是一种描述混乱程度的概率。香农把信息定义为玻尔兹曼熵的负项。换言之，信息被香农定义为负熵，将离散信息源产生的信息量定义为系统有序（消除不确定性）的量度。为此，香农第一次量化地度量信息，并用数学方法清晰地解释了通信原理。

不少人将香农的成就归结为，他第一次将熵与信息联系起来，提出“用信息消除不确定性”的思路。我以为这一提法是不确切的。因为香农定义为负熵的“信息”是“可以说清楚”的形式化信息，所谓“消除不确定性”，是指在逻辑空间里对可能性（概率）的判断，不是超越逻辑的“信息判断”。但在逻辑空间，香农的思想具有全新的方法论意义。即它摆脱传统的线性（因果）眼光，用概率的眼光看待世界，能够把很多难题转化成信息处理的问题，用“形式化信息”消除“概率的”不确定性，找到相应的答案。

香农的方法论回答的是逻辑空间里“工程的不确定性”问题，不是哲学里对不确定的认知。

4. 大数据与智能思维

1）大数据的本质——从因果关系到强相关关系

几千年来，人类的知识积累都建立在演绎和归纳法的原则之上（在继承过去的基础上进行假设），即连续性假设。其认知过程是逻辑推理。人类遵循“分析找到原因，根据原因找到结果”的线性思维方式，需要大量的实践（时间）积累。而大数据改变了这一思维方式，不确定性，或者说（在逻辑空间）难以找到确定结果是今天社会的常态。数据中所包含的信息可以帮助我们指向“逻辑的”不确定，而数据之间的相关性在某种程度上可以取代原来的因果关系，帮助我们得到答案，这就是大数据思维的核心。

杨志刚认为，数据相关性的解释仍是基于因果律的逻辑思想。大数据思维看似是不确定性的计算，实际上仍是确定性的计算。

2）什么是智能思维

智能思维是指“大数据+智能算法”驱动的思维。针对某一目标的大数据的相关性是获得所谓“智能”的原因；而数据驱动的智能算法（如蒙特卡罗树搜索算法）帮助我们找到答案。典型案例如人和机器智能（AlphaGo 等）的围棋赛、智能机器人的医疗诊断等。

智能思维的基础是逻辑，由于智能思维的开放性，以及大数据集中的信息资源中大量包含人脑创意的积累，智能思维在面向逻辑对象时，较之人的线性思维具有明显优势。

我认为，以逻辑计算为基础的智能思维不具备独立的创意能力，不能产生价值观（伦理）和灵感。

5. 思维演化的几点启示

1）演化的特征

依据以上结论，思维演化是指在逻辑空间里由机械思维向智能思维进化的过程，而促使思维转化的关键环节是系统开放。系统开放引发了思维革命，即“跨越思维的连续性”，虽然这种“开放”是在脑思维（逻辑思维）的范畴进行的，但开放开始触及逻辑的边界，可以理解为思维革命。这场思维革命具有以下的重要特征：

从系统处理的对象看，由线性系统转向非线性（复杂）系统。

从处理的路径看，从对连续事件的因果关系的解析，转向对离散事件的信息量和概率的探求；从逻辑推理转向“大数据+智能算法”。

从关注的眼界看，从逻辑空间的确定性眼界，开始转向“用不确定的眼光看因果”。

从系统开放的角度看，“开放系统的自组织”开始触及逻辑的思维边界。

2）思维演化的局限

在逻辑思维演化的进程中，无论是系统的概念，封闭或开放的概念，确定或不确定的概念，线性或非线性的概念等，都没有摆脱维特根斯坦所说的“逻辑空间”的约束。正如维特根斯坦在《逻辑哲学论》前言里说的：“这里所传达的思想的真理性，在我看来是无可辩驳的和确定的……如果我这样认为没有错，那么这本书的价值所在的第二点就是，当这些问题获致解决时，所做的事情是多么地少。”

（三）信息哲学关于演化的猜想

对于演化、开放、生命、关联、信息这些事物的发展变化的广义法则，是不能用形式化的定义来认知的，如上文提到的，我们只能用隐喻和类比的表达方式来领会其内涵。以上用大量的笔墨归纳逻辑思维的演化，目的是以此为借鉴，从类比的角度考察（猜想）信息哲学的关注点，即通过类比逻辑思维的演化，猜想信息哲学关于生命、信息、关联、开放的内涵及哲学意义，并力图用隐喻的方式进行表达。

1. 生命是演化的本体

思维的演化指的是逻辑对象的演化。无论是事物、事件、系统、生命，直至人的思维形态，都是作为逻辑的对象进行研究的。正如笛卡儿所认为的：“思想”

是一种意志，其基本功能就是将“被思者”构造为表象；“存在者被规定为表象的对象性，真理被规定为表象的确定性”。[1]只有在这一逻辑空间中，“思维的演化”是“能够说得清楚的”。

与逻辑空间类比，信息哲学关注的是维特根斯坦的“必须保持沉默”的领域。这个领域是未被形式化的无人区，没有客体化对象，只有直觉的尝试、漫游和感知，只有精神的、情感的、意志的、“心灵”的演化；这是一个生命意志的未知世界，而不是主客分离的二元世界。

在形而上范畴里，生命的演化指向“心”的演化。“心”就是无形的、非物化的意义世界。心是生命，心是通灵的，心在不停地演化、追逐着我们称为关联本体的未知世界。我们的猜想是，未知世界是如其所是的本体世界，就主体认知而言是不确定的，而不是机械化的“世界图景”。

无形的“心神”从何而来？它来自“心”的意志映现（信息）。“心神”指内在的意义世界，如南宋陆象山主张“心即理”说，尝言：“宇宙便是吾心，吾心即是宇宙。”这一“感悟宇宙”的血脉是信息与心交互的映现，是“心”中的“关联世界”与未知本体世界的“活的”连接。

2. 信息是“心”的映现

既然唯物论、唯心论把世界劈分为“物”和“心”两个独立的范畴，唯物的“以物见理”可以越来越精确地解析“物”的微观世界，但不能问津维特根斯坦“不可说”的精神世界；唯心的“以心感（悟）物”积聚了“心”的灵感和本能，但除了经验和实用，“心”无法建立落地于物的“科学原则”。从批判的眼光看，二者都受范畴的制约，那么必须寻找跨越这两个范畴的更原始的认知起点，我以为这个起点一定存在于领域交汇的关联形式——信息上。信息发乎于心，映现于关联，隐喻于未知，是和生命同构的演化的本源。

1 马丁·海德格尔. 海德格尔选集[M]. 孙周兴，译. 上海：三联书店，1996:896.

以信息为认知起点，信息是心的映现（媒介），客体（存在）源于主体（认知）；“以物见理”源于“以心感物”；语言（逻辑）源于信息（直觉）。因此，信息是与生命本源同构的统一体，它的哲学内涵跨越了将主客劈分的二元结构。

如果要进一步猜想直觉与逻辑的关联，那么就不得不跨越维特根斯坦“说清楚”和“不可说”的边界，我以为焦点是寻找逻辑思维与取譬思维的交汇点，或者说寻找求真信息的语言形式(“非恒名”的语言形式)与逻辑语言的交汇点，命题是“非恒名”的关联演化。

3. 关联指向演化的意义

如上文所述，“如果我们将‘存在’理解为主体认知的边界，那么对主体而言，关联是存在的本质，是存在（认知）的意义所在。换言之，关联是生命体感知世界的价值所在”，对生命而言，关联即存在，即有意义，关联是生命演化的源头。

由于生命对关联的感知是以直觉或思维为起点的，从思维(指称联系语义)的路径来看，“语义由两部分构成：一是能够被认识的部分，可以称之为‘逻辑语义’；另一部分是只能在心里感知（得到领会）的语义，我们称之为意义”。对意义的感知是因人而异的。

直觉对意义的感知是人类的天性。类同于吃饭、喝水、睡觉等生理需求，对未知世界的好奇心及产生的心灵感应也同属于人类特有的天性。心灵感应是人类与生俱来的，它追逐的是生命存在的意义。

基于以上的讨论，立足于超越二元论的整体视野，信息哲学的“关联”（传统说法称“主体关联”）包含两个基本部分：

第一部分是通过客体化的逻辑语义表述的关联：它立足于独立于主体的因果逻辑，属于“说得清楚”的“确定性关联”；但由于确定性产生于主体建立的“外部世界”（形式化的封闭世界），逻辑对关联意义的解释立足于“恒名”，因此其认知是形式化的，不可避免地偏离“活的”、求真的意义指向；随着逻辑工具的独立生成和智能化进程，主体对“意义”的认知越来越依赖对逻辑语义精细化的解读，导致人类心灵感悟能力的退化。特别是当人们面对与情感、意志、精神相关的复杂事物时，形式化的眼界往往导致认知与“意义”的方向日渐分离。

第二部分是直觉感应的关联：它是灵感的映现，属于“不可说”的“非确定性”关联。灵感的映现发乎于心，而不依赖大脑的逻辑分析，心的感应是不可能通过“外部世界的形式化逻辑”表达的。在维特根斯坦的“必须保持沉默”的领域，心对意义的追寻可能是认知的唯一路径。

关于逻辑语义和直觉感应的关系，涉及分析与感悟、“说清楚”与“不可说”、“确定性”与“非确定性”、“外部世界”与“内心世界”两个截然不同的世界，问题是该用什么样的视野观察二者的关系。事实上“关联”一词的语义是不确定的。日常生活中所说的“关联”指关系（二元世界可表述的内容）和连接（信息），而“主体关联”指“心灵感悟的意义”，两种关联不在同一个领域。

讨论信息哲学（“唯人论”）有两个难以跨越的屏障：其一是对领域的选择，即用什么样的眼界和视角来观察复杂的对象；其二是用什么样的语言，或者说怎样用语言表述超越逻辑的领域。眼界——“视野”和观测方向——视角的选择是开放思维的核心。

（四）演化与开放

1. 为什么要讨论开放

为什么要讨论开放？特别是探讨开放的哲学意义？因为开放是演化中生命的意志，或者说是演化中“主体求真”或“求实”的认知基础。如果将演化看作“唯人论”中与生命、信息、关联同构的要素，那么在“唯人论”的视角里，开放是生命演化的本质。

以上讨论了逻辑思维的演化，进而从演化的生命本体、演化的信息媒介、演化的关联意义上提出了信息哲学对演化的猜想。而这一猜想立足于跨越形而下的逻辑边界，试图从“发乎于心”的视角观察演化，它颠覆了二元世界传统的哲学原则，迫使我们不得不思考新的认知眼界：从客体化的封闭眼界转向主体关联的开放视野；从用逻辑解析“物”的思维定式转向感应于“心”的直觉视角。这使得开放成为影响演化（生灭转化）的思维要素，其背后隐含着对存在的猜想和认知的信仰。

2. 如何领会开放

1）开放的一般意义

开放的概念是难以定义的，如果进行归纳，对开放的认知大致有三个含义：其一是指主体的意志，开放是“心”的感应和选择；其二是眼界，指跨越领域边界的选择；其三是相对封闭而言的开放，指二元世界的因果逻辑。

在汉语词汇中，开放多隐喻张开、释放、解除限制等含义。它可以指人的思想行为，也可以指某种环境氛围（如市场经济环境）。在二元世界里，开放是相对封闭而言的，当面对不同主题时，开放有着不同的内涵，如政策的开放、思想的开放、社会的开放等有不同的含义。

2）信息哲学中的开放涵义

信息哲学关注思维的开放，即开放的哲学。意指一种新的哲学思维方式，或者说源于“求真”“求实”意志的思维方式。它关注主体的独立性、关联的多样性，以及存在的交互性等内涵。

信息哲学的开放意指“信息求真”对眼界和视角的选择。其中，眼界指“主体”的视野，即观察的领域；视角指“主体”认知的路径和方法的选择。

关于视野的选择，信息哲学将维特根斯坦“可以说得清楚”的二元世界扩展到他的“必须保持沉默”的未知世界，试图勾画出求真与求实、直觉与逻辑、非恒名与恒名、可领会与可认识在认知领域的差别，提出最原始的“认知倾向”；关于视角的选择，信息哲学以生命本体、信息媒介、关联意义作为要素，探求“图像”的演化进程。对生命本体而言，开放意味着主体的独立性，以心灵的感悟为起点，引导由逻辑主导的客体化（物质）视野；对信息媒介而言，开放意味着寻找信息内容和形式统一的条件，由主体的信息映现，修正、完善形式化的对象信息；对关联意义而言，开放意味着不确定性，寻找由演化的不确定所限定的确定条件。

3）开放在演化进程中的重大意义

“唯人论”（信息哲学）探求精神开放与演化关系的动机在于，在科技的物质成果渗透到社会生活的各个角落的今天，越来越多的人沉浸于逻辑工具的有效性，认为科学思维可以作为一种涵盖一切的思维方式引领世界，但如果想用科学工具发掘维特根斯坦“不可说”的领域，却是行不通的。

思维开放的核心是针对逻辑封闭而言的。所谓“逻辑封闭”指逻辑思维的对象化门槛，它对秩序的存在、因果关联的确定性，以及演绎、归纳乃至“大数据”等方法论的有效性，都建立在将对象形式化的基础之上。“形式化”是进入逻辑空间的条件，如A • J • 艾耶尔所说：“许多形而上学的言辞与其说是发表这些言辞的人为了有意识地企图超过经验界限，不如说是由于他犯了逻辑错误。”[1]在“唯科学论”者的眼中，“哲学是科学的逻辑”。他们认为，超越逻辑的哲学都是没有意义的。

从开放的意义上看，逻辑仅仅是“哲学工具”，用二元哲学的视角观察“心的世界”是“坐井观天”。开放的“心的世界”是心在“色不异空，空不异色”中可以独立自在漫游的开放世界，而不是“井中看到的”封闭世界。随着科技的飞速发展和人工智能（如ChatGPT）的产生，“井中的视野”不断被精细化、凝固化，“心的世界”被退化、萎缩，甚至可能在逻辑的惰性挤压中失去生机。人异化为逻辑工具的奴隶，这也许可以说是佛家所称“末法时代”的一种表现吧！

---

1 A • J • 艾耶尔. 语言、真理与逻辑[M]. 尹大贻，译. 上海：上海译文出版社，2006:3-9.

小结——初步的结论

（一）难点梳理

1. 思路的由来

1）面对的难题

（1）认知的屏障

在科学至上观念主导世界的过程中，如何突破逻辑思维的边界，进入维特根斯坦“必须保持沉默”领域，成为重大的哲学难题。对这个“难题”的猜想必须超越以逻辑为基础的二元哲学的视野，挑战传统的认识论理念，使我们的好奇心面临前所未有的认知屏障。

（2）难以用语言表达

需要强调的是，这一认知屏障不仅仅要求眼界的改变，不仅仅颠覆了“哲学是科学的逻辑”的传统认知，而且这种“好奇的猜想”是难以用语言表述的。因为“语言是人们表达思想和情感的媒介，但并不等同于思想和情感本身”，“思想是思想，语言是语言”。[1]迄今为止我们还不具有超越语言的表达形式。

2）以信息破解的尝试

什么是信息？该如何领会信息的哲学涵义？这可能是和“造物是否存在”连在一起的永恒的哲学困扰。将信息领会为超时空的本体存在，是我们猜想的起点。这一猜想立足于不依赖逻辑思维，而依赖以信息为媒介的直觉体验进入维特根斯坦“不可说”领域。

在二元世界里，信息是被主体对象化（物化）的显现，或者说被形式化的表述，而用形式化的客体信息（语言）是难以真实表达情绪、情感、意志等“心”的活动的。如果将信息看作“发乎于心”的直觉体验，作为关联感应和演化进程

1 史蒂芬•平克. 思想本质[M]. 张旭红，梅德明，译. 杭州：浙江人民出版社，2015.

的媒介，是否可能破解直觉与逻辑、内容与形式的关联？

这些问题的落脚点是语言哲学，或者说由此提出本文的标题——信息求真与语言哲学。

2. 专题的难点

1）逻辑是什么

（1）逻辑是先天的吗

西方哲学的三次转向，是从早期作为逻辑前身的逻各斯的言说的顺序的模糊意味，逐渐到二分（非此即彼）、三律（同一律、矛盾律、排中律）、因果推理等逻辑的含义和表达方式不断精确化的过程（杨志刚语）。

如果将逻辑看作先天存在的，即如康德所提出的理性空间由先验的时间、空间、因果律构成，那么一定存在先天的“逻辑本体”。我以为二分、三律、因果不是逻辑的源头，逻辑本体指秩序法则，“秩序”指先后的广义的“序”（超越逻辑的“序”），“序”的背后是“数”。换句话说，逻辑是先天存在的吗？是在问是否存在“如其所是”广义的“序”，或者问“数是先天法则吗？”这里“先天”应指“法则”是否天然存在于人脑的神经元结构中，或天然地存在于人对关联的感应乃至感悟中？

而演绎、归纳、算法等方法论，是后天的产物，不是“如其所是”的自然存在吗？

逻辑面对普适规则（可表述、可证实），“如其所是”是否隐含“确定性”涵义（也许问这个问题本身就显示了语言对感悟的遮蔽）？对于外化的可形式化的“物”的结构，经验告诉我们逻辑的有效性（“可以说得清楚”），尽管被形式化的对象类同于“模拟实验”，但它明确地指向确定的因果，因为“一个想象的世界，无论它怎样不同于实在的世界，必有某种东西——一种形式——为它与实在的世界所共有”。

人脑单元的逻辑关联是先天的吗？是否隐含“造物”之意？逻辑和直觉都是先天存在于人脑或者心的吗？这种存在不是用“物”（如量子、神经元等）的形式确立的，“物”只是存在的载体和表达存在的方式。

从唯名论来看，逻辑隐含共性（抽象的、假的）、确定性（黑白分明）涵义；直觉隐含个性（直接的、真的）、不确定（想象空间）涵义。

（2）逻辑有效的边界

维特根斯坦说“世界是事实的总体，而不是事物的总体”，而事物是“可以说的东西”，即逻辑的有效性仅在于对客体化的“事物”向“事实”穷尽的边际之内。而“事物”是“假”的。但这种“由假逼近真”的过程是真实存在的。

逻辑讲的是确定性、可证实性、可交互性、普适性原则，这些原则建立在对象化（物）和公理化（理性）的基础之上——“以物见理”。“以物见理”是个形式化的“模拟”“参照”过程，公理化是模拟实验的理性工具，“以物见理”是在逻辑空间建立的参照体系。维特根斯坦说：“命题是实在的图像，命题是我们想象的实在的模型。”解读维特根斯坦的话，即逻辑不是“实在”本身（假的），而是工具理性（公理化）描述的图像。“以物见理”通过这个“图像”逼近“实在”。

（3）逻辑是认知的必然吗

排除直觉感知的话，逻辑是思维的唯一路径吗？换句话说，在认知思维里，科学是否是不可逾越的？如果是这样，那么超越逻辑的“主体感悟”信息只能通过逻辑语言表述、逼近，“非恒名”语言只能通过逻辑载体映现。

尼采说：“有关食物或者有关与自己敌对的动物，谁若不懂得经常地找到‘相同者’，也就是说谁若概括得太过缓慢、在概括时太过小心，他存活下来的可能性就要小得多……但是，这种把类似的东西处理为相同者的占优势的倾向，一种非逻辑的倾向——因为根本就不存在相同者——首先创造了逻辑的全部基础。同样地，为了实体概念得以产生，事物身上的变化必定是长期地没有被看到，没有被感受到：那些不能仔细观看的人，比那些看到一切‘都在流变中’的人们更具优势地位。”

可见逻辑和求真无缘，求真与求存是相悖的；求真指向个性，求存是对共性（相同性）的识别。而生命的延续与人类求实与求存密切联系在一起。因为“自在自为地，任何一种推论方面的高度谨慎，任何一种怀疑的倾向，对于生命来说就是一大风险”。[1]

“我们现在的大脑里的逻辑思想和推论过程，符合那些本身全部十分非逻辑的和不公正的欲望的进程和斗争：通常我们只经验到这种斗争的结果……”[2]

以上中文翻译不一定完全表达了原意。我的初步解读是：我们脑中的逻辑思想，符合那些和非逻辑（不公正——非理性进程）斗争的欲望。通常我们只体验到斗争的结果，而不能仔细观看到“流变”的“进程”。隐含这一结果一定是被逻辑“修饰”的（不真实的）。

（4）逻辑与求真的交互

人的认知是以逻辑为起点的还是以直觉为源头的？

认知的源头是直觉（非逻辑），如尼采所说：“逻辑起于人脑的何处呢？肯定起于非逻辑，这个非逻辑的领域原始地必定是无比巨大的。”

但人类的认知一旦进入逻辑轨道，就在天然的求存动力的推动下形成语言，进而扩展为人脑的语言思维体系，这一体系（普适的模拟体系）与人类所独有的、个性化的情绪、情感、精神和意志相隔离，不可能生成人类的“精神”，只会引导人的精神指向求存、求实，指向进程中的精细化、工具化，在不断满足肢体物质需求的演化中，潜移默化地将人的情绪、情感、意志“逻辑化”，可能使活着的“心灵追求”在不知不觉中退化和消散。

如果是直觉导向，是否可能部分地将直觉（真的、实在的、个性的）感应用语言（逻辑）表述并记录下来？这一过程是否必须经过取譬语言的意向描述？“不确定的”取譬语言能用“确定的”逻辑语言解读吗？如果能（或部分能），

---

1 弗里德里希・尼采. 快乐的科学[M]. 孙周兴，译. 北京：商务印书馆，2022:173.

2 这段译文有些不准确，在中央编译出版社的《快乐的科学》英文版中，该句为“The course of logical thoughts and inferences in our brains today corresponds to a process and battle of drives that taken separately are all very illogical and unjust; we usually experience only the outcome of the battle…”漓江出版社出版的黄明嘉译本中译作：“我们现在脑子里的逻辑思维和推论的过程与自身非逻辑、非正当的本能欲望的过程和斗争是一致的，我们通常只经历斗争的结果罢了。”——编者注

从取譬到逻辑仍是人为的一种“形式化”过程，这种“形式化”和逻辑的“对象化”在性质上有哪些区别？这种“形式化”的结果是否可能诱发多样化的交互，不断引领所面对命题边界的缩小？

假定能实现逻辑对取譬语言的外围解读（哪怕是局部的）和表述，我想解读必然是多样的、不确定的，因为由取譬语言到逻辑的“形式化”是以人心为起点的，是“以心感物”，而不是以对象为起点的“以物见理”，是“心”对“实在”的“模拟”，而不是“物”的图像模拟。

心比物更逼近实在，就像恋人之间的“眼神”比语言所传达的意思更真实。

2）生命的哲学意义

（1）什么是生命哲学

信息哲学是关注生命的哲学。在某种意义上，“信息”和“生命”融为一体，信息映现于生命，生命存在于信息。但作为互补的哲学视野，生命和信息的观察视角不同：立足于生命的哲学是二元的视野，侧重“以生命看世界”；立足于信息的哲学是一元的视野，侧重“以关联看世界”。

从二元的主体视角看，信息哲学是“生命体验”的分支，信息哲学提出的所有问题——无论是世界的终极本质、信息的映现、关联的意义，以及演化的趋向，其背后关注的是生命的价值和意义；从关联的视角看，信息是关系的映现，其哲学解读只能是“一元”的。

归纳西方对生命哲学的讨论，生命哲学是指通过生命的存在看世界的哲学。

叔本华把意志和世界的关系描写为“使具体化”，即“这里指的不是通过理解把感官印象塑造成物体，而是确定一个事实，那就是作为人的行为的目标或障碍是可以体验到的。这样意志概念就变具体了。在一个生命实践中，意志作为‘要求生命的意志’有了自己的地位，这是存在于这个世界的叔本华式的公式。这里‘生命’和‘世界’是同一个意义，这里的世界当然不是指理论上可以认识到的世界，而是生命的进程中可以体验到的世界，是人很难摆脱和离开的世界，即使生活中更多的是痛苦”。[1]

（2）生命哲学的中心点是什么

我们将生命哲学的中心点领会为“生成”。

如上所述，对“生成”的认知，以主体为起点的视角是二元哲学，以关联为起点的视角是一元哲学；西方的生命哲学是二元的，而信息哲学只能是一元的。

“唯人论”用“心灵运动着的活的信息”来感悟生命的存在。如佛家认为现象是由心生出来的，这个世界是因我们的八识（眼耳鼻舌身意识、末那识、阿赖耶识）而起的。

（3）为什么提出生命哲学

“我认为生命哲学是对主体性或自我经验这个话题所做的重要贡献。在我看来，这个话题在越来越趋于物化和媒体化的世界里显得格外重要……生命哲学的价值在于它包含的思维形式要比形式逻辑的思维形式更丰富、更灵活。我越来越怀疑，那些时髦的公式，如‘进化理性’‘理性的先决条件’在说明体验的不可置疑性问题上会比生命哲学更进步。”[2]

“需要迈出两大步才能使生命同理性一样成为哲学原则，当然是作为理性的对立面。第一步把叔本华从思考引到意志；第二步是从意志到涅槃。两个一先一后的步子通过一个中间的步子连在一起：那就是通过生命对世界进行内在的承认。”[3]

3）确定性和不确定性的认知源头

（1）逻辑和直觉的本质差别

人脑思维（逻辑）的源头是非逻辑。为什么选择逻辑（形式化的因果，对求真是“假”的，对求实是真的）？这源于人对确定性的心理依赖。按尼采的说法，确定性心理依赖有利于人的生存，但也有可能使人的灵性能力退化。

人“心”的直觉（非逻辑）的源头来自人的好奇心，来自与天地交互的自由

---

1 费迪南·费尔曼. 生命哲学[M]. 李健鸣，译. 北京：华夏出版社，2000:29.

2 费迪南·费尔曼. 生命哲学[M]. 李健鸣，译. 北京：华夏出版社，2000:2.

3 费迪南·费尔曼. 生命哲学[M]. 李健鸣，译. 北京：华夏出版社，2000:27.

（心的自由）本能。这种“好奇”来自“从不确定中寻找确定”的心理感应，好奇是对现状（认知）的“叛逆”，是心灵通向造物的指南。

（2）辩证的感知和逻辑思维的差别

①辩证法（方法论）

严格地说，东方没有辩证的方法论，只有中医“（八纲）辨证”的诊病方法。对应于“辩证”这一来自西语的概念，在东方是藏于内心的辩证直觉。我领会这一直觉是对“变化”和“关联”的感知，其表达的方式只能是取譬的语言。如老子说：“玄之又玄，众妙之门”，以及对天地、阴阳关联的描述等。东方的“辩证直觉”指向前景的不确定，对“演化方向”的解读留有余地。

黑格尔的“辩证法”是他所构建的“三段式”方法论，不是内心对变化的不确定感知，而是将内心的感知外化为“对事物本质的直观把握”[1]，依此建立对“必然的”历史发展的可知性和可预见性的信仰。换句话说，黑格尔把内心的直觉“客体化”，用“三段式”客体化成“绝对理念”，使之成为不可逾越的认知顶峰。

黑格尔辩证法的起点是“本质也在发展。在黑格尔的世界里，就像在赫拉克利特的世界里一样，一切都在变化”。[2]“黑格尔完全意识到这一事实，即辩证的方法可以用来把一种思想歪曲成它的对立面。”黑格尔辩证法的本质是逻辑思维，不过是将原本非此即彼的形式逻辑改造成了亦此亦彼的辩证法，使之形成怎么说都对的方法（这一点也是很多人批评黑格尔的原因）。

②尼采的看法

对连续性的解释[3]：“可能永远不会有这样一种二元性，——实际上我们面对的是一种连续性……一种理智，它把原因与结果视为连续性，而不是按照我

---

1 卡尔·波普尔. 开放社会及其敌人（第二卷）：预言的高潮[M]. 郑一明，译. 北京：中国社会科学出版社，1999:23.

2 卡尔·波普尔. 开放社会及其敌人（第二卷）：预言的高潮[M]. 郑一明，译. 北京：中国社会科学出版社，1999:76-85.

3 弗里德里希·尼采. 快乐的科学[M]. 孙周兴，译. 北京：商务印书馆，2022:174.

们的方式把它们视为可任意肢解的片段，它看到了发生事件的流变——这种理智就会摈弃因果概念，否认一切条件制约。”[1]

4）什么是信息

“什么是信息”是一个只能猜想不能定义的哲学难题。

（1）初步的认知

迄今为止，我的初步认知是：从求实、求存的角度看，信息是对象化的逻辑映现，是逻辑空间非“事实”的（“模拟的”）“事件图像”“模拟图像”可以用逻辑语言描述；从求真的角度看，信息是“心”的（关联）映现，是本质直观的“影像”“影像”无法用逻辑语言表达。如果用取譬语言表达，那么这种语言难以交互。

取譬能通过逻辑来解读吗？迄今为止，未见用逻辑解读取譬的先例。我以为，用逻辑解读取譬，其性质是用逻辑思维退化（消弭）直觉感应，用逻辑语言替代隐喻表达的过程。

有没有可能建立由取譬主导逻辑的中间语言？如果可能，“主导”的条件是什么？

（2）信息的哲学涵义

我对信息的哲学涵义的领会，是把信息（生命）理解为康德对时间、空间、因果律的先验理解之前发生的事情。也就是说，只有出现了信息（生命），才有先验认知的可能，信息是构想时间、空间、因果律的本源。

①信息是生命感应世界的“直观”。

“我把一切在其中找不到任何属于感觉的东西的表象称为纯粹的（在先验的理解中）。因此，一般感性直观的纯粹形式将会先天地在内心被找到，在这种纯粹形式中，现象的一切杂多通过某种关系而得到直观。感性的这种纯形式本身也叫作纯直观。”[2]

---

1 弗里德里希·尼采. 快乐的科学[M]. 孙周兴，译. 北京：商务印书馆，2022:174-175.

2 康德. 纯粹理性批判[M]. 邓晓芒，译. 北京：人民出版社，2017:21.

在信息的哲学视野里，康德的“纯直观”，我领会为摆脱了“语义”的纯形式。在这里，信息是“先天地在内心中被找到”的“纯粹形式”。这种形式的本质是感应世界的直观。

尽管康德严格地按照“逻辑观”抽象出“纯直观”的先验起点，但“直观”本身已更改了“客体”的涵义，因为直观仅存在于主客体的关系之中，不存在脱离“心”的独立的“纯粹形式”。“直观”不仅指向“心的世界”，同时指向“心的映现”——信息。康德的先验论尽管用逻辑语言陈述，但对信息的先验领会具有启发意义。

②康德关于时空的形而上学阐明。

“借助于外感官（我们内心的一种属性），我们把对象表象为在我们之外、并全部在空间之中的。在空间之中，对象的形状、大小以及相互之间的关系是确定的，或是可以被确定的。内感官则是内心借以直观自身或它的内部状态的形式，它虽然并不提供灵魂本身作为一个客体的任何直观，但这毕竟是一个确定的形式，只有在这种形式下对灵魂的内部状态的直观才有可能，以至于一切属于内部规定的东西都在时间的关系之中被表象出来。时间不能在外部被直观到，正如空间也不能被直观为我们之内的东西一样。”

“首先要通过排除知性在此凭它的概念所想到的一切来孤立感性，以便只留下经验性的直观……纯直观现象的单纯形式……作为先天知识的原则，有两种感性直观的纯形式，即空间和时间。”[1]

“是否真有这样一种独立于经验，甚至独立于一切感官印象的知识。人们把这样一种知识称之为先天（A Priori）的……是完全不依赖任何经验所发生的知识……先天知识中那些完全没有掺杂任何经验性的东西的知识则称为纯粹的知识。”

“一门有关感性的一切先天原则的科学，我称之为先验感性论。所以必须有这样一门科学，它构成先验要素论的第一部分，而与包含纯粹思维的诸原则、称

---

1 康德. 纯粹理性批判[M]. 邓晓芒，译. 北京：人民出版社，2017:22-23.

之为先验逻辑的那一部分相对。”

“先验感性论”能作为“科学”吗？存在“先天”的“知识”吗？如果知识仅能用逻辑表达，那么“先天”的（非逻辑的）知识不存在，逻辑不能表述“经验性的直观”。

③纯直观中的信息与时空。

时间、空间均属于康德所说的“感性直观的纯粹形式”。如果信息作为一种“纯直观”，作为生命“直接映现”的“纯粹形式”，该如何解释信息与时空的关系？

信息与时空的关系可以在两个方向上探求。

其一，是信息与“感性直观”的关系。

康德将时空看作“感性直观的纯粹形式”——时空是确定对象的形状、大小、相互关系以及内部状态的纯粹形式，而“感性直观”是不能用逻辑表述的，它只是康德置于内心的逻辑化的假设。

“感性直观”仅存在于信息的视野，而不存在“逻辑假设”！信息是生命存在的本质。当我们从二元世界的角度看“没有生命就没有信息”时，从一元关联世界的角度看，“没有信息就没有生命”。信息是生命的映现，或者将其隐喻为生命的“表象”，信息是生命感应世界的“直观”。这里的“直观”指生命对世界的感应唯一地来自信息，或者说“直接地”来自“心”的关联体验。康德认为，时间、空间是基于生命的先天存在，其中忽略了信息是生命的直观表征，无法解释时空与生命的内在关联。

其二，是信息产生于时空之前。

如康德所说，空间和时间是感性直观的纯粹形式，它“先天地从内心中找到”，它是排除知性，“以便只留下经验性的直观”。“直观只是在对象被给予我们时才发生……只有感性才给我们提供出直观。”[1]

康德“经验性直观”的源头是生命，没有生命就谈不上“经验性”；至于“纯

1 康德. 纯粹理性批判[M]. 邓晓芒，译. 北京：人民出版社，2017:21.

粹形式”的先天存在，仅是对直观的逻辑设定，是对感觉的心理假设。

由此可见，只有出现了信息（生命），才有先验认知的可能，才有将时间、空间抽象为“纯粹形式”的可能。信息是构想时间、空间、因果律的本源。如果要建立“先验感性论”，其源头只能是信息。之所以不用“生命直接体验的纯粹形式”来表达信息的哲学涵义，是因为“先验感性论”不是科学，难以用逻辑来表述。

信息，特别是信息的纯粹形式，在哲学上是长期缺位的。可否做这样一种设想：如果将信息领会为“纯直观”的纯粹形式，那么时间、空间是基于“信息”的先天存在，这样才能从“内心被找到的”信息来解释时空存在。

（二）可能的出路

总结以上的讨论，破解逻辑禁锢的思路有三个方向。

1. 取譬形式

“取譬形式”提供“关联”和“演化”的感悟空间，即提供“活的”、整体的、平衡的心灵沟通纽带；其出发点是从“活的”、整体视角看分离和独立，而不是从分离的、“死的”视角看生命体；取譬形式的终极指向是“无形”的领域。比如，借鉴中医的思想和表达方式，人们或许可以为接触“不可说”领域找到某种尝试办法。

取譬形式是心灵感悟的触发点，它所提供的不确定的语言形式，将潜在的感悟浮现为“有形”的表述，将激活主体对意义世界的认知天性，沿着类比、隐喻的指向，在多元聚集的思想漫游中，激发个体“心”的活力；取譬思维直指要点，为个性化的意念表述提供了创意的空间。较之逻辑语言，取譬形式更具开放性，更具不同的感悟在演化中自成体系的主体优势。

2. 直觉导向的可能

认知的源头是直觉（非逻辑），如尼采所说：“逻辑起于人脑的何处呢？肯定起于非逻辑，这个非逻辑的领域原始地必定是无比巨大的。”

但人类的认知一旦进入逻辑轨道，就在天然的求存动力的推动下形成语言，进而扩展为人脑的语言思维体系，这一体系（普适的模拟体系）与人类所独有的、个性化的情绪、情感、精神和意志相隔离，只会引导人的精神指向求存、求实，指向进程中的精细化、工具化，在不断满足肢体物质需求的演化中，潜移默化地将人的情绪、情感、意志“逻辑化”，使活着的“心灵追求”在不知不觉中退化和消散。

如果是直觉导向，是否可能部分地将直觉（真的、实在的、个性的、部分的）感应用语言表述并记录下来？这一过程是否必须参照取譬语言的意向描述？“不确定的”取譬语言能用“确定的”逻辑语言解读吗？如果能（哪怕一鳞半爪），从取譬到逻辑仍是人为的一种“形式化”过程，这种“形式化”和逻辑的“对象化”在性质上有哪些区别？这种“形式化”的结果是单一的、确定的吗？

假定能实现逻辑对取譬语言的解读（哪怕是局部的）和表述，我想解读必然是多样的、不确定的，因为由取譬语言到逻辑的“形式化”是以人心为起点的，是“以心感物”，而不是以对象为起点的“以物见理”，是“心”对“实在”的模拟，而不是“物”的图像模拟。

3. 波普尔的零星社会工程

波普尔把思维探头伸向“不可说”领域，挑战神谕哲学在历史哲学、政治哲学、社会学上的逻辑解读，击中对方似是而非的伪科学（被物化的辩证法）的命门，提出以“试错”的方法接近“真实”的思想。说到底，波普尔试图用“唯物”的思维提出“人的解放”问题，但不可避免地出现“理性的缺位”，特别是信息的缺位。

（三）信息大树的随想

作为对本专题的归纳，本节试图用隐喻和类比表达信息激活关联的生命（意义）世界，或者说用“信息大树”来隐喻这样的观念。

1. 由生命关联的世界

“生命关联的世界”指主体感知的世界，而不是超越主体感知之外的“客观存在”。因为只有生命感知的世界是“信息世界”，只有以关联为源头的哲学是一元视野的。在这个视野中，信息与生命是融为一体的。

1）与生命关联的信息视野

梳理以上的讨论，我们从批判逻辑决定论出发，试图打开一个新的认识空间——从逻辑走向非逻辑，从死的形式化对象走向活的情感、活的心灵，从形式走向内容的空间，也就是说，从封闭的逻辑空间转向开放的信息空间。之所以称“信息空间”，是因为“信息映现于生命的关联”。这个信息空间的难题是对关联（意义）的表述，即需要建立起关联的信息视野。

由于在二元哲学的视野里，信息是被主客体分割的附属物，信息旨在回答主客体各自“是什么”，而与主客体的关联会“有什么”无缘。关联世界是一元的，它突出的是心中的意义，而在二元的主客关系中，信息是被逻辑分割的。为此，需要重新从关联的视野提出问题，将信息领会为生命关联的映现，建立关联的信息视野，再次探讨信息与语言、内容与形式、确定性与不确定性的关系等重大哲学问题。

2）确立关联的锚点地位

既然唯物论、唯心论把世界劈分为“物”和“心”两个独立的命题，“以物见理”可以越来越精确地解析“物”的微观世界，但不能问津维特根斯坦“不可说”的精神世界；“以心悟物”积聚了“心”的灵感和本能，但除了经验和实用，“心”无法建立落地于物的“科学原则”。从批判的眼光看，二者都受范畴的制约，那么突破口一定在领域的交汇处的关联形式——信息上。因此，我们将“关联”确定为新的信息哲学视野的锚点。

什么是关联？如上文所述：关联是一元哲学最初始的源头。关联即信息；关联即心对意义的追求；关联既非来自“物”，也非来自“神”，唯物和唯心的关联是人。人的“身体（感官）”承载关联的形式（载体），人的“心神”承载关联的内容。

如果归结为一种新的观念，可以叫作：唯信息论、唯人论、唯关联论、唯心灵论、唯生命论。它们的交互本质是共同的，映现的形态是多样的，但都指向心灵所关联的信息空间。

2. 信息大树的隐喻

1）信息大树隐喻生命

我们用信息大树隐喻心中的意义世界。所谓意义产生于“心”对关联的本能追求。在我们的观念里，“心”就是无形的、非物化的意义世界；心是生命，心是通灵的，心在不停地演化、追逐着我们称为关联本体的未知世界。我们的猜想是，未知世界（本体世界）的本质同样是生命世界，而不是物化、固化的物质世界。基于生命的连结，“心”能“通灵”。用大树隐喻心中的世界，是突出唯信息论与唯生命论的本质同一。

2）信息大树隐喻关联

如果将大树看作一个有机的关联整体，它不同于多种植物组合的“百花园”。

如果用类比的方式来比较东西方哲学：西方的文化渊源类同于百花园的形成。百花园追求发挥每个品种独立的特征，而不关注品种之间的关联性；中国哲学的特征是整体性、包容性、模糊性、直观性。李泽厚先生在《试谈中国的智慧》中说：“中国哲学正是这样在感性世界、日常生活和人际关系中去寻求道德的本体、理性的把握和精神的超越”。我以为，用“大树”隐喻东方的感性世界是恰当的。我们试图构建一个包容的“信息大树”，将外部分离的品种有机地“嫁接”在“大树”的不同部位，使大树成为统一的生命体，从总体上（关联的尺度）感知大树的生命气息。这是用“大树”作为我们“心中的世界”（意义世界）与“实在的世界”（关联本体）所“共有的一种形式”。

这个“信息大树”的主干体现一元论的关联属性，“关联”具有强固的综合、承续力量。一方面表现为相互碰撞、相互渗透、相互改造的差异化的多元文化提供了交流发展的空间；另一方面，“主干”通过“关联”主导，将“百花园”多样化的“属”“种差”结构“同化”或“异化”到“大树”的特定部位（枝干、枝叶）上，使其成为围绕主干的有机组成部分。

3. 连接形而上的语言学革命

如果形式化空间不能进入“不可说”领域，那么可能跨越逻辑边界的“活的”信息形式是不确定的，表述这种信息形式的语义（如取譬）是不确定的，往往领会各异。

要想突破逻辑对心灵的束缚，重获精神的自由，不得不从两个方向挣脱逻辑的枷锁。其一是认识论革命，其二是信息革命。

1）认识论革命

我认为，当代的哲学主题不应该再是物质与精神何者为先的争论，而应当考虑科技至上与以人为本何者为先的问题，即主导世界的理念，是追求以科技工具为助力以增强役使自然和他人的强势地位（“动物性天性”），还是应该追求人与人、人与环境共存的均衡性（“人性”）。我们提出的唯人论（唯关联论、唯信息论）的哲学基础是什么？如何用唯人论的世界观认识世界？特别是逻辑哲学的贡献与局限。

2）信息革命——语言的哲学革命

迄今为止，信息革命指向信息技术革命。不管数字技术、智能技术、网络与虚拟空间技术的发展多么颠覆认知，不管在人们的脑海里植入了多少“数字时代”“智能时代”等不断翻新的概念，这种“信息革命”在性质上是技术工具的革命，它没有超越维特根斯坦所说的“逻辑空间”，没有触及和情感、意志、直觉相关的“不可说”的内容，这种信息的“形式革命”（如数字化）是不能替代超越逻辑的“精神内容”的。但它会导致人们的思维方式和行为方式不知不觉地被逻辑语言湮没和同化。

我认为“信息革命”应当指连接形而上的语言革命，或者说为了突破逻辑思维的藩篱，发展不确定的形式语言的革命。这种“革命”旨在为心的感悟寻找形式：寻找心感知对象以及与对象共鸣的中介形式，寻找不借助思维概念的“活”的本质直观。语言是形式化信息的表达形式，语言学革命即信息内容的求真革命。

信息：回归生命的哲学——读志刚“随想”之随想[1]

（2023 年 9 月 6 日）

读志刚“20230906 随想”一文，感触颇多。我们正携手迈入一个完全陌生的领域，这里没有路，没有方向的印记，眼帘里都是光怪陆离的模糊的景象，我们只能用“心”去触摸周边，或许能感悟到一线曙光。

志刚的“随想”对我的触动是：我们已走出了一段很少人走过的路，这是一条令人兴奋、紧张，而又能唤醒生命之力的道路，在这条道路上漫游，感觉是很好的。

志刚引发了我的随想，在此一并记下。

一、从招魂说起

这里的“招魂”是一种隐喻的提法，原意是把丢掉的（逝者或生者）灵魂找回来。就我们关注的问题而言，“招魂”涉及与信仰相关的几乎全部的哲学背景，是我们提出“信息——回归生命的哲学”的起点。对“招魂”的含义进行粗略地梳理和解读，便于清晰地指向探讨的问题。

1. 为什么提“招魂”

我在《分析信息：香农、维特根斯坦、图灵和乔姆斯基对信息的两次分离》序言中说到，人类历史经历了三次异化：宗教异化、（科学技术和工业导致的）

1 2023 年 9 月 6 日，杨志刚就信息哲学相关问题写了一些随想，发给作者交流。此文是作者读杨志刚随想后有感而发所写。——编者注劳动异化和（智能技术正在带来的）思维异化。异化既意味着外化、物化或固化，也意味着活的会变成死的。也许并非所有人都能意识到，但或许可以说，随着思维的异化，（我们常说的）灵魂是否会退化，或者灵魂何以自持已经成为一个问题。

1）科学观念的主导地位

自启蒙运动以来，现代科学的实用性、明确性、广延性、力量性积淀在人类理性构建的历史进程中，支配着人类社会发展。在当代，人们对科学观念（力学自然观）的认同度超越了对哲学、宗教观念的认同，甚至哲学、宗教也在寻找与科学相容的存在方式。科学观念已成为被普遍认同的主导观念。

现代科技，尤其是人工智能的发展和冲击已经带来人何以继续为人的哲学挑战。每当我们感受到虚拟社会、元宇宙、数字人等新概念及其背后的现代科学技术飞速进展，感受到由科技主导的社会结构的强制性变化，我的内心总会唤醒一种潜藏的、无名的恐惧，开始怀疑当新技术越来越深刻地支配人的行为乃至思维方式时，人的主体地位还存在吗？开始关注如果人的"理性"完全被智能工具所替代，那么留给人的精神归宿是什么？

2）科学观念的逻辑基础

现代科学是以逻辑为基础发展起来的。维特根斯坦说："逻辑看来似乎处于一切科学的底部。"[1]从古希腊的"逻各斯"观念开始，逻辑思维一直是西方哲学的"底色"。西方哲学史上的三次转向，可以看作逻辑思维不断精确刻画的历史过程，唯物和唯逻辑、唯形式、唯理性是本质同一的。它们都是在形式化的逻辑空间里，建立可证实的（本质上是确定的）理性结构，以此作为认识论的基础，使"理性"、逻辑成为万能的、居于绝对优势地位的观念。

以黑格尔的"客观精神"为例，他认为存在的终极本质是确定可知的：在意识、自我意识、理性的三个主观精神的环节之上，存在着客观精神和终极的"绝对精神"。黑格尔"客观精神"的起点是从对外部世界形成的"科学认识"出发。[2]

1 维特根斯坦．哲学研究[M]．李步楼，译．北京：商务印书馆，1996:63.

2 弗里德里希·黑格尔．精神现象学[M]．邓晓艺，译．北京：人民出版社，2017，序言.

其理性背景也是以逻辑为基础的，或者说用逻辑观看世界。

3）基督教的逻辑基础

基督教强调“上帝的逻辑”。基督教经院哲学中的实在论者（如托马斯·阿奎那）主张，共相被认为是人类所能认识到的上帝的理性……世界上的每一种事物都是上帝的理性范畴（共相）的样本。从自然事物之中，人类可以认识到共相，从而认识到上帝的逻辑。[1]

“经院哲学将亚里士多德与基督教教义相结合，把自然界重新按照共相结成一条合乎理性的存在之链，维护了作为理性体系的自然。”[2]

2. 什么是“招魂”

1）什么是招魂

我们所说的“招魂”，是种隐喻的说法，指从物化的逻辑里回归生命，即将生命本源的“魂”从逻辑的挤压中抽离出来，回归生命世界；将鲜活的“本质直观”（不借助逻辑思维概念的直观领会）从一切讨论、论证等概念的确定性推理中解放出来，重获人的自由；将二元世界的“差异观”回归到一元复始的“关联观”，即将“物质”看作“心的世界”的外相，从外相“形”的异化（逻辑的异化）中回归生命（“心的世界”）。

2）“心”的意义世界

我们认为，存在的意义产生于“心”对关联的本能追求。“心”就是无形的、非物化的意义世界。心是生命，心是通灵的，心在不停地演化、追逐着我们称为关联本体的未知世界。

我以为，存在的终极意义是生命。至于被物化的外部世界仅仅是“生命之形”，是随着“心”的世界演化的。未知本体世界的本质同样是活的、生长着的“生命”世界，而不是独立的荒芜的物质世界。

---

1 吴国盛. 什么是科学[M]. 北京：商务印书馆. 2023:138-139.

2 吴国盛. 什么是科学[M]. 北京：商务印书馆. 2023:159.

3.“招魂”关注的两大哲学背景

如果将隐喻意义上的“招魂”作为一个哲学命题，我们对招魂的领会有两个要点：一是对“魂”的感悟，二是“魂”的归宿。

1）“魂”是什么

“魂”是什么有着诸多的说法，是一个不能用概念统一的命题，或者说这个语词本身就是一种隐喻表达，如维特根斯坦问：“当我相信人有灵魂时，我相信的是什么？”[1]。我的领会是，“魂”作为生命的本源，是形而上的“道”，而非形而下的“器”。“魂”是不能用逻辑表述的，或者说是不能用语言说清楚的生命精髓。

2）“魂”的归宿

“魂”的归宿指“魂”寄何方，是回归生命体还是置于无生机的逻辑荒野？“魂的归宿”引申出两个无法回避的哲学背景：其一是“什么是你信仰的本体世界”，即世界的终极本质是什么？这是个不可证实的命题。“本体世界”只能是“猜想”，或者来自某种机缘的“信仰”。探究“招魂”，只能从信仰开始；其二是如何领会逻辑的理性和异化。对本体世界的信仰不同，将决定对逻辑意义的不同认知。

3）生命的终极意义

“招魂”的本质是对“存在”的终极意义的探究，是建立对“道”的信仰，从中领会逻辑的异化和生命的回归。“招魂”是探讨生命的终极意义；对生命的信仰，是摒弃“差异观”（逻辑观）、创意关联观（生命观）的哲学探索。

二、探究逻辑的关联视角

1. 研究的思路和方法

讨论逻辑的意义，事实上是探究“逻辑是什么”（本质与形式）、“逻辑是

1 路德维希·维特根斯坦. 哲学研究[M]. 李步楼，译. 北京：商务印书馆，1996:63.

先天存在的吗”“逻辑是如何产生的”“逻辑能生长吗”“逻辑的异化”等与“招魂”密切相关的问题。

讨论上述问题有如下两大困难。

1）观测点的选择

观测方位不同、视野不同，观测结论也就不同。迄今为止，从亚里士多德、康德、维特根斯坦等哲学巨匠开始，直至今天对科学的争论，绝大多数主题是谈逻辑，或者说探究逻辑哲学；随着逻辑思维的积累和延伸，逻辑已构成现代科学的哲学基础，成为一种“难以辩驳”的“以物见理”的意识观念。

以逻辑为基础的宇宙观（力学自然观），其观测的起点是独立于主体的物化世界，它建立了主客二分的二元哲学。我们的困难在于要跳出二元世界，以活的、生长着的、由“心”感知和主导的生命世界为观测起点，即以“唯生命”的视野替代“唯逻辑”的眼界；以“唯关联”的一元观替代“主客分离”的二元观，试图在这样的基点上重新观察逻辑的存在本质和形式。

2）表述方式

探讨以生命为起点的世界，事实上是探讨“生命哲学”。如何探讨生命哲学？从逻辑的线索看，“生命”进入了维特根斯坦“必须保持沉默”的领域[1]，用逻辑语言是“不可说”的。

表达生命存在的是直觉，是因人而异的本质直观。而直觉是难以用语言（包括“取譬”的方式）表达的，“语言工具”成为探讨生命哲学的致命难题。

我们没有超越逻辑之外的语言工具，本文只能用“隐喻（取譬形式）+逻辑语言”的方式表达意向。力求用逻辑表述后，再提出“生命观”的认知差别。

2. 逻辑的意义和起源

在用生命的关联感应（信息）探究逻辑之前，我们先从二元哲学的立场梳理逻辑的价值属性是什么，逻辑可以构成信仰和世界观吗？在当代科学观念已经

1 维特根斯坦. 逻辑哲学论[M]. 贺绍甲，译. 北京：商务印书馆，1996:23.

演化成一种几乎覆盖所有领域的意识形态时，这是认知的起点。

1）逻辑的意义

逻辑是启发确定性思维的工具。其本质是“工具理性”的意义，与人文的价值取向无关。逻辑是形而下之“器”，而非形而上之“道”。

作为思维工具，“工具理性”是指逻辑不断生成理性结构（确定性的因果结构），“逻辑工具”的能力不断被放大，以致达成这样的认知：在维特根斯坦的“逻辑空间”里，“凡是可以说的东西都可以说得清楚”。

逻辑作为科学的哲学基础，其工具理性的意义不知不觉地被夹杂了人文的价值理性，尤其随着逻辑工具和现代科学强大力量的现实影响，人们不自觉地将原本作为形而下的“器”之用尊崇为形而上的“道”，这是形成科学至上观念的症结所在。

2）逻辑的起源

“逻辑起于人脑的何处呢？肯定起于非逻辑，这个非逻辑的领域原始地必定是无比巨大的……一种非逻辑的倾向——因为根本就不存在相同者——首先创造了逻辑的全部基础。”[1]

“逻辑的起源是非逻辑，即非确定性，而不是确定性。即追求确定性的逻辑却并非建立在逻辑确定的地基上，而是建立在不确定的、游移的流沙上。”（杨志刚的“随想”）

3. 差异与关联

1）二元哲学的起点——对象的差异

西方哲学的立场是“物化”的差异观，它的视野将逻辑看成是天然合理的。如康德在《纯粹理性批判》一书中提出：“哲学需要一门科学来规定一切先天知识的可能性、原则和范围”，他将“先验感性论”的空间、时间和“先验逻辑”组合成观测世界的原点；叔本华在《作为意志和表象的世界》一书中进一步将空

1 弗里德里希・尼采. 快乐的科学[M]. 孙周兴，译. 北京：商务印书馆，2022:172.

间、时间、根据律客体化为“表象世界”；维特根斯坦同样将逻辑看成先天的法则，他说：“逻辑中没有偶然的东西：如果一个事物能够出现在一个事态中，那么该事态的可能性必定已经蕴含于该事物之中。”

将“差异”看成先天存在的本体法则，构成逻辑，从而也是科学观念的理性起点。

2）一元观的起点——生命的关联潜力

（1）逻辑是生命现象。

从一元论的视野看，存在的意义源于生命，源于有生有灭的“活着”的事物，源于人类对“生机”的感悟。在一元观中，逻辑是生命现象，是生长着的“心的世界”（脑的潜能）对关联（意义）的本能追逐和感知，是关联的生命显现。如果用类比表达，逻辑和非逻辑相互纠缠是生命中追求意义的关联运动。

活着的生命视野是不能用无生命的差异论解读的。在一元观里，不存在“先天”“形而上”“工具理性”等独立的概念。

（2）“名”是形式的起点。

作为生命的普遍特征，直觉的信息不是人类所独有的。人和其他生命体的区别在于具备超越感知的思维能力，而“思维”的起点是“形式”，是老子《道德经》里所说的“名”，即“名（形式）可名（建立）也，非恒名（永恒不变的形式）也。无名天地之始也；有名万物之母也。”

（3）“意”是生成“名”的“关联潜力”。

佛家的第六识“意”是形成事物认识的起点，或者说是主体认知事物的起点。“意”是主体对事物的“形”和“神”生成的第一次感悟。如对一个苹果的“命名”，是将眼耳鼻舌身所感应的（苹果的）色声香味触第一次标识为事物——称苹果。这种感悟是人和动物的根本区别，因为它超越了生命对外部世界的感知，启动了人的以形式为起点的思维活动。至此人开始具有了思维（脑的分析、反思）能力，开始了主体主导地对信息的选择和认知。

“意”是隐藏于生命的“关联潜力”，或称启动“名”的“关联基因”。它将生命对“形”（“心”的外相——差异观中的“物”）的感知，关联为、转化为、映现为、生长为“形式”——老子说的“名”（语言哲学中的“指称”），建立起逻辑思维的形式起点。

“意”是关联引发的生命现象，是一元复始的不确定的源头，是生命的关联缩影。它难以用逻辑语言表达，对它的领会只能靠“悟”，也就是“觉悟体验”。[1]

3）“关联感应”是逻辑生长的源头

在活的生命视野里，逻辑存在于、生长于生命的“关联感应”中。

（1）“关联感应”与“逻辑空间”。

“关联感应”是活的、生长着的生命现象，是以“关系”为纽带、以“内在的关联”视野谈“差异”的“一元观”；而不是以“外在的差异”视野谈“关联”的二元哲学。因范畴不同，用生命哲学谈逻辑是困难的，因为“关联”在逻辑和非逻辑中的意义不同。

在二元哲学中，用以表达“关联”的是被客体化的“逻辑空间”。在这个“物化”的形式空间里，“关联感应”被领会为“凡是可以说的东西都可以说得清楚”的因果确定性。

然而，在超越逻辑空间的“不可说”领域，不能用形式化方法表述的“关联感应”被领会为“色不异空，空不异色，色即是空，空即是色”。关联的多样和人的个性是不确定的，这正是生命世界的意义所在。

（2）“关联潜力”是启发思维的“桥梁”。

“关联感应”是活化的、不断生长、不断扩展直觉或思维的“能力”，这种“能力”成为在“心”与“事实”的对话中启发思维或直觉活力的“活的桥梁（中介）”。

就逻辑的确定性“中介”（演绎、归纳，以及用大数据消除不确定性等方法）而言，“逻辑空间”不断推动形式与事实的对话。如维特根斯坦所说：“一个想象的世界，无论它怎样不同于实在的世界，必有某种东西——一种形式——为它与实在的世界所共有。”

1 铃木大拙. 通往世界的禅[M]. 高海阳，译. 北京：北京联合出版公司，2021:38.

“逻辑空间”是不断厘清“关联”的“中介和桥梁”。

对于不确定的生命世界，它不是外在化的、相互独立的、无生机的对象，而是自古以来宇宙间相互关联的、充满活力的对象；这个世界不是“逻辑关联”建立的“表象世界”，而是“活的桥梁”连接的有机的“本体世界”；这个世界不仅仅是由确定性的“逻辑中介”扩展的理性认知的世界，而更重要的是由不确定的“信息中介”引发的生命感悟的世界。

4.“命名”——求真和求实的分野

1）形式之“形”是认知的起点

生命是如何感悟世界的？从差异观的立场看，眼耳鼻舌身所感知对象的色声香味触均可称为“形”，“形”是生命对“差异”的感悟。

叔本华说：“这整个世界的实际存在都有赖于这第一只张开的眼睛，世界是只对认识、只在认识中存在的。”

我认为，叔本华说的第一只眼睛张开后感知的“世界的实际存在”，是指生命对“差异”的“形”的感知，但不是“认知”；认知是指认识，世界“只在认识中存在”，认识的起点是将“形”转化为“形式”，即老子所说的“名”（语言学中的“指称”）建立的形式起点。这个形式起点是将“形”与“神”、形式与内容连接起来的“有形之载”，不管是什么样的“神”（内容），只有赋予“有形之载”才可能被认知。生命通过信息感应关联世界，在形式（“名”）显现之前即存在；而“认识”差异世界，是在形式（指称、命名）出现之后才有可能。

2）生命体的求真天性

什么是求真？求真在一般语境下可释义为追求“真实”（有人隐喻为“真理”）。但对于生命的本能而言，“求真”是追求在第一义的意义上的“真”（指在大脑形成逻辑图像之前的那个东西），即主体对如其所是的世界的本来面目的个体性领会；而“求真天性”指生命对“真”的天然追求：究其本质，“真”是生命的意义所在，“求真天性”是对“关联”——存在意义的天然的追求。

3）信息求真与逻辑求实

“求真”涉及两个范畴：一是生命对“真”的直观感悟，这种感悟是在“命名”前即存在的，指心灵以“非形式化感应”的信息探究未知世界，称“信息求真”；二是通过逻辑语言的沟通来领会“真实”，指“命名”后的“语言求真”。

逻辑语言的“求真”（第二义）与主体“直觉感悟”的求真（第一义）有性质上的差别：逻辑“求真”追求语言交流的真实性，“直觉感悟”追索现象的渊源；逻辑求真的源头是沟通，“直观”（感悟）的源头是生命本能的信息映现；逻辑求真的基础是对象化，通过对形式（逻辑语言必须满足的条件）的解析来“说清楚”事实的真、假，而“直观”的基础是主体化，由主体的直觉来感应事实（内容）的存在；逻辑求真是由确定的形式向内容的解析，而“直观”由不确定的形式（名）感应存在，在信息感应中导向形式的完善（非恒名）。

为了将两种“求真”区分开，我们将逻辑语言的“求真”称为“求实”。它属于知识论求实的范畴。

4）“非恒名”的主体关联

综上所述，逻辑求实关注“形式”的差异，力求用记号、数字等最简单的“恒名”（确定形式）区分差异、沟通语言；以“形式”——对象化的命名为求实的起点，向内容展开。

信息求真的着眼点不是“形式”的差异，而是对“内容”的感悟。隐含内容的“非恒名”（不确定形式）是求真的起点，由对内容的探究引导“形式”的演化。

“非恒名”出自老子《道德经》第一篇：“道可道也，非恒道也。名可名也，非恒名也”；有人译为：“‘道学’（哲学）可以弄懂、弄通，但它绝非什么固定的程式。（哲学的）观念可以建立、形成，但它亦非不变的常形。”（魏玉昆《老子道德通译》）简言之，如果用“名”来表达指称形式，“非恒名”是不确定的指称形式。

非恒名用取譬（类比、隐喻）的命名方式唤醒生命中的“关联基因”。“非恒名”作为承载直觉的指称形式，类似一种“关联媒介”。“非恒名”提供生命体对“形”感知的多种“关联响应”，使得主体的“直观感悟”有可能受启发于不确定的多种选择。对于不同的生命体而言，对“形”（色声香味触）感应的侧重不同，则认知的取向不同。不同的生命体对“非恒名”的认知是个性化的、不确定的。

三、逻辑的演化——理性与异化

1. 逻辑是启发思维的“实验空间”

逻辑作为启发思维的工具，处理的是二元世界里被客体化的对象。逻辑工具约定在被对象化（形式化）的“逻辑空间”使用。逻辑是以形式为起点的思维工具，“逻辑空间”包含了二元世界中包括语言在内的所有形式化对象。

“逻辑空间”是启发性思维的“实验空间”。“实验”指“用形式进行模拟”的尝试，被“形式化”的对象已不是“形”的“本身”，而是与生命“关联感应”的“形”的“符号”。如维特根斯坦提到的：“记号是一个符号中可以被感官感知到的东西……世界的实体只能规定一种形式，而不能规定任何物质的属性。”

因此，“形式”不是“事实”，形式仅仅是认知事实的“模拟形态”；“实验空间”仅仅是针对因果逻辑的“模拟空间”。如《金刚经》中“佛说般若波罗蜜，即非般若波罗蜜，是名般若波罗蜜”，“如来说世界非世界，是名世界”，能说的只是名而已。

2. 逻辑的意义

通过因果逻辑的“模拟空间”，我们想知道从“形式模拟”认知“事实”的可能性、从“命名”识别“内容”的可能性。

3. 逻辑的边界

维特根斯坦用“指称”明确了逻辑的边界。

“名（指称）是逻辑和非逻辑边界上的界石，是逻辑的形式起点。这块界石之前、这个形式起点之外，才是逻辑的起源，即不可说的非逻辑的部分。名（指称）仅仅是逻辑的形式起点，而不是逻辑的内容起点。

“逻辑的形式起点——名（指称）是确定的形式，但逻辑的内容起点（情绪之风）是无法确定的。内容决定形式，形式不能决定内容，它只显示内容。”（杨志刚“随想”）

维特根斯坦对逻辑的边界和意义做了精辟的解读。他的名言是：“凡是可以说的东西都可以说得清楚；对于不能谈论的东西必须保持沉默。”其中第一句话概括了逻辑的意义；第二句话指明了逻辑的边界。

1）理性的一般概念

对感性、知性、理性的理解：“我们若是愿意把我们的内心在以某种方式受到刺激时感受表象的这种接受性叫作感性的话，那么反过来，那种自己产生表象的能力，或者说认识的自发性，就是知性。我们的本性导致了，直观永远只能是感性的，也就是只包含我们为对象刺激的那种方式。相反，对感性直观对象进行思维的能力就是知性”[1]；康德将理性称为“原则的能力”，认为“知性根本不可能获得来自概念的综合知识，而这些知识才真正是我不折不扣地称作原则的知识”。康德认为“理性”是建立在“综合知识”之上的思维方式。

对于理性的“真实性”（真理性）的判断，A•J•艾耶尔说“采用可证实性作为检验设想的事实陈述的意义的标准”[2]。“可证实性”成为概括知识论中检验“理性”的内核。

2）“凡是可以说的东西”

“凡是可以说的东西”指可以被形式化的对象，或者说可以被对象化的客体，直白地说是指可以“物化”的世界。在这个独立于主体的物化世界里，这些对象是“说得清楚”的。

“说得清楚”是指经得起“事实”检验的，有效的，符合知识论的“真实”

1 康德. 纯粹理性批判[M]. 邓晓芒，译. 北京：人民出版社，2017:41.

2 A•J•艾耶尔. 语言、真理与逻辑[M]. 尹大贻，译. 上海：上海译文出版社，2015:3.

“可证实”“被相信”原则。叔本华把可以用“根据律”“说得清楚”的逻辑空间称为“表象世界”。

3）理性仅存在于逻辑空间

“正如我们不能在空间之外思想空间对象，或者在时间之外思想时间对象一样，离开和其他对象结合的可能性，我们也不能思想一个对象……事物就其能够出现在一切可能的状况中而言是独立的，但是这种独立性的形式是一种与事态相联系的形式。”[1]

维特根斯坦指明了理性的条件和边界。理性的条件是“事物的独立性”，也就是说在二元的差异世界才有意义；理性的边界是逻辑空间，就像我们“不能在空间之外思想空间对象”。

4）逻辑的确定性

“逻辑中没有偶然的东西，如果一个事物能够出现在一个事态中，那么该事态的可能性必定已经蕴含于该事物之中。”[2]

逻辑中被形式化的因果关联是理性生长的动力。就因果逻辑的“模拟空间”而言，“物化”的对象被证实服从理性的规则（被客体化的“物”服从“确定性规则”），理性是“模拟空间”走向“事实”的路径，它推动现代科学取得了迄今为止人类最辉煌的成就。

诚如维特根斯坦所说：“显然，一个想象的世界，无论它怎样不同于实在的世界，必有某种东西——一种形式——为它的实在的世界所共有。”

5）形式是求真的“模拟形态”

对于不确定的生命世界，它不是外在化的、相互独立的、无生机的对象，而是自古以来宇宙间相互关联的、充满活力的对象；这个世界不是“逻辑关联”建立的“表象世界”，而是“活的桥梁”连接的有机的“本体世界”；这个世界不仅是由确定性的“逻辑中介”扩展的理性认知的世界，而更重要的是由不确定的“信息中介”引发的生命感悟的世界。

---

1 维特根斯坦. 逻辑哲学论[M]. 伯特兰·罗素，导言. 北京：商务印书馆，1996:26.

2 维特根斯坦. 逻辑哲学论[M]. 伯特兰·罗素，导言. 北京：商务印书馆，1996:25.

四、改变（认识活动的）坐标系——“非恒名”

“命名”意指“名称”指向内容的“可能性”。换句话说，名称只是隐含内容（可能性）的对象形态，或者说“模拟形态”，它期望（在逻辑空间）指向确定的关联。

“命题中使用的简单记号称为名称”，“名称是一种初始记号……名称意指对象，对象是名称的指谓”，“对象只能被命名，记号是对象的代表”，“记号是一个符号中可以被感官感知到的东西……要求简单记号的可能性，就是要求意义的确定性，初始记号的指谓可以通过解释来说明”。[1]

关于名称意指的“对象”，维特根斯坦说“对象包含一切状况的可能性。对象出现在诸事态中的可能性就是对象的形式……对象构成世界的实体”。

简单梳理，名称是意指对象的初始记号，而“对象包含着一切状况的可能性”；指称是隐含内容“可以被感官感知到的”的对象形式。对象形式（初始记号的指谓）“可以通过解释来说明”。

维特根斯坦将对象看作独立的“客体”，这是他认知的起点。他说：“事物就其能够出现在一切可能的状况中而言是独立的，但是这种独立性的形式是一种与事态相联系的形式”。维特根斯坦的这一认知规范了指称的形式和内容，由此展开了他对语言进行逻辑解析的全过程。

表象世界是西方哲学的说法，构成了科学观念的逻辑基础。“逻辑表象”是科学对存在认知的形式。我们的问题是，未知世界中存在着维特根斯坦所说的逻辑不能回答的“必须保持沉默”的东西，如果“我们必须能够想到那不能想的东西”，我们如何“想到那不能想的东西”？似乎没有谁给出能穷尽未知本体的理论和方法。那么第一步，我们只能对心中的未知世界进行猜想（基础假设）：

1 维特根斯坦. 逻辑哲学论[M]. 伯特兰·罗素，导言. 北京：商务印书馆，1996:27.

它应该是外在化的、相互独立的、无生机的对象，还是自古以来宇宙间相互关联的、充满活力的、有机的本体？对此做出基础假设后，才有可能进一步讨论，从“逻辑表象”出发，能找到通往未知世界的路径吗？如果这一路径不存在，那么作为认知的起点，在信息时代是否可能由“非形式化的信息”替代或补充“逻辑表象”？

最光辉灿烂的陵墓——不在他们的遗体所安葬之处，而是他们的光荣永远留在人心的地方。

——修昔底德《伯罗奔尼撒战争史》

反侵权盗版声明

举报电话：（010）88254396；（010）88258888

传　　真：（010）88254397

E-mail：　dbqq@phei.com.cn

通信地址：北京市万寿路 173 信箱

电子工业出版社总编办公室

邮　　编：100036